2018 年教育部人文社会科学研究青年基金"基于服务主导逻
集群价值共创及服务生态系统构建研究"（18YJC630047）

胡娟 著

Research on the value co-
creation of logistics cluster service ecosystem

物流集群服务
生态系统价值共创研究

中国财经出版传媒集团
经济科学出版社
Economic Science Press

图书在版编目（CIP）数据

物流集群服务生态系统价值共创研究／胡娟著.

-- 北京：经济科学出版社，2023.6

ISBN 978 - 7 - 5218 - 4836 - 6

Ⅰ.①物… Ⅱ.①胡… Ⅲ.①物流管理 - 研究

Ⅳ.①F252.1

中国国家版本馆 CIP 数据核字（2023）第 107195 号

责任编辑：杨　洋　卢玥丞
责任校对：刘　昕
责任印制：范　艳

物流集群服务生态系统价值共创研究

胡　娟　著

经济科学出版社出版、发行　新华书店经销

社址：北京市海淀区阜成路甲 28 号　邮编：100142

总编部电话：010 - 88191217　发行部电话：010 - 88191522

网址：www.esp.com.cn

电子邮箱：esp@esp.com.cn

天猫网店：经济科学出版社旗舰店

网址：http://jjkxcbs.tmall.com

北京季蜂印刷有限公司印装

710 × 1000　16 开　14.5 印张　220000 字

2023 年 7 月第 1 版　2023 年 7 月第 1 次印刷

ISBN 978 - 7 - 5218 - 4836 - 6　定价：55.00 元

（图书出现印装问题，本社负责调换。电话：010 - 88191545）

（版权所有　侵权必究　打击盗版　举报热线：010 - 88191661

QQ：2242791300　营销中心电话：010 - 88191537

电子邮箱：dbts@esp.com.cn）

目录

CONTENTS

物流集群服务生态系统价值共创研究

第1章

绪　论

1.1　研究背景及意义

1.1.1　研究背景

伴随着专业化分工和全球贸易的发展，物流产业呈现出物流资源要素与物流服务不断向特定地理空间集聚的现象，并进一步形成了基于庞大货运体系和充满创新活力的物流集群。物流集群在孵化物流企业、创造就业机会、促进经济多元化和实现经济增长等方面，给相关地区的发展带来了巨大影响。通过物流集群强大的聚集效应和辐射效应，提高了社会流通效率，丰富了人民的物质文化生活，为区域的整体发展带来了巨大的经济和社会效益。物流集群创造的价值不仅体现在物流业的增加值上，更重要的是体现在经济社会各方面运行质量和相关产业竞争力的提高。近年来，物流集群作为制造业、商贸业等产业的重要支撑，受到了各级政府和部门的重视，20世纪90年代以来，我国各级地方政府也纷纷开展物流集群的规划和建设，并取得了一定的进展。随着我国经济的蓬勃发展及经济全球化趋势的进一步增强，综合性、高效率、一体化的物流服务需求与物流集群提供的单一性、低水平、分散化的物流服务矛盾日益突出。"集而不聚"的现象仍然是我国物流集群面临的共性问题，究其原因，与物流集群内部的物流企业分散、无序、粗放经营，服务效率低下有着重要关系。大多数物流集群只是单纯地将物流企业在空间上进行了聚集，物流集群企业之间并没有进行资源交换、共享及整合，也没有形成广泛而深刻的内在联系，从而无法发挥集聚的根本优势。为了解决这一问题，需要不断加强集群企业之间、企业与经济利益相关者、企业与社会利益相关者之间的联系与合作，通过资源的交换和共享，进行广泛的连接和深刻的互动，完成价值共创，提升自身服务水平和效率，从而进一步提高物流集群的竞争力。因此，实现价值共创是解决"集而不聚"问题的重要手段。

21世纪以来，学术界对价值共创进行了广泛的研究，从价值共创的基本概念、内涵，到价值共创的影响因素、互动及机制等，将价值共创理论应用于互联网、制造业、旅游业等各个行业，取得了丰富的研究成果，但却少见物流集群价值共创研究文献。物流集群中的价值共创不是线性的、分离的，仅围绕企业和客户的价值创造，而是在企业、顾客、合作伙伴及利益相关者等多个主体组成的价值网络中多元互动的价值共创，不能照搬传统的二元价值创造模式，价值创造的研究视角需要转向包含多个复杂主体的多元网络视角。价值共创理论认为所有经济活动和社会活动的参与者都是资源整合者，通过整合资源，企业、顾客和其他合作伙伴共同完成价值共创过程，并实现服务价值，强调从宏观层面的复杂网络系统对价值创造进行研究，更符合物流集群的实际研究情境和需求。

1.1.2　研究意义

1. 理论意义：从服务主导逻辑的视角构建物流集群服务生态系统

本书将研究的视角深入到物流集群内部这个"黑箱"，是对现有物流集群研究视角的补充，将服务主导逻辑、价值共创、服务生态系统和物流集群的理论进行融合创新，拓展了服务主导逻辑理论的应用范围和解释边界，也是对现有物流集群理论内容的丰富和拓展。

2. 实践意义：提高物流集群的服务效率，促进物流集群的可持续发展

本书力图识别物流集群各要素和资源，厘清各要素之间的关系，探究物流集群服务生态系统的价值共创过程，演绎物流集群服务生态系统价值共创的机制，构建物流集群服务生态系统的价值共创模式，改善物流集群内部企业各自为政、缺乏有效组织的状况，改变集群物流服务的分散、无序、低效状态，提高物流服务水平和效率，为物流集群的价值共创提供可借鉴的模式，促进其可持续发展。

1.2 国内外研究现状

1.2.1 国内研究现状

伴随着专业化分工和全球贸易的发展，物流产业呈现出物流资源要素与物流服务不断向特定的地理空间集聚（agglomeration）的现象，并进一步形成了基于庞大货运体系和充满创新活力的物流集群（logistics cluster）[1]。物流集群在培育物流企业、创造就业机会、协调产业发展、促进经济多元化等方面发挥着重要作用，是国家和区域经济发展、产业转型升级的重要推动力。随着物流活动在全世界各地的日趋集中，"物流集群"这一独特的产业集群现象引起了广泛的关注[2]。

在中国，物流集群不仅是物流业的核心基础，也是物流理论研究的重要课题。中国学术界对物流集群的研究始于 2000 年左右，伴随着中国

---

① 海峰，靳小平，贾兴洪. 物流集群的内涵与特征辨析 [J]. 中国软科学，2016（8）：137－148.

② Sheffi. Logistics Intensive Cluster: Global Competitiveness and Regional Growth [R]. Handbook of Global Logistics: Transportation in Intensive Supply Chain, 2013: 463－500.

经济的高速发展，社会各界对社会物流需求的数量和物流服务的质量要求也在不断提高，物流集群的研究主题也在不断的变迁。本书无意于对研究文献进行概览式综述，而是试图通过文献计量工具 CiteSpace，对国内物流集群的节点文献进行相关分析，通过对国内物流集群研究发展脉络的梳理，探究我国物流集群的研究热点和演化路径，为该领域的学者提供研究的基本视角。

国内外学者也做过类似努力①。基于 WOS 数据库，拉泽雷蒂（Lazzeretti）等对文献期刊的引文进行计量分析，发现集群研究的多样性、跨专业、多视角和国际性。国外的这类文章大多针对的是"集群"，而非"物流集群"。国内也有学者对物流集群的国外文献进行计量分析，如张晓燕等，基于 WOS 数据库，利用 CiteSpace 软件，对截至 2015 年 6 月的文献进行了共被引分析。研究发现，新经济地理、新古典区位理论、竞争理论、社会网络理论、供应链理论和运筹学是物流集群研究的六大基本范式。从微观和宏观层面，揭示了物流集群研究的九个研究主题和两大研究群，但研究主要针对国外的文献，还未涉及国内的数据。樊俊杰等（2016）对物流产业区集群的演化及生态化发展进行了研究综述，从生态学的角度，指出物流集群存在生态位过度重叠、物流产业生态秩序混乱等问题，建议以生态学理论为支撑，明确物流产业主体的生态位及相关关系，从而更好地建立物流集群的生态秩序，但文章主要是概览式的综述研究，还未使用可视化的研究方法。

以上综述从不同角度呈现了物流集群研究领域的部分成果谱系，对物流集群的学术研究有着重要的意义，但就研究方法和研究范围而言，还鲜有学者用计量工具对国内物流集群的基本研究状况进行分析，国内

---

① Lazzeretti L., Silvia R., Caloffi A. Founders and Disseminators of Cluster Research [J]. Journal of Economy Geography, 2014 (3): 21 – 43. 芦彩梅，徐天强. 国际产业集群研究知识图谱分析 [J]. 科技管理研究，2015 (18): 157 – 160. 殷辉，陈劲. 我国物流学科研究热点的共词可视化分析 [J]. 图书情报工作，2011 (20): 129 – 133. Maggioni M., Ubert T., Gambarotto F. Mapping the Evolution of "Clusters": A Meta-analysis [R]. Foundazione Eni Enrico Mattei, 2009: 74. 张晓燕等. "物流集群" 研究的奠基者、范式和主题——基于 WOS 期刊文献的共被引分析 [J]. 宁夏大学学报（人文社会科学版），2016 (9): 121 – 129. 樊俊杰等. 物流产业集群演化及生态化发展研究综述 [J]. 物流技术，2016 (3): 1 – 4.

的物流集群研究的主题、演化路径等还不甚清晰，难以把握中国物流集群研究的整体脉络。鉴于此，本书利用 CiteSpace，选取 CNKI 中 2000 ~ 2018 年"物流集群"领域的 825 篇期刊作为分析样本，力图直观地反映其整体发展趋势，为相关领域学者的后续研究提供基础。

1. 数据来源及研究方法

（1）数据来源。

为保证数据来源的准确性和可靠性，本书选取"中国知识基础设施（China National Knowledge Infrastructure）"数据库（以下简称 CNKI）作为数据来源。CNKI 通过对海量文献数据的深度整合和加工，为全社会提供了一个知识资源高效共享的平台，内容来源明确，数据准确可信，可以作为学术研究和决策依据。具体检索流程为：在中国知网的高级搜索中，将"主题"检索条件设定为"物流集群"，时间跨度为 2000 ~ 2018 年，期刊来源类型设定为"不限"，经过初步检索，共获得文献 843 篇，检索操作时间为 2018 年 11 月 23 日。在剔除相关征文、会议通知等不相关研究主题后，共获得 825 篇有效文献，以此作为研究的有效分析样本，然后将文献标题、作者、文献来源、关键词等数据导出为 Refworks 格式纯文本文件，进行转码处理，建立样本数据库。

（2）研究方法。

本书主要采用 CiteSpace 软件（版本为 2018 年 8 月 31 日更新的 5.3. R4）对相关文献进行分析，CiteSpace 软件是由美国 Drexel 大学陈超美教授团队基于 Java 编程语言运行环境下的信息可视化分析软件[①]。这款软件能将海量的文献数据，通过巧妙的空间布局，将某一学科领域的研究分布、进展、前沿等以一种多元、分时、动态的可视化语言呈现出来。"对知识图谱的解读有助于我们更好地挖掘特定领域的知识结构及其演化的动力机制，探索学科发展的前沿和知识边界，把握该领域的热点主题和

---

① Chen Chaomei. CiteSpace II: Detecting and Visualizing Emerging Trends and Transaction Patterns in Scientific Literature [J]. Journal of the American Society for Information Science and Technology, 2006 (3): 359 – 377.

发展规律"①。

2. 物流集群研究基本情况的知识图谱分析

（1）文献发表的时间分布及变化（2000～2018年）。

根据 CNKI 全文数据库统计出的文献数量，利用 Excel 绘制出物流集群研究发文数量时间分布图。研究领域的文献数量能在一定程度上反映学术界对这一学科主题的关注度，一般文献量越多，表明研究越活跃②。通过物流集群研究文献数量的时间分布情况（见图1-1），可以大致了解物流集群研究的活跃程度。从数量阶段上来看，大体经历了研究荒漠（2000～2001年）、快速增长（2002～2012年）、平稳发展（2012年以后）三个阶段。

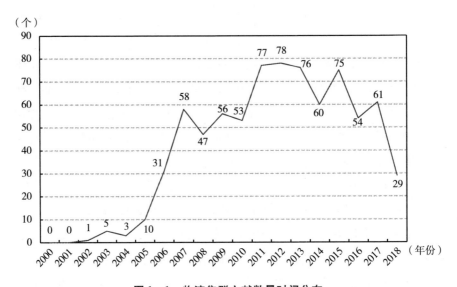

图1-1　物流集群文献数量时间分布

我国物流集群的研究始于21世纪初，在 CNKI 数据库中能检索到的最早文献是在2002年，且仅有1篇。在2002年以前，物流集群文献数量为0，物流集群的研究还是一片空白。自2002年之后，国内物流集群研

① 陈悦，陈超美等．引文空间分析原理与应用［M］．北京：科学出版社，2014.
② 黄静，刘萍，等．基于科学知识图谱的企业社会责任前沿研究［J］．科技进步与对策，2015（3）：84-89.

究文献数量增幅明显，从最初的 1 篇，持续升温，达到 2012 年的峰值（76 篇），虽然在 2007~2009 年期间偶有下降，但总体呈稳步上升态势，物流集群已经逐步成为物流领域的研究热点。2013 年至 2018 年 11 月以来，物流集群的研究趋于成熟，文献数量逐步减缓，但基本维持在 60 篇左右（由于统计截至时间是 2018 年 11 月，因此无法得知 2018 年的发文总量，在此不做考虑），这说明国内物流集群的研究已经趋于常态化。

国内物流集群文献发表的时间分布是与我国物流业发展的几个重要阶段相契合的。对我国物流业发展的阶段划分，不同的专家提出了不同的看法。王文举、何明珂认为，自改革开放以来，我国物流经历了初步开放、加速改革、全面开放和全面深化改革四个时期①。丁俊发将我国物流发展历程划分为探索和起步（1978~2001 年）、快速发展（2002~2012 年）及转型升级（2013~2020 年）三个阶段②。董千里从物流业高级化发展的角度，将其分为体制改革探索阶段（1978~2001 年）、模式融合创新阶段（2002~2012 年）、网链绿色升级阶段（2013 年至今）③。虽然各位专家学者在发展阶段名称上有所不同，但是在时间节点的划分上还是比较同步的。

1978~2001 年，我国还处于物流业的引进和探索阶段，以学习、借鉴为主。这个时期我国物流业处于起步阶段，物流企业分布分散，实力弱小。虽然已经有学者开始对物流业进行研究，但是对物流集群的研究还是一片荒漠。

2002~2012 年，自 2001 年底加入世界贸易组织以来，我国迎来了经济发展的黄金十年。物流业作为其他产业的支撑性产业，也由原来的分散化转向专业化、信息化、网络化和集成化，为物流集群的产生和发展提供了良好的土壤和市场环境。因此，这个时期对物流集群的研究呈爆

---

① 王文举，何明珂. 改革开放以来中国物流业发展轨迹、阶段特征及未来展望 [J]. 改革，2017（11）：23-34.

② 丁俊发. 改革开放 40 年中国物流业发展与展望 [J]. 中国流通经济，2018（4）：3-17.

③ 董千里. 改革开放 40 年我国物流业高级化发展理论与实践 [J]. 中国流通经济，2018（8）：3-14.

发性增长的态势。

2013 年至今，随着信息技术在物流领域的广泛应用，在落实"一带一路"倡议和党的十八大深化改革的背景下，加速国际产能合作，对物流业与其他产业的联动、物流链与供应链的一体化提出了更高的要求，对物流集群的需求进一步提高，物流集群在国家产业发展中的重要性也越来越显著。因此，这一时期对物流集群的研究已成为常态，文献量趋于平稳。

（2）作者和核心机构。

① 核心作者。文献发布的集中情况是衡量某个学科领域科研成熟度的重要指标，其中最受关注的衡量指标是核心研究者群体的成熟度[①]。通过对研究作者的共被引分析，可以识别出物流集群核心研究者群体，从而能对其成熟度进行判断。将论文数据导入 CiteSpace，节点设置为"Author"进行运行，时间尺度设置为"2000 ~ 2018 年"，裁剪方式设置为"'Path finder' + 'Pruning the merged network'"，其他选择为默认，得出物流集群研究领域作者的发文量概况（见表 1 – 1）。

表 1 – 1　　　　　　　　　　　　物流集群核心作者群

篇数	作者
4 ~ 9 篇	海峰（9 篇）、慕静（9 篇）、张晓燕（8 篇）、胡娟（6 篇）、贾兴洪（6 篇）、隋博文（6 篇）、黄章树（6 篇）、薛辉（6 篇）、杨树青（5 篇）、游春晖（5 篇）、南岚（5 篇）、欧国立（5 篇）、韦慧（4 篇）、周晓晔（4 篇）、唐卫宁（4 篇）、胡碧琴（4 篇）、黎继子（4 篇）
3 篇	赵奕凌、应静、王道勇、刘勤、宫秀芬、周欢、周小梅、牛似虎、远亚丽、方威、刘春玲、吴茹、周蓉、王佳宁、林国龙、李兰冰、张长森、李新然、章建新、彭永芳、李牧原、孙晓

表 1 – 1 显示，2000 ~ 2018 年，作者的最高发文量为 9 篇，还未有超过 10 篇的作者。根据普赖斯定律，核心作者的最低发文量 M 的值应为 $m = 0.749 \sqrt{n_{max}}$ 计算核心作者的发文量，该领域最高发文量为 9 篇，因此 $n_{max} = 9$，$m = 0.749 \times 3 = 2.25$，可得核心作者最低发文量为 2.25 篇，也

---

① 李伯华等. 基于 CiteSpace 的中国传统村落研究知识图谱 [J]. 经济地理，2017，37（9）：207 – 214，232.

就是说在统计期间内，该领域发文量 3 篇及以上的作者，可以视为该领域的核心作者。依此标准，物流集群的核心作者仅为 39 人，发文总量为 162 篇，仅占此期间发文总量的 20%，远低于普赖斯定律 50% 的标杆值，这说明物流集群研究领域的研究者较为分散，还未形成稳定的核心研究群。

从文献的被引频次来看，物流集群的文献的引用频次也有较大的差异。截至 2018 年 11 月 23 日，样本文献中被引频次低于 5 的文献一共有 522 篇，占研究样本总量的 63%，被引频次低于 10 的文献一共有 655 篇，占研究样本总量的 79%，这说明该领域被关注程度较低，学术影响力有限。

作者的被引频次是其在相关学科领域的学术贡献和影响力的有力证明。利用 CNKI 数据库的作者文章被引频次的统计功能，对被引频次超过 10 次的文章作者（见表 1 - 2）进行统计，可以看出，文章被引频次较高，发文数量靠前的学者主要集中在以下几位：武汉大学的海峰教授、天津科技大学的慕静教授、北京交通大学的欧国立教授和薛辉、河海大学的南岚及福州大学的黄章树教授。由此可见，这几位学者是目前我国物流集群研究领域较为有影响力的学者。

表 1 - 2   物流集群高被引作者

序号	作者	被引频次
1	薛辉	44
2	南岚	42
3	欧国立	34
4	海峰	33
5	黄章树	27
6	慕静	18
7	贾兴洪	12

注：在作者单篇被引频次排名统计中，同一作者出现 1 次以上的，按照最高频次排名为准。

② 主要研究机构。科学合作就是研究学者为生产新的科学知识这一共同目的而在一起工作[①]。早在 20 世纪 60 年代初，被誉为科学计量学之

---

① Katz J. S., Martin B. R. What is Research Collaboration？ [J]. Research Policy, 1997, 26 (1)：1 - 18.

父的普莱斯（Price）就开始对科研合作进行计量分析。从 20 世纪开始，多作者合著论文一直呈直线增长，他还预言合作论文的平均合作者会增加①。作者之间及研究机构之间的合作是科学合作的基本形式，也是建立学术共同体的基础。本书利用 CiteSpace 进行核心研究机构的知识图谱分析，以探究物流集群领域的核心研究机构的合作情况。在 CiteSpace 中将节点类型设置为"Institution"进行分析，可以得出统计期间内国内物流集群研究领域主要机构的发文量排序表（见表 1-3）。由表 1-3 可知，国内物流集群的研究主要集中于与物流所属专业背景相关的各高校的管理学院或商学院。其中发文量前 5 位的依次是：北京交通大学经济与管理学院（10 篇）、武汉大学经济与管理学院（9 篇）、天津科技大学经济与管理学院（9 篇）、河南科技学院经济与管理学院（6 篇）、福州大学管理学院（5 篇）。一般来说，研究机构的文献数量与高产作者所属机构直接相关。

表 1-3　　　　　　　　　　发文量超过 3 篇的研究机构

篇数	作者
10～22 篇	武汉理工大学（22 篇）、北京交通大学（18 篇）、武汉大学（16 篇）、沈阳工业大学（16 篇）、福州大学（12 篇）、天津科技大学（11 篇）、西南交通大学（11 篇）、湖南大学（10 篇）、上海海事大学（10 篇）、天津大学（10 篇）
6～9 篇	钦州学院（9 篇）、湖南铁道职业技术学院（9 篇）、中南林业科技大学（9 篇）、华南理工大学（9 篇）、长安大学（8 篇）、浙江万里学院（7 篇）、河海大学（7 篇）、湖州师范学院（7 篇）、中南大学（7 篇）、大连海事大学（7 篇）、江苏大学（7 篇）、华侨大学（7 篇）、杭州电子科技大学（7 篇）、湖北工业大学（7 篇）、南开大学（6 篇）、大连理工大学（6 篇）、南昌大学（6 篇）、无锡城市职业技术学院（6 篇）、河南科技学院（6 篇）
5 篇	郑州大学、浙江财经学院、绍兴文理学院、大连交通大学、长沙理工大学、宁波大学、合肥学院、北京物资学院、武汉科技大学、泉州师范学院、南京财经大学

③ 合作机构与合作作者分析。通过 CiteSpace 对物流集群的合作机构

---

① 梁立明，武夷山等. 科学计量学：理论探索与案例研究［M］. 北京：科学出版社，2006.

（Co-Institution）和合作作者（Co-Author）进行合作网络的共现分析，有助于更好地了解物流集群研究领域的核心研究团队和代表人物，更好地把握该领域的研究热点及其前沿走向。将 CiteSpace 中的"Node Type"设置为"Institution"和"Author"，"Top N"的值设定为"30"，其他设置为默认，经过相关图谱参数的修剪，得到比较理想的合作机构和合作作者的共现知识图谱（见图 1 - 2）。

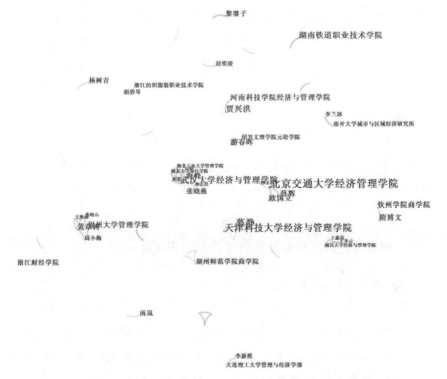

图 1 - 2　物流集群研究机构与合作作者共现网络图谱

在 CiteSpace 中，运用节点、连线等组成的图谱来表征各个要素之间的被引、合作、共现关系。每一个节点代表一个作者或者一个研究机构，节点的大小，代表作者和机构被引频次的高低，节点越大，被引频次就越多，在知识图谱网络中的地位也就越重要。由图 1 - 2 可以看出，物流集群研究领域的主要研究机构是北京交通大学经济与管理学院、武汉大学经济与管理学院、天津科技大学经济与管理学院、河南科技学院经济与管理学院、福州大学管理学院。物流集群研究领域较为有影响力的学者是武汉大学的海峰教授、天津科技大学的慕静教授、北京交通大学的欧国立教授和薛辉、河海大学的南岚以及福州大学的黄章树教授。一般来说，该领域的核心研究机构和影响力较大的学者所在单位基本一致。

在 CiteSpace 绘制的图谱中，节点之间的连线代表着节点之间的联系，各节点之间的连线粗细程度表示的是节点之间的联系紧密程度，代表着作者之间的联系，连线越粗，代表作者之间的联系越多，共被引关系越强。由图 1 - 2 可以看出，图谱中大部分节点是孤立的，节点之间缺乏联系。这说明我国物流集群研究领域中，各个作者和机构之间的合作甚少，尚未建立起跨学科、跨区域的研究平台，这与国际流行的合作研究和合著论文的大趋势是背道而驰的，尤其是在我国物流产业高速发展，物流集群已有一定研究基础的背景下，如何打破各自为政的研究僵局，将碎片化的学术孤岛联合起来，摒弃自说自话的封闭性局限，加强各个学者之间的学术合作，是物流集群研究领域迫切需要解决的问题。

3. 物流集群研究热点及演化路径的知识图谱分析

（1）物流集群的研究热点。

关键词是文章知识信息标签，是对文章主题的高度凝练和概括。当某个关键词在该领域文献中反复出现时，这个关键词就表明这一领域在某个时间段的研究热点和动向。通过对关键词出现频次的观察，可以确定该领域各阶段的研究热点和重点；通过对关键词频次变化的分析，可以得出该领域的研究动向；通过对关键词产生的中心性进行分析，可以厘清该领域各研究热点之间的联系和转化关系。因此，本书将借助 CiteSpace 对物流集群的关键词进行可视化分析，以把握物流集群的研究热点及其动向。将 CNKI 数据库中的文献数据导入 CiteSpace 进行转换处理，设置时间分析跨度为"2000 ~ 2018 年"，时间切片选择"1"，将"Node Type"设置为"Keywords"，采用"PathFinder"算法，其他设置为默认，运行 CiteSpace 软件，绘制出国内物流集群研究高频关键词共现图谱（见图 1 - 3）。

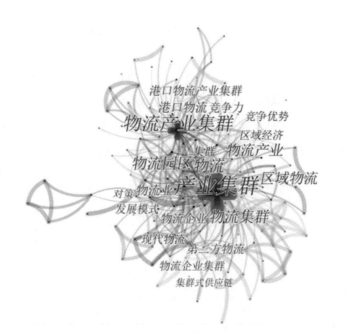

图 1 – 3　物流集群关键词共现图谱

　　在图 1 – 3 的关键词共现知识图谱中，共有 154 个节点，441 条连线，密度为 0.037。图谱中的节点代表关键词，节点的大小表示关键词出现次数的高低，节点之间的连线表明各节点所代表关键词的共现程度，连线越多表明关键词之间的共现次数越多，连线的粗细程度代表着关键词共现频率系数的高低。从图 1 – 3 可以看出，物流集群研究领域的关键词联系非常紧密，较为集中，围绕节点较大的"产业集群"和"物流产业集群"关键词展开。在可视化图谱中，节点在图谱中的位置是由中介中心度来决定的。关键词的中介中心度表示了它控制的关键词之间信息流的数量及对整个网络资源的控制程度①。这些核心关键词作为关键节点，以其强大的中介中心性，影响其他节点集聚在其周围，并且这些节点之间也会形成相互作用，进一步吸引同质关键词的集聚。在图 1 – 3 中，以"产业集群"和"物流产业集群"这些关键词为核心，延伸出许多连线，

---

　　① 梁立明，武夷山等．科学计量学：理论探索与案例研究 [M]．北京：科学出版社，2006.

将表征研究对象和研究视角的关键词紧密联系起来，构成了物流集群关键词共现网络。

为进一步分析，本书利用软件中的关键词统计功能，提取出 2000 ～ 2018 年物流集群领域前 20 位高频关键词如表 1 - 4 所示。高频关键词体现了物流集群领域的专家、学者共同关注的话题，也是研究者注意力的共同汇聚，代表了物流集群研究领域的研究焦点。

表 1 - 4　　　　2000 ～ 2018 年物流集群研究领域前 20 位高频关键词

序号	关键词	频次	中介中心度	年份
1	产业集群	206	0.81	2003
2	物流产业集群	132	0.56	2006
3	物流集群	46	0.30	2007
4	物流	44	0.11	2006
5	物流园区	43	0.25	2006
6	区域物流	33	0.08	2007
7	物流产业	25	0.03	2005
8	港口物流	21	0.02	2009
9	竞争力	16	0.06	2011
10	发展模式	16	0.01	2011
11	物流企业集群	15	0.06	2006
12	物流企业	15	0.10	2005
13	物流业	14	0.05	2011
14	区域经济	14	0.01	2006
15	港口物流产业集群	12	0.04	2012
16	集群	11	0.02	2004
17	竞争优势	10	0.01	2007
18	第三方物流	9	0.07	2009
19	集群式供应链	7	0	2006
20	系统动力学	7	0.03	2011

结合图 1-3 和表 1-4 发现，物流集群的研究呈现出"研究对象集中，研究视角分散，年代差异明显"的共现特征。在排名前 20 位的高频词中，大多数是关于研究对象的，其中"产业集群""物流产业集群"频次均超过了 100 次，说明物流集群的研究对象较为集中。从研究视角来看，较多的学者从区域和产业经济的理论角度对物流集群进行研究，如"区域物流""区域经济"等，也有学者从管理理论的视角出发，如"竞争力""发展模式"等，还有学者从交叉理论出发，如"集群式供应链""系统动力学"等，但是这些关键词出现的频次都不高，均未超过 50 次，整体体现出研究视角的较高分散性。物流集群研究视角的多样性、分散性，不仅意味着不同学科之间的交叉运用，同时也说明物流集群问题的繁复性，涉及诸多亟待解决的问题。从年份序列来看，2012 年以前，主要以"产业集群""集群""区域物流""物流产业集群""物流企业""物流园区""港口物流"为研究对象，运用管理学、物流学、产业经济、区域经济、系统动力学等理论，从"竞争优势""竞争力""发展模式""集群式供应链"等视角对物流集群进行研究。从高频词出现的年份来看，大多数高频词均出现在 2012 年之前，这与前述的文献时间分布是对应的，2002～2012 年是我国物流业发展的"黄金十年"，在这期间，物流集群的研究日益增多，其中 2012 年是物流集群发文量的峰值。同时，也显示出自 2012 年之后，物流集群研究视角的匮乏，这也是 2012 年后发文量减缓的主要原因。

为更好地展示物流集群的研究热点分布，本书在图 1-3 关键词共现图谱的基础上，根据关键词之间的共现关系和联系强度，采用 LLR 算法，对研究的关键词进行聚类（见图 1-4）。通过 CiteSpace 的聚类分析，得出物流集群研究的 9 组聚类簇，分别是#0 物流产业集群、#1 产业集群、#2 物流、#3 物流园区、#4 物流集群、#5 物流业、#6 纺织产业集群、#7 物流企业、#8 物流模式，这 9 个聚类标签显示了统计期间学者对物流集群领域的研究重点。在物流集群关键词聚类知识图谱的基础上，在"Clusters"菜单栏中选择"Summarization of Clusters"，得到物流集群关键词网络聚类表，如表 1-5 所示。

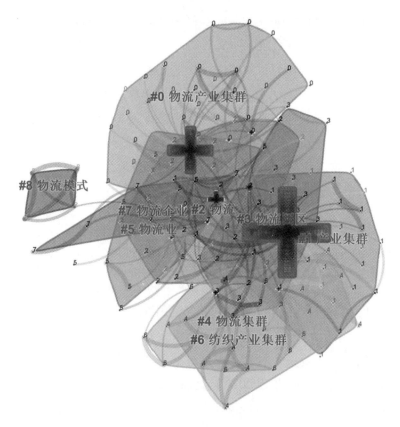

图1-4   物流集群关键词聚类标签图谱

表1-5   物流集群关键词网络聚类

编号	聚类大小	聚类名	平均年份	聚类子簇
#0	36	物流产业集群	2011	物流集群、服务业集群、创新机理、物流服务平台、物流服务创新等
#1	35	产业集群	2010	第三方物流、问题对策、物流外包、产业集群区、共生理论等
#2	18	物流	2006	产业集群、物流园区、物流集群、国际供应链、地方经济、升级模式及路径等
#3	14	物流园区	2012	产业集群、区域物流、物流外包、地方经济、区域经济横向化、物流需求等
#4	12	物流集群	2012	物流企业、创新模式、物流园区、产业集群、回声模型等

编号	聚类大小	聚类名	平均年份	聚类子簇
#5	12	物流业	2013	物流产业、产业集群、区域经济、主成分分析、物流园区、钻石模型、产业集群等
#6	7	纺织产业集群	2006	物流企业、创新模式、物流集群、物流外包、物流园区、生产性服务业、区域经济等
#7	5	物流企业	2012	纺织产业集群、物流管理、企业管理、农业产业集群、现代物流、第三方物流等
#8	5	物流模式	2009	物流产业集群、全球产业链、区域经济、协作效应、商贸流通、模式构建等

根据物流集群研究的聚类图谱和关键词聚类表,可以将现阶段物流集群的研究热点大致归纳为以下几个方面。

① 物流集群主体的研究。共现标识词为:#0 物流产业集群、#3 物流园区、#4 物流集群、#7 物流企业。在标识词中,#0 物流产业集群与#4 物流集群是对同一个概念的不同表述,其内涵并没有实质性的差别。从聚类子簇来看,对物流集群和物流产业集群的研究主要聚焦在物流集群的服务方面,通过综合运用各种理论及构建模型,对物流集群的服务创新内涵、服务创新机理及服务创新平台的构建进行研究。#3 物流园区、#7 物流企业作为物流集群的运作主体,从聚类子簇来看,其研究主要聚焦在对区域经济的影响和支撑方面。利用物流管理、企业管理、区域经济等相关理论,提高集群内部物流企业的服务水平和效率,从而提升整个物流集群的竞争力,高效地发挥其附属性、伴生性的作用,更好地满足区域的物流需求,在服务于其他产业集群的同时,拉动地方经济的发展,带动区域经济的横向一体化。

② 物流集群运作的研究。共现标识词为:#6 纺织产业集群、#8 物流模式。从聚类子簇来看,主要聚焦于物流集群的运作。结合全球产业链和区域经济理论,构建物流集群服务的创新模式和运作模式,提升集群的服务水平和运作效率,更好地服务全球产业链,与其他产业集群协作共赢。

③ 物流集群的交叉理论研究。共现标识词为:#1 产业集群、#2 物

流、#5 物流业。从聚类子簇来看，运用产业集群及物流管理的相关理论和模型，如供应链理论、区域经济理论、共生理论、钻石模型、主成分分析对物流集群对地方经济的带动作用进行探讨，探寻物流集群的升级模式、路径，从而更好地融入国际供应链，推动整个地方经济的发展。

（2）物流集群研究动态路径分析。

"Burst" 有突变、突发、剧增的意思。基本含义是变量的值在短期内变化很大、很突出。所谓突显词，是指在短期内，使用频次突然大幅度增长的关键词。CiteSpace 将这种突变信息视为一种可用来度量更深层变化的手段，常用来进行某领域的研究前沿分析。主题词和关键词反映出文献的主要内容，通过分析特定领域的主题词和关键词词频，可以描述该领域的演化发展及各阶段热点主题①。将 825 篇文献数据输入到 CiteSpace 软件中，节点类型设置为 "keywords"，术语类型设置为 "Burst terms"，运行软件，结果以 "Timezone" 的方式呈现，得出我国物流集群研究主题的时区图（见图 1 - 5）。在此基础上，在 "Clusters" 菜单栏中选择 "Summarization of Clusters"，得到关键词共现网络聚类表（见表 1 - 6），探测到物流集群研究领域的 9 个突显词。

表 1 - 6　　　　　　　　　物流集群关键词共现网络聚类

序号	突变词	突变强度	突变开始时间（年份）	突变结束时间（年份）
1	物流中心	3.2972	2003	2007
2	物流企业集群	3.5512	2006	2007
3	现代物流	3.5912	2006	2009
4	物流园区	7.1031	2006	2010
5	区域经济	3.0017	2006	2010
6	竞争优势	3.3120	2007	2008
7	港口物流	3.2787	2013	2014
8	物流业	3.6039	2014	2016
9	物流集群	7.9429	2016	2018

---

① 周金元、张莎莎. 国内微博舆情研究的计量文献分析 [J]. 图书情报研究, 2014, (2): 45 - 49.

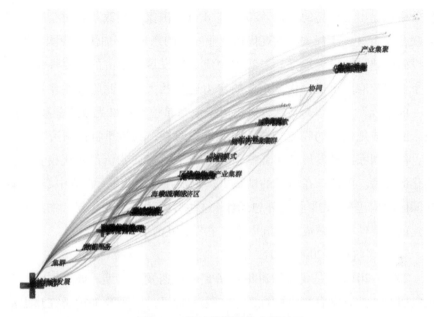

图 1 – 5　物流集群研究主题时区

如图 1 – 5 所示，整个物流集群研究的时区图可以反映出国内物流集群研究的知识周期及发展轨迹。结合前文中的相关知识图谱，可以将国内物流集群研究前沿主题及其变迁过程归纳如下。

① 空白阶段（2001 年及以前）。

1978 ~ 2001 年，我国的物流业一直处于探索和起步阶段。1978 年原国家物资总局赴日本考察，并参加了 1979 年的日本第二届国际物流会议。正式将"物流"的概念引入中国，并在国家的支持下开启了我国现代物流业的理论与实践的征程。这一时期，物流作为一门比较年轻的学科，无论在理论和实践方面还是在技术和组织方面都处于探索和发展阶段[①]，物流集群的研究更是一片空白。

② 萌芽阶段（2002 ~ 2005 年）。

2002 ~ 2005 年是我国物流集群研究的萌芽期，这与我国这一时期物流业的发展特点是相契合的。2001 年 11 月 10 日，中国正式加入世界贸易组织，我国在迎来经济发展黄金时期的同时，对物流业的规模化和运

---

① 丁俊发. 改革开放 40 年中国物流业发展与展望 [J]. 中国流通经济，2018 (4)：3 – 17.

作效率也提出了更高的要求。2004 年 8 月，国家发展改革委员会等九部委联合发布《关于促进我国现代物流业发展的意见》，加快了我国物流基础设施的建设，极大地推动了我国物流业的发展，物流的重要性也逐渐被企业和政府所重视。物流企业的实力逐步壮大，但此阶段主要还是以单一的"点""线"为基础，以物流企业为单位，各自为政地分散运作，还未能形成规模化的物流集群。因此这一时期，物流集群的研究文献较少，但是国家蓬勃发展的工业制造业客观上又需要物流产业规模化、集约化的支持。因此，在当时的情境下，物流产业集聚①、物流中心②、物流园区的构建③、集群物流外包运作④这些有关物流企业集聚、物流节点构建的必要性等主题成为物流集群的主要研究前沿。

③ 发展阶段（2006～2012 年）。

2006～2012 年是我国物流集群研究的快速发展时期，如果说前一阶段的研究热点有学者自发的性质，在这一阶段，国家政策对研究热点的导向十分明显。2005 年 2 月，国家发展改革委员会牵头成立了全国现代物流工作部际联席会议，以此来协调全国物流业的发展。2006 年 3 月 14 日第十届全国人大四次会议通过的《国民经济和社会发展第十一个五年规划纲要》在第十六章"拓展生产性服务业"中，将"大力发展现代物流业"作为单独的一节，物流业第一次列入国家的规划纲要中，这是历史性的一个突破，也是对物流产业在国民经济中重要地位的认可。后来，在历年的《政府工作报告》中，都将物流业与其他服务业并列。这一时期也是我国物流集群的快速成长期，经过十年的发展，全国物流基础设施网络基本形成；物流企业散、小、差的状况得到了明显的改善，市场集中度进一步提高；珠三角、长三角、长江经济带、京津冀等区域物流协同和国际化水平进一步提高；已经基本形成了包含不同所有制、不同

---

① 支燕. 物流产业集群的竞争优势研究 [J]. 经济与管理研究，2005（3）：39 - 42.

② 陈通，李钊军. 基于产业集群的物流中心构建研究 [J]. 综合运输，2003（10）：38 - 40.

③ 黎继子，刘春玲，蔡根女. 集群式供应链与物流逆向化分析——以东莞 IT 产业为例 [J]. 科研管理，2005（4）：86 - 92.

④ 黎继子，刘春玲. 集群内中小企业物流外包的五种模式 [J]. 中国物流与采购，2005（20）：62 - 64.

经营规模、不同功能、不同服务模式、不同特色物流服务企业的集群①。因此，这一阶段物流集群的研究前沿也从原来的物流集群的个体"物流企业"开始向集群的雏形"物流节点"转变，从原来的集群建立的必要性和优势的研究转向集群建设的模式和方法研究，从原来基于辅助支持其他产业的建立初衷向物流集群对产业发展及区域的影响转变。与之对应，在这一阶段的文献中，主要突显的关键词包括"物流企业集群"②、"现代物流"③、"物流园区"④、"区域经济"⑤、"竞争优势"⑥。

④ 成熟阶段（2013年至今）。

2013年至今是物流集群研究的成熟期，这一时期的研究动向与物流业发展的大环境密不可分。2012年党的十八大以来，中国物流业进入全面转型升级阶段。物流业发展初期，我国面临的主要矛盾是经济快速发展下物流需求与服务供给不足之间的矛盾，解决问题的关键在于培育物流企业，发展企业物流，而现阶段的主要矛盾已经演变成经济高质量高效率发展对物流的需求与物流发展不充分、不协调、不平衡、不可持续之间的矛盾⑦。2013年，我国进入"三期叠加"时期，物流业在经济的转

---

① ⑦ 丁俊发．改革开放40年中国物流业发展与展望 [J]．中国流通经济，2018 (4)：3 – 17.

② 慕静，汪俊华．物流集群企业与群外环境的协同创新研究 [J]．科技创新导报，2012 (3)：188 – 189．慕静．基于循环创新链的物流企业集群服务创新体系研究 [J]．商业经济与管理，2012 (6)：5 – 12．慕静，毛金月．基于系统动力学的物流企业集群创新系统运行机制研究 [J]．华东经济管理，2012 (9)：50 – 54．慕静，张书芬．物流企业集群创新系统的序参量研究 [J]．统计与决策，2012 (13)：174 – 177.

③ 马林．基于区域一体化整合的现代物流产业集群研究 [J]．工业技术经济，2007 (12)：144 – 146．高亢．辽宁省产业集群现代物流平台的构建 [J]．沈阳大学学报，2011 (3)：53 – 56.

④ 石兆．长株潭城市群物流园区布局规划问题探讨 [J]．中国物流与采购，2012 (19)：68 – 69．范敏，华光，孙东泉．基于模糊评价的物流园区规模需求分析 [J]．物流技术，2012 (23)：196 – 198.

⑤ 寻立祥．长株潭物流产业集群与区域经济发展研究 [J]．中国流通经济，2007 (10)：15 – 18．黄章树，周小梅，王蓉凤．试论海峡西岸经济区产业集群物流发展战略 [J]．福州大学学报（哲学社会科学版），2008 (3)：16 – 21．王圣云，王鑫磊，戴璐．长江中游城市集群的物流——经济网络及其空间组织战略 [J]．江汉论坛，2012 (10)：27 – 32.

⑥ 章建新．基于全球产业链的物流产业集群竞争力分析 [J]．经济问题，2006 (5)：25 – 27．宣春霞，朱文涛．基于产业集群的港口物流业竞争优势分析 [J]．改革与战略，2007 (1)：39 – 41．周文祥．全球产业链的物流业集群竞争力分析 [J]．经济纵横，2007 (16)：2 – 5．杨自辉，邓恩林，安源．湖南物流产业集群系统发展研究 [J]．经济地理，2010 (3)：426 – 430．陈云萍．物流产业集群的竞争优势与形成模式 [J]．科技进步与对策，2010 (21)：85 – 90.

型发展中的作用更加凸显。在2014年9月出台的《物流业发展中长期规划（2012~2020年）》中，对物流业的定位是支撑国民经济发展的基础性和战略性产业。规划到2020年，中国要基本建立布局合理、技术先进、便捷高效、绿色环保、安全有序的现代物流服务体系。在2013年9月访问中亚和东南亚国家期间，习近平同志提出了"一带一路"倡议，提出互联互通、合作共赢、打造全球经济命运共同体，这必将成为中国建立全球供应链的新途径①。

这一阶段，国内现代物流体系基本形成，已建成世界领先的现代物流设施骨干网络，物流企业快速发展，物流专业化程度普遍提高，社会物流成本下降，物流效率普遍提高，大规模供应链平台得以建立。在"一带一路"倡议的指导下，在信息技术不断升级及"一带一路"国际产能合作的指导下，国内形成的物流链、供应链、供应链整合与相关产业联动融合，构成了完整的产业升级和发展过程。

这一时期的物流业也由单一"点""线"为主的分散经营转向以"网""链"为主的整合运作，由以资源、功能为基础的物流服务走向一体化、集成的物流服务，客观上更需要集结各种类型物流企业及一体化物流功能的物流集群的支持，使物流集群的研究热度显著增强。前两个阶段对于物流集群的概念还没有统一，一直在"物流产业集群"和"物流企业集群"两个概念中徘徊，在这一阶段，"物流集群"正式登场，这也意味着学术界对物流集群概念的统一。与前两个阶段不同，第三阶段更注重物流集群自身的发展，聚焦物流集群内部和外部的关系，以及物流集群对整个物流业的影响和带动作用，研究的重心也由原来物流集群的构建、优势，转变为物流集群内部企业之间的交流协作、物流集群与其他产业的协同支撑。相应的，这一阶段主要突显的关键词是"物流集群"②、"物流业"③、"港

① 景俊海."一带一路"：实现百年梦想的重大部署 [EB/OL].人民日报，2015-06-11.

② 姜骞，刘强，唐震.物流集群共享性资源对物流企业动态能力的影响机理——价值共创的中介作用和齐美尔连接的调节作用 [J].技术经济，2016（9）：50-58.刘畅，张晓燕.物流集群协同的自组织特征和演化机理 [J].甘肃社会科学，2018（3）：236-242.刘思婧，李国旗，金凤君.中国物流集群的量化甄别与发育程度评价 [J].地理学报，2018（8）：1540-1555.

③ 周叶，唐恩斌，游建忠.江西物流业融入"一带一路"发展战略研究 [J].物流技术，2016（7）：1-7.尹国君，王耀中，彭建辉.我国现代物流业集聚发展对策研究 [J].经济纵横，2016（11）：48-51.

口物流"①。由于很多物流集群都是围绕大型综合运输枢纽建设的，所以，这一时期，港口物流也是突显词。

4. 结论与展望

通过对 CNKI 数据库中物流集群研究文献知识图谱的绘制及研究维度的分析，2000～2018 年近 20 年来，物流集群的研究有了较为清晰的认识（见图 1 - 6）。从发文量来看，物流集群的研究大体经历了研究荒漠（2000～2001 年）、快速增长（2002～2012 年）、平稳发展（2012 年以后）三个阶段；从研究者和研究机构来看，高校是物流集群研究的主要阵营，但各个作者和机构之间的合作甚少，尚未建立起跨学科、跨区域的研究平台，如何打破各自为政的研究格局，加强各个学者之间的学术合作，是物流集群研究领域迫切需要解决的问题；从研究热点来看，物流集群主要聚焦于集群主体、集群运作、交叉理论方面，研究呈现出"研究对象较为集中，研究视角相对分散，年代差异明显"的特征；从研究前沿动态来看，物流集群的研究经历了萌芽、发展及成熟的阶段，研究路径也从初始的物流集群的个体—"物流企业"向集群的雏形——"物流节点"转变，由各自为政的单一"点""线"为基础的分散运作向以"网""链"为基础的集成运作转变，由关注集群的区域经济效应、外部效应向物流集群内部和外部协作关系转变。

通过上述对物流集群知识图谱的分析，笔者认为未来物流集群的研究可以从宏观、中观、微观三个方面作进一步的探讨。

（1）从宏观层面来看，在全球经济大调整和经济结构转型的宏观背景下，世界各国都在寻求新的经济增长点。物流作为"第三利润源"，受到了各个国家的广泛重视，物流集群作为物流产业的重要载体，应该站在国际化、全球化的高度，重新审视其发展路径和模式，从而顺利地融入全球供应链和价值链，实现自身的转型升级，更好地服务于区域的相

---

① 马玮. 共生理论下港口物流集群产业发展研究 [J]. 物流技术，2015（5）：89 - 90，183. 胡碧琴，赵亚鹏. 创新视域下港口物流产业集群与跨境电商联动发展研究 [J]. 商业经济研究，2016（8）：102 - 103.

研究趋势

宏观层面	中观层面	微观层面
全球价值链、全球供应链、全球社会网络等理论对物流集群展开研究	高效率集成化跨企业物流运作，跨区域网络化物流集群的构建和运作	物流集群内部主体之间的交易机制、价值共创、集群生态服务系统的构建

前沿路径

萌芽阶段：2002~2005年	发展阶段：2006~2012年	成熟阶段：2013年至今
以"点""线"为基础，以物流企业为单位，聚焦于物流产业集聚的优势，物流中心、物流园区的构建必要性	由物流集群的主体"物流企业"向"物流节点"转变。聚焦于物流中心、物流企业集群、物流园区、区域经济、竞争优势	由单一的"点""线"为基础的零散运作向"网""链"为基础的集成运作转变，聚焦于物流集群、物流业、港口物流

研究热点

物流集群主体的研究	物流集群运作的研究	物流集群交叉理论的研究
物流集群的服务内涵及其创新；物流园区与区域经济发展；物流园区的发展模式；物流企业服务水平和效率等	物流集群的运作模式及服务创新；物流集群的服务水平和效率提升；物流集群与全球供应链的嵌入及协同等	运用供应链理论、区域经济理论、共生理论、钻石模型理论和模型对物流集群与区域经济发展，及其自身的发展升级进行研究

基本情况

发文量	研究作者和研究机构
阶段：研究荒漠（2000~2001年）；快速增长（2002~2012年）；平稳发展（2012年至今） 特点：与我国物流业发展重要阶段相契合	研究机构：高校为主体 研究作者：分散，尚未形成核心研究群 特点：各个作者和机构之间合作甚少，尚未建立起跨学科、跨区域的研究平台

图1-6 物流集群研究演进脉络

关产业，带动整个区域的经济发展和升级。因此，从全球价值链、全球供应链、全球社会网络等角度对物流集群展开研究，是兼具理论和现实意义的方向。

（2）从中观层面来看，随着我国经济的蓬勃发展及经济全球化趋势的进一步增强，综合性、高效率、一体化的物流服务需求与物流企业提供的单一性、低水平、分散化的物流服务矛盾日益突出。伴随着这种趋势，高效率集成化的跨企业物流运作、跨区域网络化物流集群的构建将成为主流研究趋势，这也是物流集群发展的高级形态。

（3）从微观层面来看，现阶段对于物流集群内部微观层面的研究主要是运用供应链、价值链及社会网络理论，聚焦"组织关系"和"资源的可得性"，但对于物流集群内部各主体之间的交易形式、价值共创过程及集群生态服务系统的构建，还鲜有学者问津。迄今为止，物流集群这种基于开放式网络平台的服务创新仍然是一个巨大的黑箱，它的过程如何、有哪些参与者、各方在价值共创中的贡献如何评价、各方通过哪些机制来进行互动等问题还有待相关领域研究者的关注和研究。

1.2.2　国外研究现状

物流活动在全世界各地日趋集中，逐渐形成了"物流集群"，这一独特的产业集群现象引起了广泛关注[①]。正如库恩所言，科学研究的出发点，可以是对现象的观察，也可以是对理论的阐释。对"'物流集群'研究"予以关注和分析，是对理论研究的提炼和总结。既有研究较多针对节点文献进行直接分析[②]，以其对热点和未来方向进行把握，却很少对节点文献的引文进行研究[③]。事实上，作者对引文的选择是基于作者认为被引用的作品（作者）对自己的研究提供了概念、理论或方法上的支持。经常一起被引用的作者（作品），在研究的概念、理论或方法上是相关的[④]。作品为后续研究提供了基础理论和基本范式，作者则成为

---

①　Sheffi. Logistics Intensive Clusters：Global Competitiveness and Regional Growth ［R］. Handbook of Global Logistics：Transportation in International Supply Chains，2013：463 – 500.

②　芦彩梅，徐天强. 国际产业集群研究知识图谱分析 ［J］. 科技管理研究，2015 (18)：157 – 160.

③　殷辉，陈劲. 我国物流学科研究热点的共词可视化分析 ［J］. 图书情报工作，2011 (20)：129 – 133.

④　Maggioni M.，Uberti T.，Gambarotto F. Mapping the Evolution of "Clusters"：A Meta-analysis. Fondazione Eni Enrico Mattei ［J］. Working Paper，2009，74.

后续研究的奠基者①。

本部分无意于对这些直接的研究文献展开综述，而是力图利用文献计量工具对节点文献的引文进行共被引分析，寻找那些支撑当前和未来研究的基础理论和学者，通过对历史的追溯，揭示出当前研究所依据的范式，发现物流集群研究的基本主题，为今后的研究提供理论帮助。

国内外学者利用文献计量工具就相关领域做过类似的努力②，尤其是拉泽雷蒂等（Lazzeretti et al.，2014）以 WOS 整体数据为基础，对年均引用率超过 10 的 46 篇文章的 2066 篇引文作了共被引分析，发现集群研究的多学科性、跨学科性和国际性。但这些研究或者仅限于"集群"一般概念的演进研究，或者只限定于一个刊物而显得单薄，而且都未专门针对"物流集群"研究进行，不能为"物流集群"的研究产生提供更加直接的理论支持。鉴于此，本书采用文献计量方法，对从 WOS 核心库中遴选的 508 篇节点文献的 20905 篇引文进行分析，力图揭示出"物流集群"研究的奠基者们为当前和未来的研究所做的努力，并解决以下问题：奠基者是谁？其基础研究关注的主题是什么？奠基者为"物流集群"研究提供了怎样的理论基础和研究范式？

1. 数据和方法

（1）数据来源。

参照国内外已有的做法，本书选取了物流、集群和排除三类主题词。物流类主题将 logistics 及其他与物流活动高度相关的主题词，如 distribution、transportation、houseware 等纳入。集群类主题词确定为 cluster（需要说明的是，参照国际做法，本书未将"agglomeration"放入，因为它是

① Lazzeretti L.，Silvia R.，Caloffi A. Founders and Disseminators of Cluster Research ［J］. Journal of Economic Geography，2014. 14（3）：21 – 43.

② 芦彩梅，徐天强. 国际产业集群研究知识图谱分析 ［J］. 科技管理研究，2015（18）：157 – 160. 殷辉，陈劲. 我国物流学科研究热点的共词可视化分析 ［J］. 图书情报工作，2011（20）：129 – 133. Maggioni M.，Uberti T.，Gambarotto F. Mapping the Evolution of "Clusters"：A Meta-analysis. Fondazione Eni Enrico Mattei. Working Paper，2009，74. Lazzeretti L.，Silvia R.，Caloffi A. Founders and Disseminators of Cluster Research ［J］. Journal of Economic Geography，2014，14（3）：21 – 43.

新经济地理文献和新区位理论的高频词，将其放入检索后，会人为地将许多新经济地理和新古典区位理论研究文献拉入，对检索结果产生偏差影响）。同时，去除了仅将"logistics"和"cluster"作为统计过程的文献（如逻辑回归、聚类分析等）。物流和集群类主题词之间的逻辑关系是AND，排除类主题词与前两类之间的关系确定为NOT，而所有内部关系统一确定为OR，以确保检索范围，检索时间截至2015年6月30日。

经过对类别的精简和文献类型的确定，得到554篇节点文献，其中包括来自159个期刊的539篇文章和15个书籍的部分章节。鉴于期刊影响力的考虑，本书逐一查询期刊的影响因子和JCR分区，并通过阅读文献摘要进一步筛选文献，如果发现摘要不够明确，则会通读全文。最终剔除29个期刊的31篇文献后，确定了508篇节点文献（15个书籍的部分章节和来自130个期刊的493篇文献），共20905篇引文（若不考虑引用重复，共出现27915篇次）和18843位第一作者，以这些信息作为基础数据展开研究。

（2）研究方法。

本书首先利用bibexcel和SPSS统计工具，统计引文第一作者的被引频次，探寻"物流集群"研究的奠基者。其次对奠基者们进行共被引分析和聚类分析，并按照他们的主要研究方向，归纳出支撑研究的基础理论和范式，解释奠基者对物流集群研究带来的影响。最后利用可视化软件CitespaceⅢ对引文主题词聚类，识别出支撑"物流集群"研究的基础文献所聚焦的九个核心主题和两大研究群。

2."物流集群"研究的奠基者及基本范式

（1）"物流集群"研究的奠基者。

库恩认为范式是学术共同体对某一个科学领域所持有的共同基本认识和实践方式。它为参与研究中的学者提供从事科学实践时所需遵从的规则和标准。为了找到"物流集群"研究的奠基者，本书借鉴拉泽雷蒂等和刘林青[①]的做法，利用bibexcel对引文的18834位第一作者进行引用

---

① 刘林青. 范式可视化与共被引分析：以战略管理研究领域为例 [J]. 情报学报, 2005, 24（1）：20 – 25.

频次的排序，100 次以上的共 47 位，如表 1 – 7 所示。

表 1 – 7　　　　　　引用频次在 100 次以上的引文作者

编号	被引总频次	作者	编号	被引总频次	作者	编号	被引总频次	作者
1	159	克鲁德曼（Krugman P. R.）	17	107	波特（Porter M. E.）	29	102	诺特博姆（Notteboom T.）
2	149	藤田昌久（Fujita M.）	18	106	世界银行 *	30	102	经合组织 *
3	143	库姆斯（Combes P. P.）	19	106	迪肯（Dicken P.）	31	102	纽曼（Newman M. E. J.）
4	123	罗德里格（Rodrigue J. P.）	20	106	亨德森（Henderson V.）	32	101	让德罗（Gendreau M.）
5	120	黄（Hwang H.）	–	106	赛维诺（Cervero R.）**	33	101	阿隆索（Alonso W.）
6	115	雅各布斯（Jacobs J.）	–	105	格莱泽（Glaeser E. L.）**	34	101	马歇尔（Marshall A.）
7	114	安瑟兰（Anselin L.）	21	105	福德林厄姆（Fotheringham A. S.）	35	100	关（Kwan M. P.）
8	113	科尔多（Cordeau J. F.）	22	105	欧洲委员会 *	36	100	汉森（Hanson G. H.）
9	113	维纳博尔斯（Venables A.）	23	104	马姆伯格（Malmberg A.）	37	100	希德（Head K.）
10	112	迪朗东（Duranton G.）	24	103	费舍尔（Fisher M. L.）	38	100	德罗尔（Dror M.）
11	111	金姆（Kim S.）	25	103	拉波特（Laporte G.）	39	100	赛义德（Elsayed E. A.）
12	110	巴提（Batty M.）	26	103	哈勒（Hall R. W.）	40	100	克拉克（Clarke G.）
13	109	杰菲（Jaffe A. B.）	27	102	达甘索（Daganzo C. F.）	41	100	巴特（Bhat C. R.）
14	108	戴维斯（Davisd R.）	28	102	马库森（Markusen A.）	42	100	艾里森（Ellison G.）
15	108	麦克米兰（Mcmillen D.）	–	102	斯科特（Scott A. J.）**	43	100	托特（Toth P.）
16	107	奥德斯（Audretsch D. B.）	–	102	尚恩（Schwanen T.）**			

注：带“＊”的为研究机构，带“＊＊”的作者因共被引总数低于 30 而被排除在共被引分析之外。

上述学者因为较高的引用频次而成为"物流集群"研究的奠基者，从作者们的学科背景和研究领域上看，他们分属于不同基础理论和范式的科学共同体，呈现出明显的多样化，表现出"物流集群"基础研究的跨学科性和融合性。从这一点上看，"物流集群"研究目前尚属"前范式阶段"，显然，学者们力图借助各种理论工具来对物流集群作出合理解释。

（2）"物流集群"研究的基本范式。

利用 bibexcel 软件对 47 个引文作者（机构）进行两两共现分析并滤掉平均共被引次数低于 30 的作者后，形成 43×43 共现矩阵，其中包含 40 位学者和世界银行（World Bank）、欧洲委员会（EC）和经济合作与发展组织（OECD）等三个机构。利用 SPSS 软件转化为相关矩阵后，聚类分析，形成图 1－7，43 位高被引作者（机构）被分为六类（C1～C6），"物流集群"研究的六大基本范式也基本呈现。

通过分析聚类作者的平均被引次数、聚类结果中学者的研究领域和知识背景及高被引文献内容会发现，以克鲁德曼为代表的新经济地理理论（C5，以下简称 NEG）具有绝对影响力，其次是新古典区位理论（C6）、竞争理论（C3）、网络理论（C2）、供应链（C4）和运筹学理论（C1）。六大基础理论从不同视角为物流集群的研究提供了研究范式，建立了一般性的基础模型和理论机制。

第一类（C5），"基于新经济地理（NEG）的集聚经济模型"，以"中心—边缘"模型为基础，关注竞争环境、劳动力流动、交易成本、运输基础设施等变量[1]对经济活动集聚过程的影响，研究集群活动所带来的潜在优势。莉莉安娜（Liliana）等[2]学者在常见的集群识别指标（如 HHI，EGGCI 等）基础上，从物流集聚发生的基本决定要素出发，为"物流集群"的界定确立了特有的客观指标，为其实证研究提供了模型基

---

① Krugman P. Space：The Final Frontier［J］. The Journal of Economic Perspectives, 1998, 12（2）：161－174.

② Liliana R., Sheffi Y., Welsch R. Logistics Agglomeration In The US［J］. Transportation Research Part A, 2014, 59（2）：222－238.

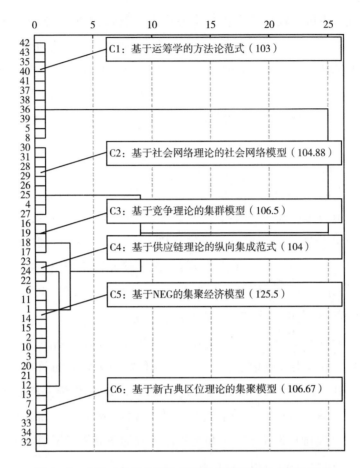

图1-7 支持"物流集群"研究的奠基者和基本理论范式

注：（1）图中左侧的数字编号代表前述43位作者，与表1-7对应，编号越靠前，作者的被引频次越高；（2）43位作者的平均被引次数为108.74，括号表示的是六大范式中包含的主要作者的平均被引次数，被引次数越高，影响程度越大。

资料来源：笔者使用 Ward 连接的树状图重新调整距离聚类合并。

础和基本均衡条件[①]。

第二类（C6），"基于新古典区位理论的集聚模型"。在新古典区位理论中，城市和产业集聚被视为是空间现象，一方面，企业的空间集聚被认为源于各种空间交易成本，投入产出模型被用于解释企业的成本支出构成与空间集聚行为之间的关系；另一方面，引力理论、中心地理论

———————

① 吴结兵．企业网络与产业集群竞争优势［M］．北京：科学出版社，2013：17-33.

等工具被用于解释集聚对经济的影响。这些研究结果被"物流集群"研究大量借用，诸多学者在对变量进行修正后，从物流企业地理集中的角度测量"物流集群"的发展和其在就业、经济多样化等各个方面给区域经济带来的影响①。

第三类（C3），"基于竞争理论的集群模型"。以波特为代表的竞争理论学派认为服务业的崛起与集群发展势不可挡，服务业集群也有地理集中性，但是由于集群本身更加关注生产率和公司之间的联系，所以相关产业和支持性产业、人才、服务需求、服务企业本身的战略、结构及行业竞争都成为促进服务业提升竞争力的重要影响因素。钻石模型、SCA、RBT 等理论与模型得到了极大的认可，被许多学者用来分析海事集群、公铁联运集群的竞争力和影响力②。竞争理论针对性地为服务产业的集群发展提供了理论基础，以战略视角从提升竞争力的方面支持了物流集群的研究。

第四类（C2），"基于社会网络理论的社会网络模型"。进行社会网络研究的学者的关注点之一是集群内部的组织之间的关系。无论是意大利工业区的成功，硅谷的繁荣，还是波士顿 128 号公路区的衰败，无不展示出集群内部网络结构的力量③。除了地理接近性，产业集群还应该包括关系的接近性④。查希尔（Zaheer，2010）在 2014 年的研究发现有学者应

① Sheffi. Logistics Intensive Clusters: Global Competitiveness and Regional Growth [R]. Handbook of Global Logistics: Transportation in International Supply Chains, 2013: 463 – 500. Lazzeretti L., Silvia R., Caloffi A. Founders and Disseminators of Cluster Research [J]. Journal of Economic Geography, 2014, 14 (3): 21 –43.

② Rodrigue J. The Geography of Global Supply Chains: Evidence from Third-Party Logistics [J]. Journal of Supply Chain Management, 2012, 48 (3): 15 – 23. Hayuth Y. Inland Container Terminal Function and Rationale [J]. Maritime Policy and Management, 1980, 7 (4): 283 – 289. Hayuth Y. Intermodal Transportation and the Hinterland Concept [J]. Tijdschrift Voor Economische en Sociale Geografie, 1982, 73 (1): 13 –21.

③ Saxenian A. Regional networks: Industrial adaptation in Silicon Valley and Route 128 [M]. Cambridge: Harvard University Press: 1994. Notteboom T., Rodrigue JP. Port Regionalization: Towards a New Phase in Port Development [J]. Maritime Policy Management, 2005, 32 (3): 297 –313. Low J., Lee B. Effects of Internal Resources on Airline Competitiveness [J]. Journal of Air Transport Management, 2014, 36 (3): 23 – 32. Singh J. Collaborative Networks as Determinants of Knowledge Diffusion Patterns [J]. Management Science, 2005, 51 (5): 756 –770.

④ Low J., Lee B. Effects of Internal Resources on Airline Competitiveness [J]. Journal of Air Transport Management, 2014, 36 (3): 23 – 32. Singh J. Collaborative Networks as Determinants of Knowledge Diffusion Patterns [J]. Management Science, 2005, 51 (5): 756 –770.

用社会网络的资源的可得性、信任、权利和控制等机制从整体网络层面对产业集群进行分析。也有学者①借助社会资本理论对集群的合作型网络进行研究，或者利用结构洞理论研究竞争型网络②，以及竞争者之间的合作③。所以，社会网络理论以其对集群中组织之间关系研究的全面性成为第四个主要理论基础和范式，从横向集成角度指导"物流集群"的研究。对"物流集群"研究颇为深入的薛飞（Sheffi，2013）、诺特博姆（Notteboom，2005），罗德里格（Rodrigue，2012）、洛（Low，2014）等学者使用资源的可得性对海港、空港、陆上集群进行研究，认为物流集群内部的资源可得性和成员之间的信任机制都对其发展产生了重要影响。

第五类（C4），"基于供应链理论的纵向集成范式"。供应链理论从系统角度解读企业之间的关系邻近性，也是近年来学者们研究组织合作行为的热门理论。海乌斯（Hayuth，1980，1982）提出内陆终端应该在全球供应链背景下执行其联运功能，利用多成员管理和控制，对仓储流程、货物集散、信息处理进行研究④，与其所在的区域一起连接来自全球的制造企业和零售商。作为供应链内的节点，空港、海港、内陆终端进行物流活动，为各种货物提供基本和增值服务⑤。供应链思想主要着眼于关系集中性，从纵向集成角度扩展了"物流集群"研究的视野，成为支撑其发展基础理论与范式之一。

第六类（C1），"基于运筹学的方法论范式"。为了实现物流活动降

---

① Singh J. Collaborative Networks as Determinants of Knowledge Diffusion Patterns ［J］. Management Science, 2005, 51 （5）: 756 –770.

② Zaheer A. Gözu bu yu k Remzi, Milanov H. It's the Connections: The Network Perspective in Interorganizational Research ［J］. Academy of Management Perspectives, 2010, 24 （1）: 62 –77.

③ Sheffi Y. Logistics cluster: delivering value and driving growth ［M］. MIT press, 2012. （该书在 2015 年被译为中文: 岑雪品. 物流集群 ［M］. 王薇，译. 北京: 机械工业出版社）.

④ Wakeman T. Marine Transportation of International Freight for the Northeast Corridor, in Anticipating 2025 in Northeast Corridor Transportation: Aerial, Highway, Marine, and Rail Technologies & Linkages, Institute of Public Administration ［M］. Public Policy Forum, Newark: University of Delaware, 2008: 38 –59.

⑤ Sheffi. Logistics Intensive Clusters: Global Competitiveness and Regional Growth ［R］. Handbook of Global Logistics: Transportation in International Supply Chains, 2013: 463 –500.

低成本，提高效率的目的，学者们借助运筹学线性规划理论和数学算法对运输、仓储、配送等基本物流活动的节点区位、流程、线路等进行科学的建模、最优化设计①，以建立适时的存货和交货系统，保证物流集群的高效运转②。这些研究虽然更关注企业层面，但却构成了"物流集群"发展的微观基础，成为物流集群研究的第六大基础理论与范式。

值得注意的是，马焦尼（Maggioni，2009）、拉泽雷蒂等（Lazzeretti et al.，2014）学者从产业集群形成的过程出发，认为纯粹集聚经济模型、复合产业模型和社会网络模型是产业集群研究的三种主要范式。这与本书的发现类似但不相同，原因在于他们未对区位理论进行阶段划分。本书从时间线角度分析，发现 20905 篇引文最早出现于 1890 年，最晚出现于 2014 年（见表 1 - 8）。NEG 理论文献被引用的平均年份是 1994 年（1980～2010 年），而新古典区位理论是 1980 年（1890～2010 年）。可见，对"物流集群"研究基础而言，NEG 与新古典区位理论的影响具有显著的时间阶段性，最初学者们比较多受到后者影响，但是当 NEG 在其研究基础上加入规模递增和不完全竞争，以更加合理的视角解释集聚时，学者们转而借鉴 NEG 范式展开研究。此外，依照被引用的平均年份来看，新古典区位理论最"老"，运筹学理论次之，供应链理论最"新"，其他理论的时间基本一致，也反映出"物流集群"的基础研究起步相对较晚，从侧面印证"物流集群"研究仍处在"前范式阶段"。

---

① Clarke G. Scheduling of Vehicles from a Central Depot to a Number of Delivery Points [J]. Operations Research, 1964, 12 (2): 568 - 581. Hwang H., Ree P. Routes Selection for The Cell Formation Problem With Alternative Part Process Plans [J]. Computers & Industrial Engineering, 1996, 30 (3): 423 - 431.

② Laporte G., Louveaux F., Hamme L. An Integer L-Shaped Algorithm for the Capacitated Vehicle Routing Problem with Stochastic Demands [J]. Operations Research, 2002, 50 (3): 415 - 423. Clarke G. Scheduling of Vehicles from a Central Depot to a Number of Delivery Points [J]. Operations Research, 1964, 12 (2): 568 - 581. Hwang H., Ree P. Routes Selection for The Cell Formation Problem With Alternative Part Process Plans [J]. Computers & Industrial Engineering, 1996, 30 (3): 423 - 431. Desrosiers J., Dumas Y., Soumis F.. The Multiple Vehicle Many-To-Many Routing Problem With Time Windows. Technical Report. Canada: Ecoles des Hautes Etudes Commerciales, 1986. Toth P., Vigo D. An Exact Algorithm for The Capacitated Shortest Spanning Arborescence. Annals of Operations Research, 1995, 61 (10): 121 - 141.

表1-8　　　　　　　　　六大范式中作者平均被引次数及文献时间

聚类	作者的平均被引次数	最早文献年份	最晚文献年份	平均年份
C1	103	1964	2010	1995
C2	104.88	1985	2014	1996
C3	106.5	1980	2010	1998
C4	104	1981	2014	2000
C5	125.5	1980	2010	1994
C6	106.67	1890	2006	1980

资料来源：笔者根据软件聚类结果进行的人工统计。

上述六大范式，NEG、新古典区位理论和运筹学理论更多侧重于经济组织及活动的区位集聚，为"物流集群"的地理集中性提供了研究基础，揭示了其集聚性[1]；其余理论则在关注地理接近性的同时，研究了集群中的关系集中性，尤其是社会网络理论和供应链理论，研究企业之间的经济联系[2]，为物流集群中组织的互动性研究奠定基础。

3. "物流集群"基础研究的主题

（1）引文的研究主题聚类。

引文的研究主题对"物流集群"研究的方向有重要影响。本书借助可视化工具Citespace Ⅲ对遴选的508篇文献的引文进行标题聚类，发现这些文献的研究大致可以分为64类。按照纽曼（Newman，2004）提出的研究社团聚类识别效果的确定标准，相对明显的占33类（见图1-8）。33个聚类的平均模块性指标值Q=0.8876，平均轮廓值为S=0.7141，聚类合理，区分明显。引文主题聚类基本呈现出了"物流集群"基础研究的历史发展和演进过程。

整体上看，研究比较分散，33个聚类中，11个远离研究中心且与中心文献基本没有联系。这些研究聚类未成规模，只是伴随着某种新技术的出现而出现，且很快消退下去。13个中心聚类中，9个聚类的轮廓值

① Lindsay G., Kasadra J.. Aerotropolis: The Way We Will Live Next? 1st ed. ［EB/OL］. New York: Farrar, Straus and Giroux, 2011.

② 吴结兵. 企业网络与产业集群竞争优势. 北京：科学出版社，2013：17-33.

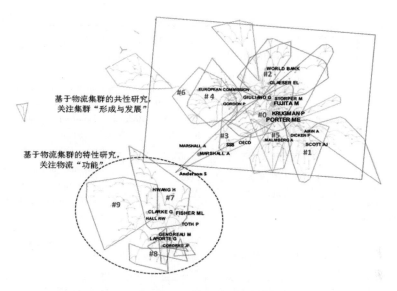

基于物流集群的共性研究，关注集群"形成与发展"

基于物流集群的特性研究，关注物流"功能"

图1-8   20905篇引文的研究主题聚类

注：（1）图中#代表核心聚类的编号，9个核心聚类的名称与表1-9相对应；（2）篇幅所限，非核心聚类没有显示。

资料来源：作者在文献计量软件形成图形基础上所做的处理

在0.8876以上，借助软件找到这些聚类对应的重要文献，就形成了支撑"物流集群"研究的基础经典文献。对它们进行主题词和摘要整理，并结合软件可视化结果，分析得到两大聚类研究主题，反映出迄今为止，为学者们进行"物流集群"研究提供支持的前期研究主题及聚类，如表1-9所示。

表1-9   "物流集群"基础研究的主题及聚类

研究群	核心聚类编号与名称	基础经典文献聚类研究主题	影响聚类的重要学者（机构）及作品	聚类高频主题词
基于物流集群共性的研究，以"集群建立与发展"为视角，偏重整体研究	#0 NEG	新环境下，利用新经济地理模型工具来解决公司选址、经济活动集聚等问题	克鲁德曼（Krugman P.，1991）藤田昌久（Fujita M.，1999）	agglomeration；global economy；NEG；firm location；transport costs；technology
	#1 corporate function	公司的功能	斯科特（Scott A.J.，1992）阿敏（Amin A.，1992）	corporate function；employment；prospect

研究群	核心聚类编号与名称	基础经典文献聚类研究主题	影响聚类的重要学者（机构）及作品	聚类高频主题词
基于物流集群共性的研究，以"集群建立与发展"为视角，偏重整体研究	#2 marine transport network	海事运输网络及港口"区域化"的形成与发展，内陆港口在其中的作用	*世界银行（World Bank，1996）罗德里格（Rodrigue JP.，2009）	marine transport network; regional logistics center; industrial performance; poor transportation
	#3 economic development	集群活动对经济发展的影响	波特（Porter M. E.，1990）尤西·谢菲（Sheffi Y.，2012）	economic development; community; transport costs; industry; growth
	#4 hub hierarchy	物流枢纽层级划分；运输政策	*欧洲委员（EC，2011）尚恩（Schwanen T.，2002）	transportation policy; hub hierarchy
	#5 diamond theory	利用波特的钻石模型来考察产业竞争力；空间接近性对合作的影响	马姆伯格（Malmberg A.，1997）迪肯（Dicken P.，1992）	spatial proximity; networks of interlocal agreements; cooperate; diamond theory of competitive advantage; air freight service
	#6 agglomeration economies	产业的空间集聚等对产业发展的影响	格莱泽（Glaeser EL.，1992）库姆斯（Combes PP.，2000）	network model; agglomeration economies; inland port; spatial origin
基于物流集群特性的研究，以"物流功能"为视角，偏重微观研究	#7 warehousing	仓储和配送中心的区位选择以及内部路线规划	克拉克（Clarke G.，1964）黄（Hwang H.，1996）	warehousing; distribution center; clustering technique
	#8 routing-problem	运输路线设计	拉波特（Laporte G.，2002）德罗齐埃（Desrosiers J.，1986）	routing problem; multi-source weber problem; heuristics; optimization; cycle
	#9 supply chain network	基于供应链角度的应急物流、回收物流及其路线设计；经济互动的活动的空间集聚	费舍尔（Fisher M. L.，1981）托特（Toth P.，1995）	multi-product reverse logistics network; supply chain network; spatial clustering; spatial decision support

注：（1）带*的为机构名称；（2）为尊重引文的原意，表中的核心聚类名称及高频主题词未译为汉语。

资料来源：笔者根据软件结果的人工整理与统计，主题词与研究主题是对最具影响力的文献进行文本整理提炼而成。

物流集群服务生态系统价值共创研究

（2）"物流集群"基础研究的两大支柱。

一种很有趣的现象是，9 个核心聚类形成了两大研究群，代表了支撑"物流集群"研究的两大支柱。

第一大研究群，"物流集群的形成与发展"研究，更加偏重整体层面，从产业集群的共性研究分析原因与机制，是研究主流。比较有影响力的研究是：第一，利用 NEG 的基本模型解释物流枢纽（中心、企业）对区位的选择，探索其与运输成本、知识溢出和经济发展之间的相互关系；第二，关注经济活动的集聚利益，以及企业在解决区域就业的作用，探求集群存在的合理性和根源；第三，内陆港口在海事运输网络形成过程中的作用；第四，依托竞争理论，利用钻石模型考察产业集群的竞争力；第五，研究政府和政策在集群形成过程中的角色和作用。这一研究群主要依托 NEG、新古典区位理论、竞争理论和社会网络理论范式展开研究。借鉴这些理论和范式，后来的学者们试图厘清一些关于"物流集群"形成和发展的基本问题：推动物流集群出现的要素是什么，物流集群与区域经济发展之间是怎样的关系，物流集群利益有哪些。

第二大研究群，"物流集群功能"研究，比较偏重对技术和微观层面的关注，与第一大研究群不同，它更多体现了学者们对物流活动和功能本身的思考，凸显出物流集群作为一个特殊的服务集群现象的个性，主要关注物流集群的服务功能：一是，存储服务节点，尤其是仓库、配送中心的选址，以及其内部流程优化对物流活动和产业提高效率和服务水平十分重要。二是，运输成本的降低是物流集群的发展必须面对的问题。物流节点和运输路线共同构成了物流集群健康发展所依赖的产业网络。因为节点之间的货物流不对称，导致空返问题，重新设计运输路线来降低运输成本备受关注。三是，应对工业化带来的环境问题所造成的突发事件的应急反应，和"绿色环保"理念下的回收物流的有效运作，是"物流集群"发展的推动力。这一研究群主要依托的是运筹学和供应链研究范式。

上述两大研究群构成了"物流集群"研究的历史起源和理论基础，总体看来，"物流集群"的研究起源于对"物流"（个性）和"集群"

（共性）两种现象的分别研究，所以，其研究范式既包括对"集群的形成与发展"的研究，又包括对"物流活动高效进行"的研究，既涉及宏观层面，又涉及微观层面。奠基者的研究主题及其形成的两大研究群，再次证明，物流集群的研究处在"前范式阶段"，尚未形成成熟的研究体系和独特的研究视角。进行物流集群研究的学者，需要继续探索符合物流集群发展科学特征的方法方式和理论范式，推动其向"常规科学"迈进。

4. 研究评述

科学的发展是新范式不断代替旧范式的过程，但是在学科发展的早期阶段，学派林立，这也是一门学科尚不成熟的表现之一。[①] 任何科学研究都以前期研究和发现为基础，本书借鉴学者们对供应链管理和产业集群等相关领域研究的经验[②]，将文献计量方法应用于"物流集群"研究，回答三个问题：奠基者是谁？其基础研究关注的主题是什么？奠基者为"物流集群"研究提供了怎样的理论基础和研究范式？

通过对检索到的节点文献的 20905 篇引文和 18834 位第一作者进行分析，本书找到了为"物流集群"研究奠定理论基础的奠基者和他们所提供的基本理论和范式：新古典区位理论和 NEG 的诸多学者在不同时段先后为研究提供了不同的集聚范式，与运筹学理论一起，共同诠释"物流集群"的地理集中性。供应链理论与社会网络理论分别从纵向和横向集成角度全面关注"物流集群"中组织的关系，解释其关系集中性。而"竞争理论"作为一种跨范式的桥梁，从提升竞争力角度连接着地理集中性和关系集中性。

此外，本书利用可视化工具对引文的研究主题进行了聚类分析，发现学者们的基础研究可以分为两大群体：偏重共性研究的"集群建立与

---

① 刘林青. 范式可视化与共被引分析：以战略管理研究领域为例 [J]. 情报学报，2005，24（1）：20–25. 林涛. 产业集群合作行动 [M]. 北京：科学出版社，2010：14–15.

② Lazzeretti L.，Silvia R.，Caloffi A. Founders and Disseminators of Cluster Research [J]. Journal of Economic Geography，2014，14（3）：21–43. 刘林青. 范式可视化与共被引分析：以战略管理研究领域为例 [J]. 情报学报，2005，24（1）：20–25.

发展"研究群和偏重特性研究的"物流功能"研究群。从时间线角度探寻影响两大研究群的9个核心聚类的重要学者（机构），并对其基础经典文献进行主题词和摘要整理，揭示了每个研究主题的切入点，也从历史视角支持"物流集群"研究的六大范式的结论。

从对"物流集群"研究的奠基者、基础理论和范式等的研究还反映出"物流集群"的前期研究的基本特点：第一，物流集群发展方兴未艾，对它的研究尚处于"前范式阶段"，呈现出百家争鸣状态，尚未形成具有自己特色的研究体系；第二，从奠基者们的研究领域可以看出，物流集群研究具有极强的跨学科性和融合性；第三，研究整体上比较分散，突变研究常伴随物流活动新技术或者突发事件的产生而出现，且持续时间极短；第四，前期研究中，海港研究相对较多，空港次之，内陆终端集群研究相对较少，这与物流集群对地理条件和基础设施投资的依赖不无关系；第五，奠基者们对"物流集群"的整体研究比较偏向于描述研究，至今尚未形成比较有影响力的测量指标，实证研究主要集中在微观层面上，较多关注的是运输路线和节点选址问题。

本书对三个问题的回答，基本明确了物流集群研究的基础范式和奠基者，他们为后续理论研究和实践操作提供指导。本部分的不足在于，数据来源仅限于 WOS 核心合集，限制了数据的全面性。同时由于"物流集群"研究得不成熟，文献数量相对较少，在考虑期刊影响因子后，仅剩余 508 篇节点文献，数量偏少，未来的研究工作可以向扩展数据来源，如添加其他数据库及中国学者的研究等进行。另外，篇幅所限，未探讨"物流集群"研究的现状和未来方向。

1.3　研究内容与技术路线

1.3.1　研究内容

如表 1－10 所示，本书分为 7 章，具体研究内容如下。

表 1-10	研究内容
第1章 绪论	1.1 研究背景及意义 1.2 国内外研究现状 1.3 研究内容与技术路线
第2章 相关概念及理论基础	2.1 相关概念 2.2 理论基础
第3章 物流集群服务生态系统价值共创的基本框架	3.1 物流集群服务生态系统价值共创的 PARTS 模型 3.2 物流集群服务生态系统价值共创的主体及资源（P） 3.3 物流集群服务生态系统价值共创的服务形式（S） 3.4 物流集群服务生态系统价值共创的战术（T） 3.5 物流集群服务生态系统价值共创的规则（R） 3.6 物流集群服务生态系统价值共创的附加值（A）
第4章 物流集群服务生态系统价值共创过程	4.1 物流集群服务生态系统价值共创逻辑 4.2 物流集群服务生态系统价值共创结果 4.3 物流集群服务生态系统价值共创过程模型
第5章 物流集群服务生态系统价值共创演化机制	5.1 物流集群服务生态系统价值共创演化 5.2 物流集群服务生态系统价值共创机理 5.3 物流集群服务生态系统价值共创模式
第6章 物流集群服务生态系统价值共创制度	6.1 物流集群服务生态系统中的制度理论 6.2 物流集群服务生态系统中制度的内容 6.3 物流集群服务生态系统中制度的作用路径 6.4 物流集群服务生态系统中制度的演化过程
第7章 研究结论及展望	7.1 研究结论 7.2 研究展望

1.3.2 技术路线

本书技术路线如图 1-9 所示。

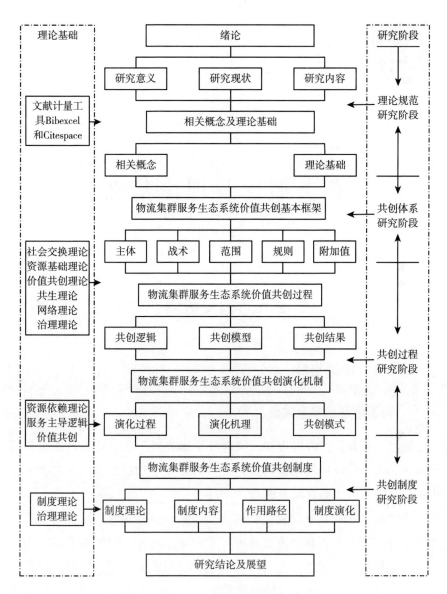

图1-9 本书技术路线

第2章

相关概念及理论基础

2.1　相关概念

2.1.1　物流集群

1. 物流集群的概念内涵

通过文献分析，可以得知，国内外学术界对于服务业的产业集群研究较少，尤其是对物流集群的研究，目前还处于初级阶段。在对物流集群的定义方面，主要有以下观点。

李兰冰（2007）从物流集群的主导产业、驱动因素、服务对象、本质特征等方面入手，对物流集群进行了定义。认为"物流集群是以物流产业为主导的众多相关企业与机构，基于引致需求、资源整合、弹性专精、专业化分工、集体学习等因素的驱动，按照专业化、规模化的原则共享物流基础设施，组织物流活动，为物流服务需求方提供更加优质的综合物流服务，从而获取竞争优势，形成以地理空间集聚为外在表现、以竞争—合作关系为本质特征的社会经济网络"。[①]

---

① 李兰冰. 物流产业集群的创新机制研究 [J]. 科学学与科学技术管理，2007 (6)：39 - 44.

王燕（2009）从物流集群的运行机制、运作模式及与区域经济发展的关系等方面对物流集群进行了描述，认为"物流集群是指在一个经济密切融合的地理区域内，以物流产业为龙头的、具有相互依赖关系的、分散的相关产业，通过'竞争—合作—协调'的运行机制组织在一起，在一定区域内大量聚集，并在物流集群信息的引导下，企业之间形成完整的内部分工体系，统筹规划、相互配合、协调一致，共同完成任何单独物流实体不能完成或虽能完成但不经济的物流任务，从而实现总体效果优于单独运作效果的一种横向一体化的物流系统模式，为区域经济增长提供有力的支持和引导"。[①]

刘懋（2009）从物流集群的组成结构方面对物流集群进行了定义。认为"物流集群是指在一定的空间范围之内，以物流主导企业为核心的，同时具有竞争和合作关系，有相互关联性的物流企业、专业化的供应商、服务供应商、相关产业厂商，以及相关机构（如大学、制定标准化的机构、产业公会等）集中并保持持续竞争优势的现象"。[②]

美国学者尤西·谢菲教授在其所著《物流集群》一书中指出，物流集群与硅谷的 IT 产业集群、佛罗伦萨的艺术集群相类似，是一种物流活动高度集聚的直观的经济地理现象[③]。

王微（2022）认为，物流集群是在特定地理区域中，大量物流企业及与其相关联的企业、机构高度集聚而成的复杂经济体，通过内部的相互竞争、协同合作、共享资源、协同创新，形成具有多重分工合作联系、综合物流服务功能、显著竞争优势的独特的物流产业组织。

以上定义，基本是以波特对产业集群的定义为基础，结合物流产业的特点，对物流集群进行的描述。综合以上观点，笔者认为，物流集群是在一定空间范围内，以价值链为导向，对分散的物流资源进行优化整合形成的、物流产业为主导的、一定数量的相关企业和机构，以物流需求为指向的地理集聚，基于规模化和专业分工的原则，共享物流资源，

① 王燕. 物流产业集群创新机制形成的影响因素分析 [J]. 中国流通经济，2009，23（7）：35 – 38.

② 刘懋. 物流产业集群与区域经济互动研究 [D]. 北京：北京交通大学，2009.

③ Yossi Sheffi. 物流集群 [M]. 岑雪品，王微，译. 北京：中国机械工业出版社，2016.

进行物流活动，为客户提供良好物流服务的社会经济网络。

海峰等人（2016）通过对集群现象的观察和思考明确了物流集群三方面的内涵。一是物流活动聚集的空间区域。彼此邻近的主体才能形成一个集群，物流产业也是如此，且空间区域没有明确的地理边界和所有权。二是以物流企业为核心的多元主体。众多的物流企业是物流集群最为重要的构成主体。物流集群的行为主体主要包括企业、机构和政府。三是主体间联系广泛，合作关系至关重要。企业在城市的地理邻近并不必然形成产业集群。有联系才有合作，有合作才有集聚效益。

故而笔者认为物流集群应该包括以下几个部分。物流企业：以运输、仓储、流通加工、包装等物流功能为主营业务的企业；物流基础设施枢纽：如港口、机场、铁路货运站、公路枢纽；物流信息平台：为物流活动的开展提供信息服务；相关机构：如管理机构、金融机构、中介组织、研发公司；相关制造产业、流通产业（见图2-1）。

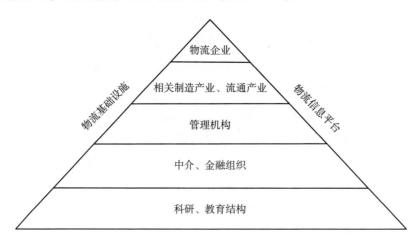

图 2-1　物流集群的构成

资料来源：笔者分析绘制。

2. 物流集群的特征及分类

（1）物流集群的特征。

物流集群除具备产业集群的根植性、创新性、网络化等特征之外，还有其自身的特征和内涵。

① 以物流基础设施网络为依托的区位指向。以时空转移为主要内容的物流服务的提供，需要对分散的各种物流资源进行优化整合，需要物流资源在空间上的集中。除此之外，物流服务的提供也需要强大的物流基础设施网络的支撑，所以物流集群表现出了对物流交通网络和基础设施的高度依赖，这也就决定了物流集群的区位选择一般都靠近所在区域的交通枢纽，是两种或两种交通方式的交汇处。

② 围绕物流需求的区位指向性。物流服务是社会生产、消费活动的引致需求，它贯穿于生产、消费的每一个环节。它的这种特性决定了物流产业对于区域其他产业的依赖性，它的发展是以其他产业的物流需求为基础的，物流产业的集聚需要与区域的物流需求分布相适应。所以物流集群的集聚一般都围绕区域的生产中心、消费中心来进行。

③ 网络化特性。物流集群的网络化特性不仅是指集群内部的网络化组织特性，还体现在物流集群的跨区域和跨行业的本质要求。物流服务的对象和服务范围往往同物流集群集聚的空间范围是不一致的，因此，物流活动的完成，往往需要跨区域进行，并且对分散在不同区域的物流资源进行集中整合，形成跨区域的物流网络。此外，物流产业对其他产业的高度依赖性，也决定了物流产业的服务对象可以是多个行业，对其他行业具有高度的渗透性；同样，跨行业的物流服务也需要物流网络协力完成。

④ 物流网络、社会网络、信息网络的高效协同。信息网络的重要性不仅反映在集群内部信息交流的通畅和学习的便利，集群创新能力的提高，还体现在信息网络有利于物流集群的物流网络高效运转方面，物流服务本身就是一个前向和后向联系程度较高的活动，需要与各企业之间保持信息交流的通畅和良好的沟通，正是由于信息的有效传递才产生了物流网络的高效率，才能保证物流服务的高质量。以社会文化为基础的社会网络，通过与集群内部企业及外部的物流服务需求方、中介机构和业务辅助性企业进行交流合作，集群内部又与社会资源形成一个更大的开放性社会网络。

因此，物流网络、社会网络及信息网络的有效配合，是物流集群生产高效、加速融合、交流学习、转化创新、持续发展的重要保证（见图 2 - 2）。

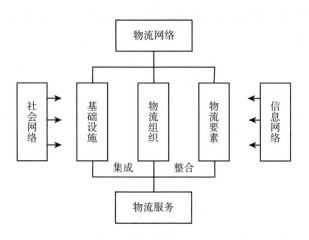

图 2-2　物流网络、社会网络、信息网络的高效协同

资料来源：笔者分析绘制。

⑤ 多核性。随着客户对物流服务个性化需求的提高，物流服务提供商一般都需要在自己的主营业务基础上进行物流资源的优化整合和外包，才能为客户提供一体化全程的物流服务。物流服务的集成商也就成为了物流集群的核心，在物流集群内部往往涉及多个物流集成商参与物流活动和资源的整合，因此就产生了物流集群的多个核心。

（2）物流集群的功能。

物流集群的功能可以从宏观和微观两个层面进行分析，就物流集群本身即微观层面来看，物流集群具有以下功能。

① 获取外部经济。马歇尔认为，获取外部经济是产业集群形成的重要原因①，物流集群也不例外。通过物流企业和相关机构在一定范围内的集聚，分散的物流功能要素被优化整合，形成了物流价值链，通过提供专业化的服务满足单个企业不能满足的客户个性化和定制化的物流服务需求。众多物流企业的集聚，共享物流的设施设备，提高了资产的使用率，降低了专有化物流资产的投资风险，形成了物流产业链，扩大了物流服务的范围和市场规模，提高了物流企业的生产效率。物流企业在一定空间范围内的集结，有利于吸引物流劳动力的集聚，在产业集群内部

---

① 马歇尔. 经济学原理（上）［M］. 朱志泰，译. 商务印书馆，1964.

特有的学习机制的作用下，随着物流集群内部的交易和合作，劳动力也可以在集群内部实现共享，信息和知识得到了有效的传播，产生了知识溢出效应。专业化的投入、劳动力共享和知识溢出构成了物流集群获取的外部经济的主要内容。

② 优化物流资源配置。物流集群的形成，有利于分散的物流资源要素向产业集群内部集中，在市场机制的调节下在产业集群内部实现优化整合，从而实现物流资源的优化配置，提高整个物流集群的竞争力。此外，物流集群的形成有利于物流企业之间的网络构建，物流网络、信息网络及社会网络三网的高度耦合和协同，有利于产业集群企业之间联合和结盟，以及交易信息、新技术和新知识的扩散，降低了企业的搜寻成本和交易成本，从而获取信息、社会及物流等资源的整合协同效应。

③ 获取市场竞争优势。物流集群是一定数量物流企业和相关机构在一定空间范围内的集聚，这种集聚不是简单的叠加，而是对拥有不同物流资源和不同核心竞争力的相关企业的整合。物流集群的市场竞争优势也是通过各个企业和机构之间的优势互补和协同合作来实现的。物流集群内部的企业所拥有的物流资源和物流能力各不相同，在市场竞争中，物流企业以物流价值链为导向，在价值链的各个环节展开合作，充分发挥各自的物流功能和资源优势，才能实现整体利益的最优。在合作与竞争中，集群的各个物流企业也得到了锻炼，提高自身的综合素质和效益，从而增强了物流集群的整体市场竞争能力，这是物流集群外部分散的物流企业所难以企及的。

④ 获取创新优势。凭借地理上的接近、交易的便利、信息交流的通畅使物流集群比其他外部企业更容易获得创新优势。产业集群特有内部环境为企业的创新提供了良好的条件。在一定空间范围内集聚的众多物流企业和相关机构，在根植性的作用下，通过彼此的交易和合作，实现了信息和"隐形知识"的良好沟通和学习，先进的技术和观念得以在集群内部传播，企业在此基础上来实现自身业务的创新和升级。在这种创新机制的作用下，企业不断的学习，循环往复，使得物流集群的创新优势得以保持。

从宏观层面来看，物流集群对于区域经济有以下影响。

一是提升区域的竞争力。一定数量的物流企业和物流基础设施在区域内的集聚，必然会吸引大量的人流、物流、资金流在区域内的集中，必然会带动区域的就业、税收的提高，形成区域的"增长极"，通过涓滴效应，进一步向其他产业扩散，带动整个区域的经济发展，提升区域的整体竞争能力。

二是对其他产业集群的良好支撑和互动。物流活动横跨国民经济的各个部门，纵贯生产、消费的各个环节。物流活动的效率直接关系到其他产业的生产效益，物流产业对其他产业的正常运行和发展起重要的支撑作用。同时，物流活动是其他产业的一种派生需求，没有其他产业对物流活动的需求，物流服务也就没有市场需求。随着其他产业对物流服务要求的提高，也促使物流集群不断学习创新，提升物流集群的竞争能力。因此物流集群与区域其他产业集群之间的良性互动，在提升自身效益和竞争力的同时，也为区域内其他产业集群的形成和发展提供了重要条件。

三是促进区域产业政策的发展完善。目前，大多数地区物流产业的发展都是参照"政府指导、市场运作、企业参与"的原则进行，纷纷建立物流行业协会以实现物流企业和政府的良好沟通作用。物流集群的发展与其他产业集群的很重要的不同点是，它需要完备的物流基础设施来支撑，这是仅凭物流企业的一己之力所难以完成的，需要政府在政策方面的大力支持。因此，物流集群的形成和发展，对政府的产业政策和发展环境营造方面提出了明确要求。需要政府与行业协会积极配合，制定出针对物流集群发展需要的，有利于物流集群成长的产业政策。

（3）物流集群的分类。

从不同的角度分析物流集群的类型也有不同。从物流集群的产业性质可以将其分为三类。

① 传统物流集群。这种类型的物流集群是以传统物流的储运功能为主营业务的大量中小型企业，在一定空间范围内集聚，形成的一个有机联系的物流功能网络。在传统物流集群内部，企业的专业化程度较高，劳动分工非常细致，市场组织结构完善。

② 高新技术物流集群。这种类型的物流集群主要以当地的科研机构和科研院所为主体力量，发展物流高新技术产业，如物流信息系统的开

发，先进物流器械的研发。一定数量的高新物流技术企业在一定范围内集聚，企业之间相互合作，密切联系，具有良好的创新机制和氛围。

③ 资本和技术结合型物流集群。这种类型的产业集群一般是由外商或者本地有实力的投资者的资金作为基础，以物流高新技术产业为发展方向的一定数量的企业组成。

从物流产业组织结构来看，可以将物流集群分为两种类型。

① 大中小型物流企业共生型物流集群。这种类型的物流集群是由不同规模物流企业和相关机构形成的综合体，既有一些规模大、市场竞争能力强的大型物流企业，也有一定数量具有专业物流功能，能为大型物流企业进行配套作业的中小型物流企业。不同规模的物流企业在一定范围内集聚，企业之间互相合作，交流频繁，协调发展。

② 小企业群生型物流集群。这种类型的物流集群是由具有不同功能的小型物流企业在一定空间范围内组成的，小型物流企业的主营业务和物流能力具有一定的差异，能够实现物流功能的优势互补。产业集群内部，按照专业分工要求，形成了一个优势互补、紧密合作、利益共享、风险共担的物流产业的功能网络。

从物流集群的内外部关系形态，可以将产业集群分为以下三种类型（见表2-1）。

表2-1 产业集群分类

分类	新产业区式	卫星式	轴辐式
优势	弹性专精；产品或服务质量优良；创新氛围浓厚	劳动力成本优势；集群内部隐性知识的良好交流	柔性；大企业本身的市场和竞争优势
劣势	路径依赖；对经济环境和技术环境的稳定性要求较高	资金、业务等要素主要依赖外部供给；创新动力不足	唯大企业马首是瞻，对大企业的依赖性较强
发展历程	内部企业专业化分工的变化；物流功能外包给外部；轴辐式结构的出现	前向和后向物流功能的整合，给客户提供"一站式"物流服务	随着大企业的变化而变化

资料来源：笔者分析绘制。

① 新产业区式物流集群。这种类型的物流集群大多由一定数量的中小型物流企业组成，部门专业化强，企业间合作密切，有着良好的创新

氛围，企业之间相互信任，形成了良好的竞合关系。

② 卫星式物流集群。这种主要以中小型物流企业组成的物流集群存在，是基于外部企业的需求或者投资的，通过低廉的劳动力成本来获取竞争优势。

③ 轴辐式物流集群。这种类型的物流集群是由不同规模和实力的物流企业组成。其中大型物流企业是集群内部的绝对领导，对中小型企业的发展和生存有着重要影响，等级分明。

3. 物流集群相关概念辨析

在对物流集群的相关文献分析中发现，很多学者将物流集群、物流产业集聚、物流产业集中、物流园区、供应链联盟等概念混用。这种相关学术概念的界定不清，很容易造成误解，有必要对它们之间的区别和联系进行辨析。

（1）物流集群与大型物流节点的区别。

物流园区、物流中心、配送中心是物流节点的三种类型，其中配送中心一般是隶属于企业的，为企业日常的生产和流通服务，一般规模较小。物流中心和物流园区是多种类型的物流企业和物流基础设施在一定空间范围内的集结，物流功能齐全，规模较大，辐射范围广，属于大型的物流节点。虽然它们的规模、发展侧重不尽相同，但都是将分散的物流资源进行功能整合优化的集聚点，这点与物流集群是非常一致的。所以，笔者认为，具备完善的物流基础设施及不同类型的物流企业，并且物流园区或者物流中心内部企业之间功能互补，分工合作，联系密切，具备物流集群的学习和创新机制的物流园区或者物流中心才称得上是物流集群。但是，目前我国很多区域的物流园区或者物流中心，其内部企业只是简单地集聚在一起，还没有进行功能整合和结构优化，还没有形成物流产业链，园区的物流基础设施还不完善，还不能称得上是物流集群。

（2）物流集群与物流产业集聚的区别。

物流产业集聚是指物流产业在空间集中分布的现象，属于经济地理学的研究范畴，主要研究物流产业在某一空间范围内的分布形态，演绎物流产业在特定空间范围内从分散到集中的变化过程。同物流集群一样，物流产业在一定空间范围内的集聚，可以获取共享基础设施、劳动力、信息等外部经济。但是它们之间也有区别，产业集聚强调同一产业内各企业的集聚，物流产业在空间的集聚可以发展成物流集群，但不是所有的物流产业的集聚必然最终形成物流集群，产业集群的重点则在于不同产业的相互配合，分工协作，如果只是单纯的物流企业在一定空间范围内的集聚，企业之间并没有进行物流资源要素的整合优化，没有合作和交流，并不能形成产业集群。从这个意义上来讲，物流产业集聚是物流集群的初始阶段，但是并不等同于物流集群，是物流集群的必要而非充分条件。

（3）物流产业集中和物流集群。

物流产业集中是指物流产业内部规模较大的几个物流企业在整个物流产业内的份额，属于产业组织研究的范畴。物流产业集中是通过绝对集中指标和相对集中指标来衡量的，绝对集中指标是将物流产业内规模较大的几个企业的某项指标占整个产业这项指标的百分比来计算的，从而反映这几个大规模物流企业对整个物流产业的垄断程度；相对集中指标使用基尼系数来衡量，这个是用来考察物流行业内部所有物流企业的集中程度的指标。所以，物流产业集中一般是反映物流产业内几个大规模物流企业对行业垄断程度的高低及整个产业中物流企业的密集程度，与物流产业的空间分布是没有直接关系的，也不涉及物流企业之间的联系，因此物流集群与物流产业集中是完全不同的两个概念。

（4）供应链联盟与物流集群。

供应链联盟是由供应链上两个或两个以上企业（产品的原材料供应商，生产商、中间商和最终客户等），为了实现资源共享、优势互补，提高整体市场竞争能力，在保持自身独立性的同时，通过参股或者契约结盟等方式建立起的较为稳固的合作伙伴关系，风险共担、利益共享的一种合作方式。供应链联盟的参与企业具有较强的不稳定性，核心企业的领导和权威是供应链联盟正常运营的重要条件。它合作的方式具有物流资源优化整合的特点，这点与物流集群是类似的。但是在地理空间上，供应链联盟的企业并不需要满足集中的条件，事实上，很多供应链联盟企业是分布在不同区域的，也没有物流集群的根植性、网络化等特点，所以它与物流集群的概念是有本质区别的。

（5）物流企业集群与物流集群。

迈克尔·波特在《国家竞争优势》一书中，将产业集群的概念放在国家的范围内进行阐述，并运用五力模型分别对美国、德国、日本等国家进行了国家产业竞争优势的分析。受波特思想的影响，很多学者认为，物流集群同物流企业集群的范围是不一样的，应该进行区分。认为物流集群可以是集聚型的，也可以是分散型的，可以跨越大的区域范围甚至是国界。但是，从专业术语的使用上来看，英文中物流企业集群同物流集群是同一个概念，并且物流集群的使用更为广泛，从这个意义上讲，学术界物流集群同物流企业集群是同一个概念。

2.1.2　价值共创

1. 价值共创的概念

1993 年诺曼（Norman，1993）等提出"价值共同生产"的概念。共同生产理念强调企业与消费者之间的合作是价值创造的基础，其与传统价值创造理念的根本区别在于对消费者角色的关注[①]。此时的共同生产仅将消费者视为企业主导价值创造模式中的被动参与者，并非真正意义上的价值共创。

价值共创的概念最早由普拉哈拉德（Prahalad）和拉马斯瓦米（Ramaswamy）于 2004 年正式提出，他们认为共创消费体验价值既是顾—企价值共创的核心内容，也是企业塑造核心竞争能力的新战略选择。价值共创存在于消费体验的全过程中，且顾—企有效互动形成消费者个性化体验的过程即为二者共同创造价值的过程。在这一过程中，消费者既是企业价值创造的主导者之一，也是影响体验价值创造质量的关键。同时，他们还进一步肯定了价值网络内顾企间互动是双方实现价值创造的重要方式。其中，互动的表现形式多样，既包括企业与消费者之间、消费者

---

① Ramirez R. Value co-production: Intellectual origins and implications for practice and research [J]. Strategic Management Journal, 1999, 20 (1): 49 - 65.

与消费者之间的互动，也包括企业与其他企业成员之间的互动①。

瓦尔戈和鲁奇（Vargo & Lurch，2004）基于服务主导逻辑视角对价值创造和经济基础等问题提出了新见解，他们认为"服务是一切经济交换的基础"。其中，服务是经济实体通过行动、过程及行为表现等使用专业化知识和技能实现自身或其他实体利益的过程；经济交换则是"服务对服务"的交换过程。

这一阶段的价值共创不再以产品生产为目的，而是建立在服务和服务经济基础上的生产者与消费者之间的互动。另外，该逻辑也同样强调了"消费者是价值的共同创造者"的观点。他们认为操纵性资源是企业竞争优势形成的关键，而消费者则是该类资源的所有者，消费者拥有的技能、经验和知识等资源既是双方开展价值共创的前提，也是实现价值共创的决定性要素。但值得注意的是，服务主导逻辑视角下顾—企双方共同创造的是使用价值而非交换价值。

综上所述，早先"生产者创造价值——顾客消耗价值"的单向链式关系，由于价值共创理论的出现发生了改变，按照价值共创理论的演进，国内外学者主要集中在价值共同生产、消费者体验价值、服务主导逻辑、服务逻辑、顾客主导逻辑、服务科学及服务生态系统等七个理论视角，但均强调了互动在共同创造价值过程中的重要性。随着实践和理论的发展，价值共创的定义经历了一系列变化：最初从服务主导逻辑视角对价值共创给出明确定义，认为是顾客（或用户）和企业共同创造价值的过程。在随后的服务逻辑视角和服务科学视角研究中，价值共创被认为是企业和顾客的直接互动与资源整合。服务生态系统在价值共创的目标下，强调了环境的生态性，参与者的广泛性，制度的协调性和约束性。

2. 价值共创的内涵

价值共创理论近十年左右才引起学者们的广泛关注，相对较新。价值共创理论较早可追溯至 2000 年，由普拉哈拉德（Prahalad）和拉马斯

---

① Prahalad C. K. and Ramaswamy V. Co-creation experiences：The next practice in value creation [J]. Journal of Interactive Marketing，2004，3（1）：5 – 14.

瓦米（Ramaswamy）提出，目前形成两种分支，一是基于用户体验的价值共创理论①，二是基于服务主导逻辑的价值共创理论②。普拉哈拉德和拉马斯瓦米（2000）认为价值共创理论是用户与组织共同创造价值，互联网的快速发展和技术深度融合正在模糊组织与其他业务主体交互时所扮演的角色。普拉哈拉德和拉马斯瓦米（2004）对价值共创理论再次深入理解，认为价值共创正在迅速从以产品和企业为中心的观点转变为个性化的用户体验。

企业与用户之间的互动正成为价值创造的中心③。随着价值向体验的转移，市场正成为用户群体和企业之间对话和互动的论坛④。同时，瓦尔戈和鲁奇（2004）提出了基于服务主导逻辑的价值共创理论，认为价值共创是以服务交换为基础，强调所有的经济交换都是服务对应服务的价值交换。瓦尔戈和鲁奇（2008）阐释了基于服务主导逻辑的价值共创理论演化，并提出服务主导逻辑的十个假设，如用户和供应商均是企业价值的共同缔造者，价值共创过程是互动的。尽管两种观点的视角不同，但都强调了企业价值共创中用户等主体在价值创造中的重要性，这些主体作为一种资源，参与企业生产，通过深入与企业互动，为企业创造更多价值。

传统观点认为，对于价值创造，企业和顾客的角色迥然不同，企业本质是创造价值并通过价值链将其传递给顾客，而顾客只是价值使用者⑤。随着网络经济与信息技术的快速发展，顾客的角色发生了重大转变。现有技术不仅使顾客多样化需求更易被感知与传递，而且使顾客主动并积极参与价值创造过程之中；互联网环境下的企业营销正逐渐由以

---

① Prahalad C. K. and Ramaswamy V. Coopting Customer Competence [J]. Harvard Business Review, 2000, 78（1）: 79 - 87.

② Vargo S. L. and Lusch R. F. Evolving to a New Dominant Logic for Marketing [J]. Journal of Marketing, 2004, 68（1）: 1 - 17.

③ 谢洪明，章俨，刘洋，程聪. 新兴经济体企业连续跨国并购中的价值创造：均胜集团的案例 [J]. 管理世界, 2019, 35（5）: 161 - 178, 200.

④ 杨学成，李业勤. 区块链视角下供应链多主体数据共享意愿博弈研究 [J]. 科技管理研究, 2021, 41（23）: 181 - 192.

⑤ Normann R., Ramírez R. From Value Chain to Value Constellation: Designing Interactive Strategy [J]. Harv Bus Rev, 1993, 71（41）: 65 - 77.

产品为核心转向以顾客为核心①。因此，为满足日益多样化的顾客需求，企业除不断推出新服务外，还需积极与顾客进行线上线下互动，通过寻求与顾客协同合作、了解顾客需求，从而共同创造价值。研究表明，价值创造不再仅依靠企业自身，而是由顾客与企业互动共同完成的②。而顾客参与价值共创为顾客和企业带来了价值增值，不仅提升了企业动态能力，而且关注顾客多样化的个性需求还使企业获得强大的市场竞争优势。由此可知，价值共创突破了传统企业价值创造范式，增加了新的内涵，开始将重点从商品转移到服务与顾客主导逻辑上来。

综上所述，价值共创具有以下特征：一是强调资源禀赋，参与主体凭借自身拥有的资源参与价值共创；二是核心内容为参与者互动，这种互动具有同时性、对话性和交错性；三是参与主体由最初的顾企二元关系发展至多元关系，价值共创体系也越来越趋于开放；四是具有系统特征，价值共创系统被认为是开放的、复杂的、动态的网络系统，主体间具有松散耦合的动态结构；五是体现出多层次的动态构成，多层次体现在顾客层面、企业层面和社会层面，动态体现在互动环境的不断变化和价值共创过程中参与者不断调整的共创行为。

2.1.3　服务生态系统

1. 服务生态系统的概念

从生产者和消费者的角度分别看待同一个服务，得到的将是完全不同的认知，因此需要一个新的、消除生产者和消费者区别的视角来研究服务③。服务生态系统提供了这样一个视角，它被定义为"相对独立的、自我调节的系统，是资源整合的参与者通过共享的制度逻辑、服务交换

---

① 吴瑶，肖静华，谢康，廖雪华. 从价值提供到价值共创的营销转型——企业与消费者协同演化视角的双案例研究［J］. 管理世界，2017（4）：138－157.
② 简兆权，令狐克睿，李雷. 价值共创研究的演进与展望——从"顾客体验"到"服务生态系统"视角［J］. 外国经济与管理，2016，38（9）：3－20.
③ Gummesson E. Broadening and Specifying Relationship Marketing［J］. Asia-Australia Marketing Journal，1994，2（1）：31－43.

和价值共创而联系在一起的系统"①。服务生态系统强调服务对服务交换系统的动态性和进化性的本质，同服务主导逻辑一样，这里的服务被定义为为了自己或他人利益而应用资源，并且服务是交换的基础，一切经济都是服务经济。

服务生态系统中消除了传统意义上生产者（价值创造者）和消费者（价值消耗、毁灭者）的区别，强调服务生态系统中参与者的概念。不是只有生产者才能创造价值，避免了一方成为资源和技能的持有者而（在市场或创新中）占据绝对主导地位，所有参与者都是资源整合者和服务提供者，所有参与者都能进行创新和价值创造，服务生态系统的本质是A2A（Actor to Actor）导向的，企业是服务生态系统中的一类参与者②。在 A2A 导向下，对语境、语言、意义、符号、体验、仪式等的概念和见解不仅适用于传统意义上的消费者世界，也同样适用于生产者的世界，这与服务主导逻辑中的基本命题（所有社会和经济活动的参与者都是资源整合者）相呼应③。

综上所述，服务生态系统是以服务主导逻辑为理论内核、融合了生态系统特点的复杂系统，笔者将其界定为作为由资源整合的参与者通过共享的制度逻辑联系在一起进行服务交换和价值共创的、相对独立的、自我调节的系统。

2. 服务生态系统的内涵

服务生态系统整合了服务主导逻辑和生态系统理论。从理论上看，它继承了服务主导逻辑中对服务的概念定义、思考视角，认为服务是交换的基础，一切经济都是服务经济；从研究方法上来看，它继承了生态系统参与者的广泛性、关系松散的耦合性、结构的多层次性、制度的约

① Vargo S. L., Lusch R. F. Institutions and Axioms: An Extension and Update of Service-lominant Logic [J]. Journal of the Academy of Marketing Science, 2016, 44 (1): 5–23.

② Vargo S. L., Lusch R. F., Akaka M. A. Advancing Service Science with Service-dominant Logic: Clarifications and Conceptual Development [A] //Maglio P. P., Kieliszewski C. A., Spohrer J. C. Handbook of Service Science [M]. New York: Springer, 2010: 133–156.

③ Vargo S. L., Lusch R. F. It's all B2B and beyond: Toward a Systems Perspective of the Market [J]. Industrial Marketing Management, 2011, 40 (2): 181–187.

束和协调性、情境影响等特点①。瓦尔戈和鲁奇（2010）提出了服务生态系统的 8 个核心内容，他们是服务生态系统存在和发展的基础。服务生态系统为参与者活动提供了组织逻辑，同时参与者在服务生态系统中的资源整合、服务交换和价值创造等行为又反过来重塑服务生态系统的形态，使其成为一个不断变化的、复杂的动态系统。

服务生态系统是一个多层次互动的动态系统，参与者的行为具有嵌入性，在不同的层面有不同的表现②：微观层面的分析单位是二元组，在这里双方进行直接的服务交换；中观层面的分析单位是三元组，中介的出现导致了间接服务交换的出现；宏观层面的分析单位是复杂的网络，在网络中进行复杂的服务活动。服务生态系统包括了微观、中观、宏观 3 个层面，又在其中加入了时间维度和复制行为，形成一个多层次的动态系统。必须指出是，这些层次是相对的而不是固定的，每个层面都是构成另一个层面的基础，即没有微观和中观，宏观就不存在，反之亦然③。在服务生态系统中，参与者利用不同的角色、关系和制度来交换和整合资源并共同创造价值，微观、中观和宏观环境随着参与者活动而产生变化，又反过来影响参与者的行为，由此形成一个动态的循环④。

服务提供者和受益者通过整合资源形成的价值和经验，就是价值共创。进行价值共创是服务生态系统构建的核心，各个价值共创单元共同组成了服务生态系统的基础。服务生态系统中，进行价值共创的环境由服务生态系统的外部条件所形成。服务生态系统中的价值共创关系需要以服务生态系统的沟通机制为基础，从而产生了价值共创的界面，打通了服务生态系统中，价值共创秩序传导的通道。在服务生态系统中，价值共创原则包括了稳定、可预测、内部决定、关键距离及历史依赖等

① 简兆权，令狐克睿，李雷. 价值共创研究的演进与展望——从"顾客体验"到"服务生态系统"视角 [J]. 外国经济与管理，2016，38（9）：3 - 20.

② Chandler J. D. , Vargo S. L. Contextualization and Value-in-context：How Context Frames Exchange [J]. Marketing Theory, 2011, 11 (1)：35 - 49.

③ Latour B. Reassembling the Social：An Introduction to Actor-network Theory [M]. Oxford：Oxford University Press, 2007.

④ Akaka M. A. , Vargo S. L. , Lusch R. F. The Complexity of Context：A Service Ecosystems Approach for International Marketing [J]. Journal of International Marketing, 2013, 21 (4)：1 - 20.

方面。

价值共创主要从主体间关系的角度出发进行研究，而服务生态系统将其转化升级，在服务生态系统内，价值共创的相关研究已经转变为对网络关系结构的研究。在服务生态系统内，社会、经济及价值网络中的所有参与者都可以成为服务生态系统的连接节点，在更加广阔的领域中进行互动并整合资源，实现单个个体所不能实现的价值共创。在不同的情境下，服务生态系统价值共创的实现方式可以划分为两方、三方、复杂网络及生态系统等。在服务生态系统的价值共创过程中，社会力量决定了其进行价值共创的结果，技术提供了其进行价值共创的关键资源，社会环境和服务生态系统的多样性直接对其价值共创过程产生影响。在服务生态系统中，其进行价值共创的过程，可以通过微观、中观及宏观的多层次过程进行研究。同时，对这一过程，也可以由企业与其顾客间的二元互动视角，逐渐转为复杂的多元网络互动的视角进行研究。

2.2　相关理论

2.2.1　物流集群相关理论

1. 物流集群形成的相关理论

物流集群形成的相关理论是十分丰富的，本章节将对其发展脉络按照时间顺序进行简要综述。

（1）外部经济理论。

马歇尔被经济学界认为是第一个提出产业集群理论的经济学家，他在 1890 年对产业集群进行了探讨，认为"外部经济"是推动产业在空间集聚的主要原因。"外部经济"是指个体经济单位的行为对社会或者其他部门造成了影响却没有因此承担相应的义务或者获得相应的回报，即厂商、个人、社会从某种经济活动中获得的有利影响，而受益者不必因此而负担费用。正是由于专业器械、专业人才、充足的原材料供应、便利的交通运输以及技术扩散的便利性形成的"外部经济"，推动了企业在区域的空间集聚，并在各企业之间形成了一种相互依赖的关系。

（2）产业区位论。

近代工业区位理论的奠基人，德国著名的经济学家韦伯（Alfred Webber）在其1909年出版的《工业区位论》（*Reine Theorie des Standorts*）一书中提出了"集聚经济"的概念[①]。在韦伯的理论探讨中，他尝试寻找工业区位的演变规律及影响工业区位选择的因素。他把影响工业区位选择的因素称为区位因素，将区位因素又分为区域因素和位置因素。区域因素主要包括运输成本、工人工资；位置因素包括集聚因素和离散因素。集聚因素又包括一般的集聚因素和特殊的集聚因素，如特殊的矿藏、交通的便利等。但是韦伯认为，特殊的集聚因素不具有代表性，因此他十分重视一般集聚因素的研究。他认为集聚因素在初级阶段通过企业自生的规模的发展壮大来获取集聚的优势；在第二阶段也就是高级集聚阶段，各个企业通过建立相互之间的密切联系来实现区域的工业化，也就形成了现代概念的"物流集群"。1975年，胡佛（Edgar M. Hoover, 1990）对物流集群的区位选择等方面进行了研究，认为物流集群就是具有"规模效益"的企业群[②]。巴顿（K. J. Button, 1976）将物流集群与创新结合起来，认为企业在地理上的集中，必然会带来企业之间的竞争，而竞争促进了企业的创新[③]；企业在地理上的集聚，本身就有利于创新，因为地理上的集中，有利于在商品生产者和客户之间的交流，能够让企业更好的了解客户的需求，从而对产品和服务有所创新。

（3）增长极理论。

法国经济学家帕鲁（Francois Perroux）于20世纪50年代提出了"增长极"概念，并于60年代引入了区域研究领域。帕鲁认为，经济的增长

① （德）阿尔弗雷德·韦伯，著. 工业区位论［M］. 李刚剑，陈志人，张英保，译. 北京：商务印书馆，1997.

② 何龙斌. 省际边缘区接受省会城市经济辐射研究［J］. 经济问题探索，2013（8）：74 - 78.

③ Pearman AD, Button KJ. Regional Variations in Car Ownership［J］. Applied Economics, 1976, 8（3）：231.

在空间地理上应该是不均匀的，呈不同强度的散点状分布，这些增长点通过各种方式影响地区的经济发展。增长极理论认为一个区域的经济发展，需要在区域植入推动性产业，围绕推动性产业的发展形成该产业的集聚，从而形成区域的"增长极"，通过"增长极"的乘数效应及极化效应带动整个区域经济的增长。许多国家把增长极理论用来指导区域经济的规划和发展，但是收效甚微。

（4）地域生产综合体理论。

地域生产综合体理论是苏联的科洛索夫斯基、普罗勃斯特、涅克拉索夫、彭德曼等一些学者在 20 世纪 30 年代，通过苏联的一些综合体建设工程如"查波罗工程""贝加尔沿岸综合工程"的实践经验总结出来的。苏联学者认为，地域综合体由经营类企业、关联类企业、依附类及基础设施组成。通过对地域综合体组成部分的分析，可以得知，地域综合体的产业集聚特征非常明显。综合体的核心就是经营类企业，依附类企业、关联类企业及基础设施都是围绕经营类企业而存在的。地域生产综合体理论是计划经济时代的产物，强调政府"自上而下"的作用，要求按照计划组织生产，其核心思想是地域生产专业化与综合发展相结合，根据各个区域的自然资源来确定专业化发展的方向。

（5）新经济地理（空间经济）学。

20 世纪 80 年代以来，以克鲁格曼（Krugman）为代表的经济学家将空间的概念引入经济学分析，解释了经济活动在地理空间中的集聚现象。通过将 1977 年由迪克西特（Avinash Dixit）和斯蒂格里茨（Joseph Stiglitz）建立的 D–S 垄断竞争模型运用于空间分析中，构筑了简化的市场结构，并将保罗·萨缪尔森（Paul Samulelson）的"冰山运输成本"引入其中，运用动态演化和计算机模拟的方法，解释了经济活动在空间上集聚扩散的动态演变过程。在此基础上空间经济学认为，规模经济、要素流动及运输成本是空间经济集聚的主要影响因素。

（6）竞争优势理论。

文献普遍认为，影响产业集群理论发展的主要理论脉络有两支：马歇尔（A·Marshall）的产业区（industry district）理论和波特（M·Porter）

的集群（cluster）理论①。波特在1990年出版的《国家竞争优势》一书中指出，一个国家的竞争优势是靠产业的竞争优势来获取的，而产业的发展是靠在国家内部的某一个或某几个区域形成的有竞争力的产业集群来获得的，产业集群的发展是趋向于地理集中而非分散。他建立了钻石模型（见图2-3），用来推动一个国家具有竞争优势的产业在地理上的集中，呈现集群式分布，并建立企业之间的密切联系，从而推动产业集群的创新。波特随后又继续对产业集群进行了更为深入的研究，对产业集群的概念、产业集群的生命周期、产业集群与区域竞争能力、产业集群创新等进行了较为系统的阐述。在后续的研究中，波特认为，产业集群研究的核心问题是产业集群竞争优势的形成及发挥。他仍然以钻石模型为基础，指出产业集群的发展是推动区域竞争优势形成的关键力量，并研究了如何通过区域内相关企业和机构的合作来推动产业集群的生产效率和创新能力。同时，波特还指出政府或非政府机构在产业集群的形成和发展过程中，有着重要作用影响②。

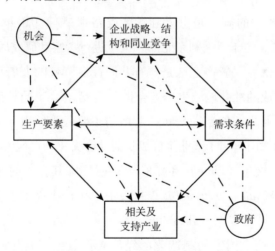

图2-3　波特钻石理论模型

资料来源：魏后凯．中国产业集聚与集群发展战略［M］．北京：经济管理出版社，2008．

---

① 王缉慈，陈平，马铭波．从创新集群的视角略论中国科技园的发展［J］．北京大学学报（自然科学版），2010，46（1）：147-154．

② Porter M. Clusters and the New Economics of Competition［M］. Harvard Business Review, 1998.

除上述提到的空间经济学、管理学之外也有学者主张从演化经济学的角度来对产业集群进行研究，安德森（Anderson，1994）针对熊彼特主义对创新关联度分析的不足，构建了交互创新的产业模型，在此基础上从演化经济学的角度对创新关联度和国际专业化的问题进行了分析。开辟了运用组织演化机理研究产业集群的一个新视角①。

（7）新产业区理论。

20 世纪 70 年代末 80 年代初，受经济危机的影响，整个发达国家的经济几乎都处于停滞和衰退阶段，但是某些地区如美国的硅谷、意大利艾米利亚—罗马格纳等地区却没有受到影响，呈现出了良好的经济增长趋势，由此引起了学者们的高度关注。学者们发现，在这些产业区内，大多数是中小型企业集聚而成，这些企业互相之间有着非常紧密的正式联系和非正式沟通活动，既合作又竞争，通过这种良好的竞合关系建立的合作网络形成了一股内力，推动区域的经济繁荣，这也是现在人们称之为的"新产业区"现象。

"新产业区"的概念是意大利学者巴格那斯科（Bagnasco）通过对"第三意大利"（位于意大利东北部）区域进行考察和研究后于 1977 年首次提出的。他认为"新产业区是具有共同社会背景的人们和企业在一定自然地域上形成的社会地域生产综合体"②。劳动分工的外部性和有社会文化支持的企业之间的互动是新产业区的主要经济特点。由此，产业集群的研究开始偏向有利于产业集群成长的社会文化环境因素方面。

1984 年皮埃尔（Piore）和赛伯（Sabel）在其合著的《第二次产业分工》（*The Second Industrial Divide*）一书中，首次提出了新产业区发展模式的特点：弹性专精（flexibility plus specialization），认为从 20 世纪 60 年代末起，西方国家的制造业已经从大批量生产时代向弹性专精时代转变③。

---

① 魏后凯. 中国产业集聚与集群发展战略 [M]. 北京：经济管理出版社，2008.

② 王缉慈，陈平，马铭波. 从创新集群的视角略论中国科技园的发展 [J]. 北京大学学报（自然科学版），2010，46（1）：147 – 154.

③ Michael J. Piore, Charles F. Sabel. The Second Industrial Divide：Possibilities for Prosperity [M]. Basic Book, 1984：355.

斯科特（Scott）在新产业区"弹性专精"生产特点的基础上，借助交易成本理论，解释了产业集群现象。通过大量的理论研究和实践考察，他认为，正是因为弹性专精导致了分工的日益深化，增加了企业之间的交易频次，交易费用也随之上升。为了克服高额的运输费用，企业倾向于在本地寻找交易对象，这也就促使了区域产业集群的形成。除了交易成本之外，斯科特认为一个区域的制度安排也是产业集群形成的一个重要因素，因为现代产业系统中的竞争不可能是纯粹市场化的，还受到相关制度的约束。如果一个区域可以建立有利于企业之间相互合作的制度安排，是推动产业集群形成的一个重要因素。

很多学者认为，新产业区是建立在弹性专精生产方式基础上的企业集聚而成的，区内中小企业密集，企业联系紧密，形成了稳定的合作网络，并且产业区形成的经济特性根植于当地的社会文化。因此，新产业区内人们虽然供职于不同的企业，但是具有一致的价值观和相似的行为规范。也正是因为这种区域文化的存在，使得信息、技术更容易在产业区企业之间扩散和传播，企业之间建立良好的竞合关系，使新产业区成为"集体企业家"。

在前述的理论基础上，国外学者借助创新理论、发展经济理论及先进的计量经济学方法，在产业集群的创新（技术创新、组织创新）、产业政策研究、实证研究等方面都取得了不同的进展（见表2-2）。

表2-2　　　　　　　　　　产业集群形成的相关理论

相关理论	时间	代表人物	主要观点/研究内容
外部经济理论	19世纪90年代	马歇尔	外部经济是产业集聚的主要原因
产业区位论	20世纪初	韦伯、胡佛、巴顿	工业区位演变规律影响区位选择因素
地域生产综合体理论	20世纪30年代	涅克拉索夫、彭德曼	地域生产专业化和综合发展相结合，根据自身自然资源确定发展方向
增长极理论	20世纪50年代	帕鲁	植入推动型产业，形成增长极，带动整个区域经济的发展
新产业区理论	20世纪70年代	皮埃尔、赛伯	新产业区现象、产业集群成长的社会文化环境、弹性专精

相关理论	时间	代表人物	主要观点/研究内容
新经济地理学	20 世纪 80 年代	克鲁格曼	解释了经济活动在空间上集聚扩散的动态演变过程
竞争优势理论	20 世纪 90 年代	波特	国家的竞争优势是靠产业集群的竞争优势获取的，产业集群核心问题是产业集群竞争优势的形成与发挥

资料来源：笔者分析绘制。

2. 物流集群成长相关理论

"生命周期"一词，最早源于生物学领域，是用来描述生物体从产生到灭亡的演进过程。如同生物体一样，市场上的产品和社会生产中的产业都是有"生命"的。所以，"生命周期"一词后来被逐渐引用到经济学、管理学领域，先应用于产品，后来逐渐运用到企业，然后扩展到产业，用来描述产品、企业或者产业从产生到衰落的过程。产业的生命周期就是指某一产业从产生到衰落的过程中，所呈现出的阶段性、规律性的特征及其演变过程。

产业生命周期理论是以实证研究为基础的产业组织学的重要分支之一。对产业生命周期理论的研究始于 20 世纪 80 年代，是在弗农（Vernon，1966）的产品生命周期理论上发展演化而逐步形成的[①]。弗农的产品生命周期理论研究了技术因素在国际贸易中的作用，用来解释国与国之间贸易的比较优势来源和演化过程。随后，1975 年、1978 年美国哈佛大学的阿伯纳西（Willian J. Abernathy）和麻省理工学院的厄特拜克（James M. Utterback），在大量实证案例研究的基础上，以创新为主线，依据弗农的产品生命周期理论，共同建立了 A - U 模型，对市场进行了细分，并对市场内的企业进行了 S（结构）- C（行为）- P（绩效）分析。1982 年，戈特和克莱珀（Gort & Klepper，1982）（G - K）在 A - U 模型的基础上，对产业的生命周期进行了阶段的划分，建立了第一个真正意义上的产业

---

① 李玲玉. 论产业生命周期理论 [J]. 中国市场，2016（50）：64 - 65.

生命周期模型。1990 年克莱珀和格拉迪（Klepper & Graddy，1990）在
G–K 模型的基础上，从技术内生化的角度对其进行了拓展。1996 年，阿
加瓦尔和戈特（Agarwal & Gort，1996）从另外一个角度对 G–K 模型进
行了扩展，对产业生命周期进行了更为精确的划分。1999 年，克莱珀
（Klepper，1999）在前述的各个产业生命周期模型的基础上，延续了 G–K
模型的自由竞争思想，运用阿加瓦尔和戈特（Agarwal & Gort，1996）产
业生命周期模型的分析方法，对四个重点产业进行了案例研究，在此基
础上提出了以技术效率为核心的产业寡头进化理论。产业生命周期理论
的发展路径如图 2–4 所示。

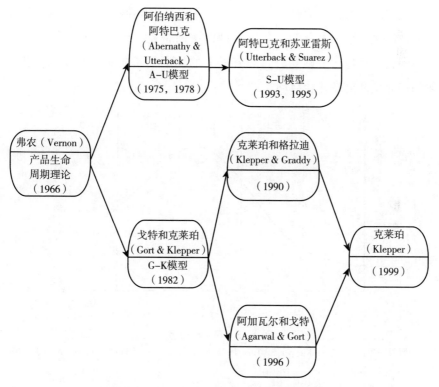

图 2–4　产业生命周期理论的发展路径

资料来源：笔者分析绘制。

（1）高特、克莱珀产业生命周期理论（G–K 模型）。

随着产品生命周期理论的不断发展，研究的焦点也从创新逐步转向
市场中厂商数目的变化。1982 年，戈特和克莱珀（G–K）在 A–U 模型

的基础上，在对市场上46个产品，73年的时间数据追踪的基础上，建立了每个产品的整个或部分生命周期的销售、价格和产量的时间序列，对其进行实证数据分析，建立了G-K模型，这是第一个真正意义上的产业生命周期模型①。G-K模型划分产业生命周期阶段的标准是该产业厂商数目的多寡。按照这个标准，将产业生命周期划分为5个阶段，分别为引入、进入、稳定、退出、成熟（见图2-5）。在产业生命周期的5个阶段中，进入阶段是产业中厂商数目快速增长的阶段，这种快速增长是源于外部的产品创新，大量厂商推出自己的新产品去参与市场竞争；在退出阶段，是由于在该产业的产品在稳定期基本定型后，竞争的重点逐步转向成本的降低，厂商开始打价格战，创新也开始减少，有大批的厂商开始被淘汰，市场上只剩下几家大型的垄断企业，产业也开始逐步步入成熟期，一旦进入成熟期，除非有重大的技术创新或需求的变动，新一轮的产业生命周期才会启动。

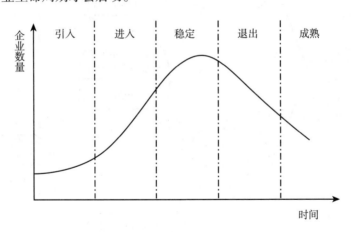

图2-5 G-K模型

资料来源：Gort M., Klepper S. Time Paths in the Diffusion of Product Innovation [J]. The Economic Journal, 1982.

G-K模型是在A-U模型的基础上进一步细化产生的，这两个模型都是以技术创新作为生命周期演进的重要驱动因素，主导设计是产业进

① Gort M., Klepper S. Time Paths in the Diffusion of Product Innovation [J]. The Economic Journal, 1982, 92 (367): 630 – 653.

入过渡阶段的重要标志。通过两个模型的对比分析，不难发现，G－K模型的引入和进入阶段与A－U模型的流动阶段是对应的，而稳定和退出阶段与A－U模型的过渡阶段是对应的。G－K模型的重要贡献在于，将产品生命周期的相关理论用来分析产业的生命周期，从而建立了第一个真正意义上的产业生命周期模型。同时，G－K模型强调了创新对于产业厂商数目的影响，建立了创新与厂商进入的正式联系。

（2）克莱珀、格拉迪产业生命周期理论。

克莱珀和格拉迪（Klepper & Graddy，1990）在G－K模型的基础上，从技术内生化的角度对其进行了拓展。在G－K模型原有的数据库的基础上对产业的生命周期进行了更为细致的划分。为了解释在淘汰阶段产业的产出仍有较大的增长，克莱珀和格拉迪从另外一个角度对产业生命周期进行了诠释。该理论有几个前提，其一，假设潜在进入厂商的数量决定了行业进入者的数量，而潜在的进入厂商的数量是由产品价格的边际成本决定的；其二，在完全竞争市场，产品价格随着产品成本的降低而下降，价格的边际成本是递减的，在这种假设前提的推论下，可以得出潜在进入者的数量和进入也是递减的。在这样的情境下，如果一旦市场上出现某种新技术的产业，会导致一大批潜在进入者进行产品创新或者过程创新，并且携带这种新技术进入该产业，使得这种产品或者过程创新会迅速在产业内扩散，产品的创新加强，成本逐渐降低，潜在的进入者会逐步减少，而有一批企业在过程创新中无法达到行业的平均成本只能被迫退出。

从上面的分析可以看出，克莱珀和格拉迪提出的产业生命周期理论更加强调创新，尤其是由产品创新和过程创新所带来的成本竞争，这种成本竞争正式推动产业生命周期不断演化的动力。从某种意义上来说，是一个自由竞争随机过程模型，在这个模型中，潜在进入者的数量、产品和过程创新的扩散速度是推动产业进化的重要参数，着重强调了技术因素对于产业生命周期的影响。克莱珀和格拉迪的研究引发了当时大量有关竞争的生命周期研究，如阿特巴克和苏亚雷斯（Utterback & Suarez，1993），认为是产业外部的重大事件引发了产业的内部的竞争，而推动产业生命周期的演变；克莱珀和米勒（Klepper & Miller，1995）则属于内在竞争优势派。

（3）阿加瓦尔、戈特产业生命周期理论。

阿加瓦尔和戈特（Agarwal & Gort, 1996）从另外一个角度对 G - K 模型进行了扩展。对 G - K 模型原有数据库中 25 个产品品类进行了更长时间的序列分析，对产业生命周期进行了更为精确的划分。与 G - K 模型相比，这种阶段划分是非常相似的，不同的是每个阶段的长度。在阿加瓦尔和戈特的生命周期理论中，引入了危险率的概念，认为在不同阶段进入该产业，厂商的危险率是不一样的，危险率的大小决定了产业在不同的生命周期阶段所拥有的厂商数量大小。通过分析得出，厂商的存在年限与危险率成反比，也就是说，厂商进入该产业越早危险率的发生就越迟，早期进入者的危险率一般会在淘汰阶段逐步上升，而产业内的所有厂商在淘汰阶段的平均危险水平较高，尤其是在最后阶段，所有厂商的危险率均会上升。

阿加瓦尔和戈特的产业生命周期理论遵循的是深入市场结构内部的现代产业组织研究思路，着重于不同的产业生命周期阶段及厂商进入该产业的时间长度对于厂商进入数量的影响，而在产业不同生命周期阶段进入产业的厂商的状况就构成了该产业的生命周期曲线。

（4）克莱珀寡头进化理论。

克莱珀（Klepper, 1999）在前述的各个产业生命周期模型的基础上，延续了 G - K 模型的自由竞争思想，运用阿加瓦尔和戈特（1996）产业生命周期模型的分析方法，对四个重点产业进行了案例研究，在此基础上提出了以技术效率为核心的产业寡头进化理论。寡头进化理论以创新回报递增为基础，首先，创新带来的生产成本降低和产品质量的提高，有利于产业中的大型厂商；其次，厂商在进入该产业前的相关行动也会影响厂商进入该产业后的业绩。在产业发展初期，厂商的进入数量和该产业的产出呈正比例增长，导致的结果是单位产品的质量下降，厂商获利减少。这就迫使进入厂商不断提高自身的创新能力，提高了该产业的进入壁垒，限制了更多外部厂商的进入。从这个角度来说，最早进入该产业的厂商具有最高的创新效率，从而使其获取优势的竞争地位，最有可能成为寡头厂商，从而能够更好地利用自身优势不断创新、不断增强和巩固自身的优势地位。甚至在行业内厂商数量基本稳定后，寡头的不断成长会对创新效率低下的厂商产生"挤出效应"。

该理论仍然秉承了技术的市场内生性思想，运用案例研究的方法，借用了厂商分布和厂商存货分析技术，将产业生命周期的形成演进与寡头市场的发展相联系，具有一定的现实意义和适用性，同时也是产业组织学研究的新视角。

通过以上对产业生命周期理论的梳理，可以得知，早期对产业生命周期的研究较为强调产品创新和过程创新对产业生命周期演进的影响。在研究方法上，基本上是运用实证的分析方法。通过对相关产业的数据分析，建立产业的生命周期模型，并在此基础上形成了较为系统的理论。随着经济形势的变化及信息技术的发展，产业结构和形态相较于以往而言发生了根本性的变化，反映在对产业生命周期研究方面，使研究的重心由产品创新、过程创新转向了服务创新，丰富了前期产业生命周期理论的内容。但是就整体而言，产业生命周期理论的研究还存在着以下两点局限性。

第一，从研究方法和研究范式来看，早期对于产业生命周期的研究主要运用静态的经济学研究方法和范式来对产业生命周期的动态演化进行研究，缺乏动态的研究方法。

第二，从研究的重点来看，无论是早期还是现在对于产业生命周期的研究，学者都不约而同地将创新作为推进产业演化的重要因素，将产品创新、过程创新及服务创新作为研究的重点，而忽视了其他因素如企业家、市场环境对于产业集群生命周期演变的影响。

3. 物流集群治理相关理论

近年来，随着我国产业集群的不断发展，在相关实践需求的推动下，有关产业集群治理的研究文献众多。各领域学者开始运用相关理论对产业集群的治理展开研究，在产业集群升级、产业集群创新、产业集群竞争优势获取等方面取得了一定的研究成果。但是迄今为止对产业集群治理还没有形成主流的研究范式，主要是借助于其他领域的理论，还处在寻找核心支持理论阶段，研究范围也较为分散、对相关核心概念的界定也难以统一，缺乏统一的研究边界。鉴于此，本书首先对相关领域的文献进行梳理，借鉴文献中的相关理论和重要概念，以期寻找出物流集群治理的相关理论支持。

在考虑产业集群特性的前提下，通过对相关领域现有文献的梳理，可以提炼出三类对产业集群研究的理论主线。第一类是以科斯、威廉姆森为代表的交易成本理论为研究内核；第二类是以网络治理理论为研究内核；第三类是以政治学、社会学中的治理理论为研究内核。

（1）交易成本理论。

科斯被认为是新制度经济学的开山鼻祖，他在《社会成本问题》（1960）和《企业的性质》（1937）两篇文章中，对企业和市场的关系展开了详细的论述①。认为交易成本是引起企业和市场这两种制度安排之间相互替代和相互竞争的主要原因。正是因为企业的存在大大减少了在市场上去寻求资源配置的交易成本，市场的这种交易被企业内部的企业家指导所代替。在交易成本理论中，企业和市场不过是两个可以互相替代的治理机制，这两个机制都是有运行成本的，市场机制的运行会产生交易成本，而企业机制的运行会产生行政组织费用，企业的边界也取决于企业内部的行政组织费用和交易成本的孰高孰低。

奥利佛·威廉姆森（Oliver Williamson）在科斯的基础上进一步深入地从契约的角度刻画了经济领域的治理结构和交易费用的关系。他认为导致交易费用产生的主要原因有两类，分别是交易因素和人为因素。交易因素主要是对市场环境和系统结构不确定性的描述，包括资产专有性、交易频度、不确定性等；人为因素主要是指交易者存在着有限理性和机会主义倾向。正是因为有限理性和机会主义倾向的存在，任两个行动者之间的交易，都不可能在变化莫测的市场环境中实现订立完备的契约。在合同执行的过程中，任何一方都有可能在人为因素（有限理性和机会主义倾向）的影响下，出现违约行为。当交易双方的资产存在高度的专有性依赖时，一旦违约，这种对高度专有性资产的投资就被牺牲为交易

---

① 高建伟，牛小凡. 科斯《社会成本问题》新解：三个"一以贯之"[J]. 天津商业大学学报，2021，41（6）：45-52，67.

物流集群服务生态系统价值共创研究

成本。要防止这种情况的发生，减少交易成本的产生，提高经济系统的运行效率，就需要对这种契约关系进行"治理"。他提出了一套契约关系治理的模式，而"治理"作为交易成本理论中的核心概念被定义为"建立秩序，以期减弱冲突，实现共同利益的一种手段和方法"，是确保契约或者合同关系顺利开展的保证，也即通过治理（有效合理的制度安排）来实现合同（契约）的有效执行，从而降低合同交易双方的交易成本，实现双方的共同利益。

威廉姆森认为存在三种不同的系统制度安排或者是治理方式，分别是科层制、市场制和混合制。不同的交易特征（资产专有性、不确定性、交易频率）应该运用不同的治理方式，为此他还专门建立了"匹配模型"（discriminating alignment），解释如何将不同的治理机制应用于不同交易特征的经济系统的基本逻辑。在双方资产依赖性较小并且交易频率较低的情况下，交易双方建立长期合作关系的意义不大，因此采用基于价格竞争的市场治理方式是较为有效的。当交易双方存在高度的资产依赖时，且交易频率较高时，一旦交易中途停止或者失败，会导致专有性资产拥有者的巨大损失，因此这种交易双方资产的高度依赖，就导致了对机会主义倾向的违约行为的承受能力的低下，此时有效的治理方式是企业科层制。处于这两种状态之间的中间组织形态时，就适用于混合制。

交易成本理论的突出贡献在于，提出了一系列关于治理的可操作概念和可测度的因果模型。市场、科层及混合制三种治理机制，突破了传统经济学对治理的简单二分思维。但是交易成本理论将所有的经济关系都抽象为合同和契约，忽视了企业声誉、社会规范等非正式因素对于治理机制的影响；主要依据交易特征来选择治理机制的标准过于单一，没有关注交易双方在交易过程中的学习效应和互动情况，停留在一种静态分析，这就导致了交易成本理论在集群学习和集群创新应用中的局限性；交易成本理论将经济系统抽象为交易双方二元契约关系的总和，忽视了交易个体之间的差异对整个系统的影响。

（2）网络治理。

网络治理理论是在交易成本理论的基础上，结合嵌入性理论等观点建立起来的。嵌入性理论认为，经济组织的各种形式并非凭空出现，是受各种社会因素影响的，是根植于一定的社会文化和制度环境当中的，已经制度化的社会规范和内化于企业行为的各种核心价值观与经济组织的形成有着密切联系，也正是由于社会文化和制度环境的差异，不同的社会环境有着不同的经济组织形式。

网络治理理论的核心思想是在继承了交易成本理论结构的基础上，在嵌入性理论的支撑下，将交易成本理论所忽略的社会关系，如声誉、非正式制度、信任、学习纳入经济系统的分析范畴。从对社会关系的研究角度来看，嵌入性和契约理论具有很大的共同点，都关注非正式制度和社会关系对经济系统中行动者行为的影响，强调经济系统中的个体是无法独立于社会关系和非正式制度而存在的，社会关系和经济系统中的非正式制度对于系统的效率有着重要影响。

网络治理理论中的"治理"不同于交易成本理论中的"治理"是"由众多独立企业构成的具有选择性、持续性特点的结构性的集合"①。这些企业进行的交易合同主要是依靠非正式的社会关系订立的，而对于非法律之类的正式因素，企业通过隐性的及开放的契约关系来协调经济活动，适应市场环境的变化。网络治理将新制度经济学中企业是"市场与企业科层的综合体"的定义具体化，将组织看成是市场和企业科层并列治理的模式，突破了科斯的市场和科层治理的"两分"结构，认为在企业和市场之间还存在着既非市场治理也非科层治理的双边、多边和混合的中间组织交易形式，表现为独立的企业之间通过关系嵌入和结构嵌入的方式连接。这种组织的治理不同于交易成本理论中简单的市场、科层及混合的三种机制下运用权威、标准、法律这些正式因素，而是依靠非正式的社会关系和机制，如信任、声誉、文化、学习、限制性进入来解决网络组织中适应、协调、交易等问题。是"保证网络组织有序运作、对合作伙伴的行为起到制约与调节作用的非正式宏观行为规范与微观运行规则的综合"②。

---

① Gulati R., Gargiulo M. Where do Inter Organizational Networks Come From? [J]. American Journal of Sociology, 1999, 104 (5): 1398 – 1438

② 孙国强，李维安. 网络组织治理边界的界定及其功能分析 [J]. 现代管理科学，2003 (3): 3 – 4.

网络治理理论是对交易成本理论中"混合机制"的进一步研究，对于集群治理有很多有益的借鉴之处，但是众多实证研究表明，除了网络治理理论中强调的非正式制度之外，行政权威、法律规范、企业科层制度等正式的机制仍然在企业战略联盟、产业集群等网络组织中有着重要影响。

（3）其他学科领域。

随着近年来产业集群迅猛的发展态势，"产业集群网络"的概念正在不断扩展，研究者对于产业集群治理的关注也不只局限于经济学领域，很多社会机构如政府职能机构、行业协会、技术中心也参与到集群治理的研究中来，对集群治理的研究也扩展到政治学和社会学领域、不同于经济学领域，从企业和市场的角度来研究治理，在其他社会科学领域都从自身的学术基础和研究目的出发，对集群治理展开了研究。政治学主要从政府的角度出发，研究政府权利机制的治理，社会学研究社会系统的协调治理。在不断的学科融合过程中，治理的概念和研究边界也逐渐明晰。全球治理委员会认为"治理是各种公共的或私人的个人和机构管理其共同事务的各种方法的综合，是使相互冲突的或多元利益互相调适并且采取联合行动的一个持续的过程；治理既包括规定人们必须服从的正式制度安排，也包括各种人们许可或认为符合其自身利益的非正式制度安排"[①]。卡尔松、兰帕尔、阿拉塔斯、达尔格伦（Carlsson，Ramphal，Alatas，Dahlgren，1995）为"治理"的进一步研究奠定了一定的理论基础。

2.2.2 服务主导逻辑理论

1. 发展历程

瓦尔戈和卢施（Vargo & Lusch，2004）在 *Journal of Marketing* 上发表论文 Evolving to a New Dominant Logic for Marketing，最先提出了服务主导

---

① 陈振明. 公共管理学（第二版）[M]. 北京：中国人民大学出版社，2021.

逻辑理论。建议以全新的视角来重新审视商品和服务，即服务主导逻辑（service dominant logic）。盛行数十年的商品主导逻辑思想受到了挑战，后续的一系列研究也越来越引起国际学术界和企业界的关注。

早期的市场营销研究主要围绕商品交换，以产品、价格、渠道、促销，即著名的"4Ps"理论为核心而展开。近年来，有学者指出基于4P的营销理念并不利于培养营销管理中的创新和适应能力，伴随着从关系管理、质量管理、供应链管理、资源管理等研究领域涌现出许多新的营销观点。

针对服务主导逻辑的演变也有少数学者作了相关研究。李雷等（2013）认为从商品主导逻辑到服务主导逻辑的变化是资源观的改变所导致的，前者视对象性资源为最重要的资源，后者视操作性资源为最核心的要素。郭朝阳等（2012）认为知识经济的兴起、企业战略和营销思想等商业环境的改变，导致了商品主导逻辑的淘汰，促使了服务主导逻辑思想的产生，进一步证实新的思想更加能够适应现代企业战略及营销的新思想。彭芬芬等（2015）认为，宏观背景下是社会由工业经济向服务经济发展，前者以产品制造为核心，后者以知识和技能为核心。知识、技能等无形资源逐渐成为企业获取竞争优势的核心资源，也促使从商品主导逻辑转向服务主导逻辑，成为企业的必然选择。

综上所述，传统经济向服务经济的转变，也代表着价值创造过程的转变，将价值的创造看作将生产资源转化为产出然后交付给消费者的生产过程，转变为将价值创造作为服务供应商与消费者交互合作的一个过程。重点研究从静态资源（如自然资源）转变为服务过程和知识、技能等动态资源。在服务经济的背景下，提供纯粹的产品或纯粹的服务已不是企业的最优选择，而是将产品和服务进行结合以解决方案（solutions）的方式提供给消费者。

近年来服务主导逻辑理论越来越受关注，其核心思想认为，企业应当以顾客为导向从事生产和服务，因为价值是与顾客联合创造的，顾客专用性知识和技能成为企业竞争优势的关键来源。研究认为，企业主导逻辑正从有形商品交换转向无形的、专门知识和技能的交换，企业导向也从生产者转向顾客。企业间更恰当的交换单位是竞争力的应用，或专用性人力知识和技能的应用，从而使接受者获益。服务被界定为通过行动、过程及实施而应用专用性知识和技能，目的在于实现另一方利益。可见，以服务为中心的观点意味着，企业营销应当关注主控资源，从而使企业价值主张优于竞争对手。主控资源是和被控资源相对应的，被控资源是那些被执行的行动或对其进行操作从而产生效果的资源，主控资源被用于根据被控资源而行动，从而产生效果的资源①。可见，在服务主导逻辑范式下，顾客成为价值共创者，并成为企业竞争优势的重要来源。结果，企业不再把顾客简单视为营销对象，而是将顾客看作主控资源，顾客可以对企业营销过程、消费过程和交付过程作出贡献。企业也不再单纯地制造产品或服务，而是在价值创造过程中尽可能为顾客提供帮助（强调顾客体验）。实际上，与顾客共创价值已成为企业获得成功的关键。因此，服务主导逻辑范式意味着整个市场营销领域的一次根本性变革，宣告全新的服务驱动管理时代的来临。

　　瓦尔戈和卢施首先提出了服务主导逻辑理论的八个基本命题，后来经过深入研究，又将服务主导逻辑理论的基本命题扩展到十一个，如表 2-3 所示。其中命题 4 提出服务主导逻辑理论的核心基础；命题 1、命题 2、命题 3 是关于市场交易机制问题；命题 6、命题 7、命题 10 是关于价值共创模式；命题 5、命题 8、命题 9 主要论述服务生态系统问题。十一个命题是一种递进的逻辑关系②。

表 2-3　　　　　　　　　　服务主导逻辑的十一个命题

基本命题	命题内容
命题 1	一切经济交易的根本基础是服务
命题 2	间接交易掩盖了交易的根本基础
命题 3	商品是提供服务的分销机制
命题 4	操作性资源是竞争优势的根本来源

---

　　① Madhavaram S., Hunt S. D. The Service-dominant Logic and A Hierarchy of Operant Resources: Developing Masterful Operant Resources and Implications for Marketing Strategy [J]. Journal of the Academy of Marketing Science, 2008, 36 (1): 67-82.

　　② 李雷，简兆权，张鲁艳. 服务主导逻辑产生原因、核心观点探析与未来研究展望 [J]. 外国经济与管理, 2013 (4): 2-12.

基本命题	命题内容
命题 5	所有经济都是服务经济
命题 6	顾客是价值的共同创造者
命题 7	企业并不能传递价值，而只能提出价值主张
命题 8	服务中心观必然是顾客导向和关系性的
命题 9	所有经济活动和社会活动的参与者都是资源整合者
命题 10	价值总是由受益者独特地用现象学的方法来决定
命题 11	价值共同参与者通过制定一系列制度来协调和实现价值的共同创造

资料来源：笔者分析绘制。

由此可见，服务主导逻辑理论十分关注顾客的价值联合创造角色。顾客共同创造了价值，作为受益方，顾客也决定价值的大小，而不是由供应商来决定。同时，顾客专门化知识和技能作为主控资源，对价值创造起积极的作用，并影响竞争优势，如服务是为了另一方利益而应用专业性知识和技能。价值创造的地点也从生产者一方向双方联合创造的合作过程转变，例如，在服务主导逻辑中，价值创造被理解为生产者和顾客之间的合作过程，而不是生产者创造并向顾客传递。此外，服务主导逻辑将服务视为交易核心，一切经济都是服务经济，反映了体验经济时代背景下，人们更追求的是价值创造过程中的体验，而不仅是有形商品和无形服务。

2. 研究基本框架

自 2004 年服务主导逻辑被正式提出以来，国内外学者对其展开了广泛讨论，逐渐形成了较为清晰的研究框架（见图 2 - 6）。

在服务主导逻辑研究框架下，顾客参与呈现出新的特征。

首先，顾客是价值创造的主体。顾客将自身的知识和技能等操作性资源投入到服务生产和交付流程，将自身需求、偏好和经验应用到价值共创之中，呈现出创造性特征。

其次，瓦尔戈和卢施（Vargo & Lusch，2011）建议对所有参与价值创造的实体使用"参与者"一词，强调企业和顾客的角色是相似的。服

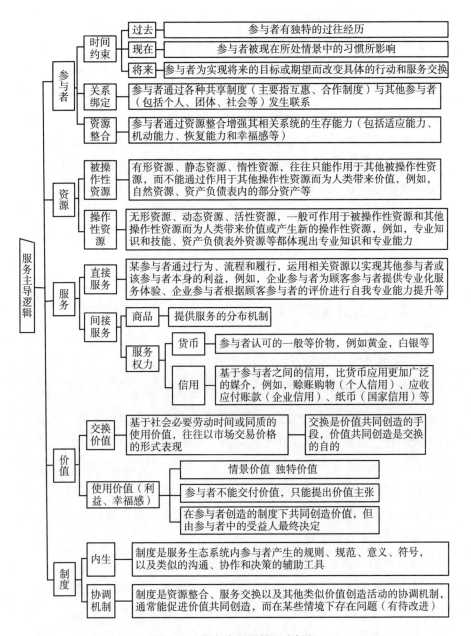

图2-6 服务主导逻辑研究框架

资料来源：笔者分析绘制。

务主导逻辑模糊了"身份标签"，强调顾客参与的平等性，这种平等性不仅体现在互动过程中的资源贡献，还体现在价值共创的成果分享。

最后，在服务主导逻辑下，顾客参与也体现了顾客的主动性和话语权。随着现代信息技术的加速普及、后现代消费文化的不断传播，顾客的自主意识不断增强，他们较以往更加愿意表达个性化的独特需求，在服务过程中承担多种角色：共同设计者、共同生产者、共同营销者、价值共同创造者、价值决定者等。

综上所述，服务主导逻辑强调顾客在价值共创活动中发挥重要作用，一直是价值的创造者，与传统的商品主导逻辑相比，顾客角色定位从价值消耗者转变为价值共创者。对企业而言，价值共创是可持续发展的重要目标，因为可以帮助企业识别并满足顾客的个性化需求，创造可持续的企业—顾客黏性。服务主导逻辑在专业服务中有着广泛的应用价值，尤其对知识不对称的知识密集型服务更是如此。

2.2.3 价值共创理论

1. 发展历程

诺曼和拉米雷斯（Norman & Ramírez，1993）认为传统的价值创造观点认为价值植根于产业经济的假设和模型，企业是价值创造者，顾客是价值破坏者，是基于商品主导逻辑（goods-dominantlogic）的研究[1]。随着价值共创思想的萌芽，越来越多的顾客参与到决定和创造价值的过程中，企业和顾客在价值创造中的角色发生了变化，而后价值创造的主体内涵不断拓展。通过对国外近年主要相关文献的梳理，可以发现价值共创的研究视角不断演变和发展。

（1）价值共创早期思想的萌芽——共同生产。

尽管传统的观点认为企业才是价值的创造者，但顾客通过积极参与企业生产服务活动，作为潜在资源和共同生产者，可被看作生产力的来源。维克斯德姆（Wikström，1996a）指出顾客作为资源和共同生产者参与企业生产服务，通过企业和顾客深入互动，进而为企业和顾客带来更

---

① Vargo S. L. and Lusch R. F. Evolving to a New Dominant Logic for Marketing [J]. Journal of Marketing, 2004, 68 (1): 1 – 17.

多价值。拉米雷斯（Ramírez，1999）提出价值共同生产（value co-production）明确企业和顾客创造价值。在共同生产下，价值创造被认为是同步和互动的，而不是线性和传递的，顾客是价值创造者而不是价值破坏者，顾客作为共同生产者，通过在价值创造过程中的每一个阶段与企业互动而创造价值。

（2）价值共创研究视角的演进。

普拉哈拉德和拉马斯瓦米（Prahalad & Ramaswamy，2004）认为从以企业为主导的观点转变到共同创造，不是传统体系的微小变化，而是对价值创造的认识有了更本质性的变化。瓦尔戈和卢施（Vargo & Lusch，2006）提出的价值共创认为价值始终由客户决定，顾客体验和感受对价值创造至关重要，顾客在价值创造中的主体地位开始凸显。因此，价值共创正式开始于以顾客为导向的顾客体验视角。下面从不同研究视角对价值共创进行探讨。

基于顾客体验的价值共创。顾客体验的价值共创认为顾客消费和使用阶段是价值创造的最后和关键活动，顾客参与价值的定义和创造，而共创体验成为价值的基础。伦尼尔和霍尔（Lengnick & Hall，1996）和维克斯德姆（Wikström，1996b）强调顾客消费体验是价值创造的最后和关键活动。普拉哈拉德和拉马斯瓦米（Prahalad & Ramaswamy，2004）也强调企业和顾客都是价值创造的主体，通过不断互动和持续的对话共同创造个性化体验，价值共创贯穿于企业与顾客互动和顾客体验形成的过程，企业的关注点转向顾客和企业之间互动的质量和为顾客营造个性化体验的互动环境，因此，价值共创被认为是基于顾客体验视角的价值共创①。

基于早期服务主导逻辑的价值共创。服务主导逻辑替代传统商品主导逻辑，从新视角理解经济交换和价值创造，将顾客体验的价值共创进一步深化和丰富。服务逻辑、服务科学和服务生态系统视角都是在此基础上的拓展。瓦尔戈和卢施（2008）的研究是对早期服务主导逻辑理论

① Payne A. F.，Storbacka K.，Frow P. Managing the Co-creation of Value [J]. Journal of the Academy of Marketing Science，2008，36（1）：83 – 96.

的发展和完善，认为一切社会和经济参与者都是资源整合者，指明了服务主导逻辑的发展方向，为服务主导逻辑拓展服务科学和服务生态系统视角奠定了基础。

服务主导逻辑的拓展——基于服务逻辑的价值共创。服务逻辑是从早期服务主导逻辑发展的新逻辑，强调服务是顾客日常实践中促进价值创造的互动过程，供应商进入顾客实践实现互动。格伦鲁斯（Grönroos，2008）将服务逻辑区分为顾客服务逻辑和供应商服务逻辑，且供应商服务逻辑以顾客服务逻辑为主导。服务逻辑是基于服务主导逻辑强调的使用价值而提出，但服务主导逻辑关注价值创造全过程，而服务逻辑只微观分析顾客使用价值的共创过程，认为顾客创造的使用价值才是真实价值，供应商创造的只是潜在价值，强调顾客是价值创造者，供应商是价值促进者，供应商和顾客只有在联合区域通过直接互动才能共同创造价值[①]。

服务主导逻辑的拓展——基于服务科学的价值共创。服务科学关注服务系统之间的演进、互动和相互的价值共创[②]，在服务系统中，互动和交换的目的和动机是共同创造价值[③]。斯波勒等（Spohrer et al.，2007）提出服务科学研究的服务系统是由人、组织和技术构成的动态的价值共创结构，奠定了服务科学的理论视角。服务主导逻辑是服务科学的基础，服务科学研究服务系统的价值创造[④]。同早期的服务主导逻辑相比较，服务科学的价值共创视角更为宏观，将早期服务主导逻辑研究企业与顾客之间的二元互动拓展到服务系统内部和服务系统间的网络互动，通过资源整合和服务交换实现价值共创，重视系统中人、技术和价值主张的结

---

① Grönroos C. Value Co-creation in Service Logic：A Critical Analysis ［J］. Marketing Theory，2011，11（3）：279 – 301.

② Maglio P. P.，Spohrer J. Fundamentals of Service Science ［J］. Journal of the Academy of Marketing Science，2008，36（1）：18 – 20.

③ Spohrer J.，Maglio P. P. The Emergence of Service Science：Toward Systematic Service Innovations to Accelerate Co-creation of Value ［J］. Production and Operations Management，2008，17（3）：238 – 246.

④ Maglio P. P.，Spohrer J. Fundamentals of Service Science ［J］. Journal of the Academy of Marketing Science，2008，36（1）：18 – 20. Spohrer J.，Maglio P. P. The Emergence of Service Science：Toward Systematic Service Innovations to Accelerate Co-creation of Value ［J］. Production and Operations Management，2008，17（3）：238 – 246.

合，强调更广泛的系统网络的资源配置和互动，并且认为技术对获取共创价值是越来越重要的角色。

服务主导逻辑的拓展——基于服务生态系统的价值共创。服务生态系统视角基于服务主导逻辑的拓展，在当前复杂的网络环境下，成为研究价值共创的重要研究视角。服务生态系统视角的价值共创，将服务主导逻辑早期强调的顾客和企业的二元视角拓展到更为广泛复杂的、松散耦合的动态网络系统。

除了以上研究视角外，还有较多学者基于服务生态系统微观、中观和宏观三个层次的互动结构，对三个层次的内涵及不同程度的拓展，从多个角度研究价值共创问题。

2004 年普拉哈拉德和拉马斯瓦米正式提出"价值共创"一词，他们认为企业和顾客共同创造价值，其主要内涵分为三个维度：共创主体、共创过程和共创资源。

基于以上思想指导，价值共创领域的研究者根据研究阶段和聚焦的实际研究问题的不同，学者们赋予了"价值共创"不同的阶段定义，其中不同阶段的发展整理如图 2 - 7 所示。

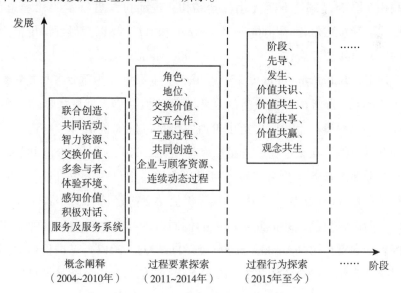

图 2 - 7　价值共创研究发展阶段

资料来源：笔者分析绘制。

首先，在概念阐释阶段中，普拉哈拉德和拉马斯瓦米（Prahalad & Ramaswamy，2004）将价值共创定义为：企业与顾客共同创造价值，即供需两端的客户和供应商都创造价值。瓦戈尔等（Vargo et al.，2008）认为价值共创是通过整合服务系统中现有资源而实现的，而这些服务系统有助于提高整体绩效。斯波勒和马利奥（Spohrer & Maglio，2008）指出价值共创战略是企业首选的一种改变，此改变是多个参与者之间的交流、互动、计划带来的结果。格鲍尔等（Gebauer et al.，2010）认为价值共创就是供需双方在某一情境中面对问题时共同解决，而在具体情境中，个人顾客与企业积极对话解决并创造价值。布劳第等（Brodie et al.，2011）主张以顾客感知价值（customer-perceived value）的发展过程定义价值共创。在此过程中顾客开展、参与单方或多方的活动，进而产生顾客感知价值。总之，在此阶段，学术界揭示了价值共创的本质性内容，将价值共创视为连续的过程，提出了具体微观层面的顾客企业互动行为，之后微观层面的研究进入第二阶段。

其次，在过程要素探索阶段中，爱德华森等（Edvardsson et al.，2011）认为价值共创与社会结构的不断发展相适应，在社会体系的供需两端相互影响，并且不断优化社会结构，进而扮演着特定的社会角色。格伦罗斯和拉瓦尔德（Grönroos & Ravald，2011）将以获得可得价值为目的的二元直接交互合作（dyadic direct interactions）过程定义为价值共创。巴兰坦等（Ballantyne et al.，2011）认为企业顾客作为重要参与要素参与至企业产品、服务的创造或传输过程中是价值共创。威廉姆斯和艾特肯（Williams & Aitken，2011）指出价值共创是以感知价值与参与责任成比例为背景条件的互惠过程。王新新和潘洪涛（2011）主张价值共创以顾客与企业间的互动体验为基石，并在消费体验中创造价值过程。兰伯特和恩茨（Lambert & Enz，2012）认为价值共创是经济社会中各个参与者扮演着明确的角色，并彼此互相影响他们行为与感知的过程。阿里卡·斯滕鲁斯和雅科拉（Aarikka-Stenroos & Jaakkola，2012）考虑价值共创是通过交互合作、整合资源来共同解决问题的方式。其中资源来自供需双方，包括供应商的专业技能、专业理论及专业判断力和顾客方的知识等资源。陈菊红等（2014）认为价值共创是从价值链上游的定制、开发、设计到下游产品、服务的价值交付的复杂工程，具体包括产品咨询、开发设计、客户参与设计与反馈等多个环节。武文珍和陈启杰（2012）认为基于价值创造逻辑的不同将价值共创分为两类：企业为出发点的价值共创和消费者自身利益为出发点的价值共创。在此阶段中，学者们肯定了顾客的重要作用，强调了价值创造网络的核心作用，聚焦于特定研究情景的研究发现互动作用在具体研究问题中解决问题。

最后，过程行为阶段中，杨艳玲（2015）基于服务主导逻辑，将价值共创定义为：创新型商业生态环境下，以整条价值链上各个参与者（企业、供应商、分销商、顾客和员工）为主体，通过协作互动、共享知识等方式解决问题的过程。李力等（2015）认为 IT 价值共创是新经济背景下，基于信息技术的参与方通过相互协作共同创造价值的价值形式。周文辉（2015）认为由价值共识、价值共生、价值共享与价值共赢四个要素通过相互作用将知识服务转化为创新绩效的过程是价值共创的内涵。

2. 理论应用

（1）生产领域的价值共创。

生产领域的价值共创研究主要聚焦在消费者参与理论这方面，突出消费者作为价值的共同生产者参与到企业生产活动中，主要体现在制造业、服务业及网络环境上。这种形式的价值共创体现在消费者被邀请参与到传统上往往由企业独自完成的研发、设计、生产等价值创造环节中，去更好地满足消费者需要，提升价值创造能力，为企业与消费者双方创造更大价值。

生产领域制造业的价值共创研究主要聚焦在消费者参与新产品开发、企业与消费者价值共创过程上，大部分以消费者视角分析顾客参与的前因、参与的程度和环节以及参与的结果。方（Fang，2008）围绕消费者参与新产品开发的价值共创问题展开研究，结果表明消费者参与新产品开发能提升信息共享的程度，以及消费者与供应商之间的有形专用性投资，从而创造新产品价值。霍耶（Hoyer，2010）针对新产品开发情境下的企业与消费者共创价值展开研究，构建了在新产品开发情境下消费者参与共创程度的概念框架，从消费者与企业两方面分析价值共同创造的影响因素、障碍及结果。卢俊义（2011）研究 B2B 情境下顾客价值共创过程机理，构建基于供应商专用性投资、消费者参与创新互动、消费者体验和消费者价值之间互动机制的理论模型。姚山季和刘德文（2016）研究了众包模式下顾客参与、顾客互动对新产品价值的影响。

生产领域服务业的价值共创研究主要聚焦在服务补救、服务绩效及互动体验等方面，围绕服务业的价值共同创造过程和结果进行分析，服务业的价值共创可以在企业与企业之间产生，也可以在企业与消费者之间产生。东（Dong，2008）研究指出消费者参与自助服务的服务补救会正向影响服务补救满意度，同时服务补救满意度又进一步正向影响未来参与价值共创的意愿。耶特尔（Yeetal.，2011）研究发现，在服务价值共创过程中顾客参与和服务创新都对服务绩效具有显著正向影响，而且顾客参与在服务创新和服务绩效关系中起着调节作用。李丽娟（2012）实证研究了旅游业顾客参与价值共创的内在影响机理，并建议旅游景区构建体验价值共创机制。万文海和王新新（2016）以健身俱乐部为例，通过情景活化、人际互动和仪式互动三个维度来剖析企业员工与消费者的价值共创活动，并以员工和消费者互动形成的情感融合为纽带来研究共创价值对员工组织承诺的影响。

（2）消费领域的价值共创。

消费领域的价值共创研究主要聚焦在消费者与企业之间的互动及消费者与消费者之间的互动两方面，这种形式的价值共创研究强调消费者的体验价值，由消费者主导价值的创造。消费者与企业之间互动共创价值是价值共创思想的核心，也是服务主导逻辑思想的理论基础。普拉哈拉德和拉马斯瓦米（Prahalad & Ramaswamy，2004）研究发现，如上门服务员、推销员及维修员等与消费者接触较多的重要人员不但可以提供给消费者需要的产品与服务，也可以通过与消费者之间真诚、信任的互动为消费者带来更好的体验。拉尼尔和汉普顿（Lanier & Hampton，2008）指出，消费者在参与复活节整个周期的价值创造活动中经历了共同选择、共同生产、共同创造三个阶段，消费者在整个过程中与活动组织者进行互动从而共创梦幻般体验，是真正意义上共同创造。张婧和邓卉（2013）

研究了企业与员工、企业与顾客、员工与顾客、企业与其他利益相关者在内的四组主要界面上品牌导向和内部品牌资产、品牌信息展示和组织交易关系、上游成分品牌和下游成分品牌、服务体验质量和私人关系质量八个维度的品牌价值共创活动，这些活动直接或间接影响品牌价值的顾客认知以及最终的品牌绩效。

消费者与消费者之间互动是消费者重要的服务体验，相关研究主要体现在品牌社区和消费社区方面。穆尼兹和绍（Muniz & Schau，2005）通过"牛顿苹果"的品牌社区案例研究指出消费者共同创造了一个被遗弃品牌的品牌含义，进而延伸了品牌的生命。通巴和霍络维茨（Tumba & Horowitz，2008）研究指出消费者运用三维技术，通过叙事和故事交流的方式可以在网络空间的环境中创建网络虚拟社区，消费者再通过这种网络虚拟社区进行生活式消费进而获取幻觉及趣味性体验价值。蓬萨科恩龙西尔普和施罗德（Pongsakornrungsilp & Schroeder，2011）对共同消费社区环境下消费者与消费者之间的价值共创展开研究，结果表明共同消费的品牌社区是消费者与消费者之间进行价值共创的平台，消费者在价值共创中既是价值提供者，也是价值受益者。万文海和刘闲月（2011）以女子会所为例，运用阐释学方法对消费者之间互动、消费社群的融合及他们之间的关系展开研究，认为消费者之间互动可以产生情感体验进而共创价值，而消费社群的融合与价值的共同创造之间是一种共生关系，这提升了企业留住消费者的能力进而实现消费者与企业的共赢。赵哲（2017）研究表明消费者与消费者之间的互动是垂直电商企业整合资源、协同创新和共创价值的基础，关键意见领袖对于消费者价值的选择和创造具有重要的导向作用。

（3）虚拟品牌社区的价值共创。

虚拟品牌社区的价值共创研究有属于生产领域的，也有属于消费领域的，在如今互联网平台经济背景下是国内外学者在价值共创研究方面的一个集中领域，故在生产领域、消费领域的价值共创研究外专门列出加以分析讨论。哈奇和舒尔茨（Hatch & Schultz，2010）研究表明虚拟品牌社区通过其天然的沟通开放性及基于共同品牌兴趣形成的凝聚力，为顾客参与价值的共同创造提供了重要的环境。王永贵和马双（2013）通过虚拟品牌社区来研究消费者之间互动的关键维度，结果表明虚拟品牌社区认同对人际互动、产品互动与社区满意之间的关系具有正向影响，而对人机互动与社区满意之间的关系具有负向影响。布鲁恩（Bruhn，2014）认为在 B2B 虚拟品牌社区中，品牌信任对品牌社区信任具有显著正向影响，品牌社区信任也对消费者之间互动质量具有显著正向影响，而消费者之间的互动质量同样正向影响顾客的功能利益、体验利益和符号利益，三种利益又进而促进消费者的忠诚。李朝辉（2014）研究发现虚拟品牌社区环境下消费者参与发起的价值共创正向影响感官体验、思考体验和行为体验，而消费者参与自发的价值共创也正向影响感官、情感、思考、行为和关联体验。罗森塔尔和布里托（Rosenthal & Brito，2017）认为品牌主页会有一些虚拟品牌社区的特征，而粉丝中名人效用可以促进社会交互和在品牌页面的正当活动。

综上所述，按价值共创的领域，研究主要集中在生产领域、消费领域、虚拟品牌社区领域三方面。生产领域价值的共创实质上是企业将消费者引入生产领域，将原来流程中内部人员完成的工作换成外部消费者完成，突出消费者参与到企业生产中，企业掌握主导性，其价值主要表现为理性认知价值；消费领域价值的共创实质上是企业帮助消费者获得体验价值从而共创价值，突出消费者主导价值创造，其价值主要表现为消费者体验价值，随着互联网经济发展，消费者利益和角色分量的不断提升，强调消费者主导价值创造的消费领域研究与现实中的情况更符合，在今后价值共创理论研究中所占比重将更大；而虚拟品牌社区作为品牌价值共创的典型平台，是企业促使消费者参与价值共创的重要方式，将是今后价值共创研究中的重点深入领域。

2.2.4 服务生态系统理论

1. 发展历程

一个生态系统可以被定义为一个相互作用的、适应自己物理环境的生物群落。坦斯利（Tansley，1935）提出生态系统是在一定空间和一定时间，由种群或与之相交互的物理环境所组成的一个连续的相互依赖的循环社群或集合，为生态系统的思想奠定了基础。此后，汉南和弗里曼（Hannan & Freeman，1977）将生物生态系统理念向组织管理领域延伸，基于组织种群生态视角以处理不确定的商业环境为目的，认为在一个特定边界内具有共同形式的所有组织构成一个松散连接种群，使得生态系统思想具有更大的视野，从而奠定了组织生态系统的思想。

在市场环境中，生态系统是用来描述行动者之间的相互依赖、它们的适应和演变的术语。近年来生态系统的使用（作为一个复杂的相互关联的系统）正越来越多地应用于广泛的管理理论和实践中。摩尔（Moore，1993）从超越服务的视角，将生态系统思想运用到商业领域而定义为一种"基于服务的、具有网络关系的网络"，认为商业生态系统是具有一系列复杂的相互关系、资源整合、服务提供和价值创造关系的，由一个或多个商业行为体有意识地以问题为驱动，试图改变或发展他们和其他人所参与的关系中的互动实质的相对独立、自我调整的系统。

瓦尔戈和卢施（Vargo & Lusch，2016）指出这种思想不仅消除了价值"生产者"和"消费者"之间的区别，而且还消除了"创新者"和"采用者"之间的区别，以及重新强调价值和市场的共同创造。商业生态系统不仅包括企业自身、客户、市场中介机构、供应商这些主要物种及其利益相关者，还包括在特定情况下可能相关的强大物种，包括政府机构和监管机构，以及代表客户或供应商的协会和标准机构。

在研究范围扩展到供应商与客户之间，并整合其他潜在的参与者或合作伙伴很明显的背景下，许多相关概念已经形成，并且国内外学者开展了各种视角的研究。瓦尔戈和卢施（Vargo & Lusch，2011）将"服务生态系统"描述为在复杂系统中创造价值的经济和社会行为体的更一般的概念。马利奥和斯波勒（Maglio & Spohrer，2008）将其描述为"服务系统"，论证系统视图与网络视图的不同之处在于资源集成、服务提供和价值创造的每个实例，在某种程度上改变了系统的性质，从而改变了下一次迭代和价值创造的确定。瓦尔戈和卢施（Vargo & Lusch，2012）将服务生态系统的观点进行阐述并扩展了 S－D 逻辑，该观点以整合动态资源为中心，将其作为连接市场的社会和技术方面的中心手段，服务生态系统被概念化为"通过共享的制度逻辑和通过服务交换的相互价值创造连接起来的资源整合行动者的自我调整系统"。梅亮（2014）聚焦于创新领域，采用系统复杂性和进化理论提出了关键的治理框架，将企业自身命运与整个生态系统紧密联系在一起，努力实现共生演化。刘佳（2019）研究发现服务生态系统中的所有参与者都有资源储备，没有一个单独的参与者拥有孤立运行所需的所有资源，因而仅依靠单一服务主体能力的提升，不能使整个系统达到最佳运行状态，必须进行资源共享和整合。

这种平衡和互动的观点"远离了线性化、连续性创造、价值流动和破坏这些概念化的谬误，并朝着一个更复杂和动态的参与者体系靠近，这些关系体系共同创造价值，同时共同提供了价值增值的背景"[①]。

2. 基本观点

根据卢施和瓦尔戈（Lusch & Vargo，2017）的观点，在服务生态系统的观点中，服务被视为一个复杂的、动态的社会和经济系统，由参与者网络和指导他们的机构组成，布赖德巴赫（Breidbach，2016）认为技术是一种动态资源，或潜在有用的知识；市场被概念化为制度化解决方案；创新是协作重组或组合进化的实践，为新的或现存的问题提供新的解决方案。

服务生态系统的观点认为，"服务生态系统"为描述网络内部多样共生提供很好的类比，网络参与主体的所有与交流相关的经验都是服务经验[②]，是通过公司、客户和其他利益相关者之间的互动共同创造的[③]。系统中的参与主体可能具有不同的空间隶属和组织背景[④]，这意味着，它拓宽了服务范围和服务体验，包括所有市场互动及其相关机构。然而，组

---

① Agrawal A. K., Rahman Z. CCV Scale: Development and Validation of Customer Co-created Value Scale in E-Services [J]. Current Psychology, 2019, 38 (3): 720 – 736.

② Akaka M. A., Vargo S. L. Extending the Context of Service: From Encounters to Ecosystems [J]. Journal of Services Marketing, 2015, 29 (6 – 7): 453 – 462.

③ 简兆权，曾经莲. 基于价值共创的"互联网 + 制造"商业模式及其创新 [J]. 企业经济，2018, 37 (8): 70 – 77.

④ 连其陈. 创新生态系统价值共创主体：构成、关系和治理框架 [J]. 太原理工大学学报（社会科学版），2018, 36 (6): 45 – 52, 76.

成价值创造体系的各个既独立运行又相互交联的系统，为了获取更大的生存空间，会产生"掠夺""挤压"等行为，企业间的竞争关系是客观存在的。因此，服务生态系统是通过服务提供、资源整合参与者之间的关系而产生和发展的①。

———————

① Ramaswamy V. , Ozcan K. Brand Value Co-creation in A Digitalized World: Anintegrative Framework and Research Implications [J]. International Journal of Researching Marketing, 2016, 33 (1): 93 –106.

第3章

物流集群服务生态系统价值共创的基本框架

3.1 物流集群服务生态系统价值共创的 PARTS 模型

物流集群服务生态系统的价值共创是在需求驱动、主体互动、资源整合、流程重构机理的作用下，物流集群企业群、用户需求群、中介机构群、科研创新群各利益相关者共创价值的过程，不仅涉及战略层面的规划，还涉及具体的规制、服务流程等，这些要素的相互作用和配合，为物流集群服务生态系统的价值共创创造了良好的氛围，共同促进物流集群的价值共创。

PARTS 模型是由纳勒布夫和勃兰登堡（Nalebuff & Brandenburger，2013）提出的，PARTS 模型将价值创造的战略要素分为利益相关者（player）、范围（scope）、战术（tactics）、规则（rules）和附加值（add value）五个要素。本章将借助 PARTS 模型构建物流集群服务生态系统价值共创的基本框架（见图 3-1），进行战略层面的要素分析，并围绕物流集群服务生态系统的价值共创活动对各要素之间的关系和影响进行剖析。

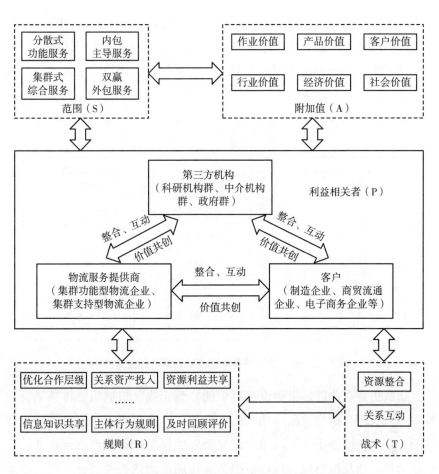

图 3-1 物流集群服务生态系统价值共创 PARTS 模型

3.2 物流集群服务生态系统价值 共创主体及资源（P）

3.2.1 物流集群服务生态系统价值共创主体

1. 物流集群服务生态系统价值共创主体划分

物流集群服务生态系统价值共创主体的构成学术界并未达成一致，

但主流文献更偏向于将参与价值共创活动所涉及的组织纳入其中①。本书着重研究物流集群服务生态系统价值共创活动中的参与者，因此，将价值共创主体划分为物流集群企业群、科研创新群、用户需求群、中介机构群及政府群（见图3-2）。

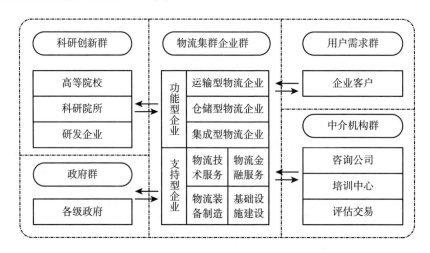

图3-2 物流集群服务生态系统价值共创主体结构

物流集群企业群是指物流集群中的物流企业，根据职能将其划分为提供单项或综合型物流服务的功能型企业，以及为功能企业提供技术和基础支撑的支持型企业，其中功能型企业主要包括运输型物流企业、仓储型物流企业及提供综合性物流服务的集成型物流企业等；支持型企业主要包括物流技术服务企业、物流金融服务企业、物流装备制造企业及物流基础设施建设企业等。物流集群企业群是服务生态系统价值共创中的核心，其通过提供给客户优质的物流服务与其他主体进行价值共创。

科研创新群负责科技创新，包括高等院校、科研院所、研发企业等。科研创新群通过研发，为物流集群企业群的价值共创提供智力支持和科技成果的转化。

用户需求群是推动物流集群服务生态系统价值共创的重要动力。企业客户既是物流集群企业提供服务的对象，又是价值共创的重要参与者，

① Davis JP. Group Dynamics of Interorganizational Relationships: Collaborating with Multiple Partners in Innovation Ecosystems [J]. Social Science Electronic Publishing, 2016, 61 (4): 621-661.

通过与物流集群企业的合作，提出新的价值主张。

中介机构群包括咨询公司、培训中心、信息中心、科技孵化机构、技术评估与交易机构等，中介机构在价值共创过程中起到资源汇聚及机制扩散的作用。

政府群主要是指中央及各级政府，政府群通过发布全国及地方的物流规划，制定相关的物流行业政策，为物流集群服务生态系统的价值共创提供政策环境和行业支持。

2. 物流集群服务生态系统价值共创主体的作用

根据价值共创主体的角色定位，将其整体功能归纳为以下几个方面。

（1）发挥专长，优势互补。

社会交换理论认为，互补性是社会交换的前提和基础[①]。物流集群企业群是服务生态系统价值共创的核心，通过与其他企业和相关机构的资源互补和交换，发挥自身的特长，给客户提供满意的服务方案，完成价值共创过程，实现与其他主体的价值共创。客户群是价值共创系统中的主体之一，关键客户能够产生有价值的解决方案；政府群通过营造稳定的、有利的政策和经济环境，以促进者的姿态推进价值共创的实现；科研创新群通过科技研发和知识传播，推动产生高质量的价值共创产出；中介机构群通过提供智力支持、信息共享、技术培训、金融服务等"助推"物流集群的价值共创。

（2）资源整合，有效流动。

资源基础理论认为，企业之间通过联盟，可以使企业与联盟网络中的合作伙伴进行更顺畅、可预测的资源流动，从而提升自身在市场环境中的战略地位。联盟中的资源整合，拓宽了传统的资源视野，通过与外部资源的交换和联合，影响企业自身的行为和价值[②]。异质资源的流动是物流集群服务生态系统价值共创主体合作的契合点。客户群对物流服务

---

① Molm LD. Theories of Social Exchange and Exchange Networks [M]. Georg Ritzer Barry Smart. Handbook of Social Theory. London：Sage Publisions Ltd，2001.

② Popli M，Ladkani RM，Gaur AS. Business Group Affiliation and Post-acquisition Performance：An Extended Resource-based View [J]. Journal of Business Research，2017，81：21–30.

需求的综合性和个性化使得核心企业整合各物流功能性企业和支持性企业的资源，开展物流基础服务和服务创新；科研创新群可以进行知识转化，成果创新，为物流服务提供智力支持；政府部门制定相关政策，引导社会机构和相关部门进行物流公共基础服务和基础设施建设，为价值共创提供政策环境和资源保障。

（3）利益共享，风险共担。

社会交换理论认为，将联盟网络中的各个参与主体视为与整个网络群体发生交换的个体，个体通过交换获得交换利益，并且承担相应的成本和风险[①]。在物流集群服务生态系统价值共创过程中，物流集群企业群不但自己创造价值，还进行价值的分享和交换，并为顾客进行价值输入。在共同承担价值共创风险方面，物流集群企业群应该考虑影响整个系统的不确定性挑战，与中介机构群和科研创新群共同承担创新风险，促进科技成果的应用转换和产业化。

3. 物流集群服务生态系统价值共创主体之间的关系

物流集群服务生态系统价值共创主体之间共同合作，资源交换、风险共担、利益共享，主体之间主要存在着以下三种关系。

（1）共生关系。

"共生"来源于生物学的概念，是德国生物学家德贝里于 1879 年首次提出。从生物学角度来看，"共生"是指两个或两个以上的有机体以相互依存、相互作用的方式共同生活，产生的一种共同生存和共同进化的关系。有机体在彼此的相互作用中，形成了共同生存和共同进化的共生系统。物流集群服务生态系统的价值共创是以物流需求为导向，由众多相关的物流企业与社会机构组成的物流服务供应链的聚集，是以共生关系为特征的网络化组织形式，通过价值共创主体的分工合作、资源共享构成了共生网络，共生是物流集群服务生态系统价值共创网络形成的动力。物流集群服务生态系统价值共创网络的共生，是指物流集群企业群与

---

① Ekeh PB. Social Exchange Theory：The Two Traditions ［M］. Cambridge，Mass：Harvard University Press，1974.

物流集群服务生态系统价值共创研究

用户需求群、中介机构群等价值共创主体，在一定区域内、特定的共生环境中，依照一定的共生模式形成的相互依存、相互竞争、相互合作的关系。

（2）交互关系。

复杂网络理论指出①，网络主体通过协同、共同演化来维护稳定的网络生态系统。在此网络中，与其他主体连接较多的核心主体可以接受更多的知识外溢和资源的共享，拥有相对较低的维护成本和较高的创新效率。在物流集群服务生态系统价值共创网络中，交互关系存在于各共创主体之间，通过与各主体建立密切联系，在价值共创网络中执行不同的任务，物流集群企业、用户需求群、中介机构群、科研创新群及政府群紧密交互，来完成价值共创。

（3）竞合关系。

主体之间的合作和竞争是保持系统健康发展和良好运行的有效途径②。社会资本理论表明，企业可以通过协作关系进入合作网络，共享各种类型的资源③。一方面，核心主体与其他主体将通过知识转移、知识传播和技术资源投入进行合作，加强知识和信息的流动，优势互补，实现规模经济；另一方面，为了获得更多的市场空间，各主体之间还会存在"竞争"和"挤压"行为。主体之间的竞争不仅是一种客观存在，也是物流集群价值共创网络发展的驱动力之一。

3.2.2 物流集群服务生态系统资源识别

探究物流集群服务生态系统价值共创的"黑箱"，仍然需要借助资源基础理论、服务主导逻辑理论来进行资源的识别。从物流集群服务生态系统各主体价值共创的动机来看，无论是采取怎样的价值共创模式，从本质上来讲，价值共创的各方都是想通过合作与其他主体建立长期、稳

① Autio E. , Thomas Ldw. Tilting the Playing Field：Towards an Endogenous Strategic Action Theory of Ecosystem Creation ［J］. Academy of Management Proceedings，2016（1）：11264.

② Moore J. F. The Death of Competition：Leadership and Strategy in the Age of Business Ecosystems ［M］. New York：Harper Business，1996.

③ Dubos R. Social Capital：Theory and Research ［M］. Milton：Routledge，2017.

定的伙伴关系，并获取相应的资源、知识和能力。

1. 资源的内涵

对资源最早的研究可以追溯到亚当·斯密（1776）在《国富论》中将资源分成生产性资源和非生产性资源，认为财富来源于生产性资源，而非生产性资源只能提供产品的附加值，在价值创造层面，跟生产性资源相比，非生产性资源处于次要地位。马尔萨斯（1798）将资源定义为人类赖以生存的自然条件，是静态的并且客观存在的，在此基础上，他认为随着人口数量几何倍数的持续增长，资源也会被消耗殆尽。英国经济学家潘罗斯（Penrose，1959）认为企业的经济增长来源于"生产资源"的集合，将无形的生产要素带入企业发展的分析中。

随着对资源研究的深入，学者们对资源有了新的认识。资源基础观理论认为资源可以分为有形资源和无形资源两类，将资源定义为"企业所控制的所有资产、能力、组织流程、企业特性、信息和知识等，一方面使企业获得了持续的竞争优势，另一方面是给企业带来长期的效率和效益"。[①] 巴内（Barney，1991）认为，无形资源是企业竞争优势的来源，它们通常具有价值性、稀缺性、难以模仿和难以替代的特性。而动态资源理论则认为，在现代经济环境下，创新和制造在地理位置和资源分配方面是分散的，企业持续竞争优势的获取，不仅是拥有稀缺的、不可复制的资源，还需要独特的、难以复制的动态能力（Teece，2007）。

随着信息时代的到来，企业的产出既不是单纯的产品也不是纯粹的服务，而是将产品和服务结合在一起的"解决方案"，商品和服务的界限已经逐渐模糊、难以区分，在这种情况下，服务主导逻辑应运而生，并且提出了一种全新的资源分类方式，服务主导逻辑理论的代表人物康斯坦丁和卢施（Constantin & Lusch，1994）将资源分为对象性资源（oper-and resources）和操作性资源（operant resources）。对象性资源是一种基于物质基础和有形要素所体现出来的资源和能力，是一种被操作性的资

---

① Barney J. B. Firm Resource and Sustained Competitive Advantage [J]. Journal of Management, 1991, 17 (1): 99 – 120.

源，往往需要通过人为地采取一定的操作和行动才能使其发挥作用和功效，从而产生价值。纵观人类的发展史，在人类文明的大部分时期，人类创造价值的活动主要是围绕对有形自然要素如土地、矿物、动物、植物等对象性资源的操作运用来创造价值。但是人类这些有形的自然资源是有限的，甚至是稀缺的，因此，在人类早期的发展史当中，拥有丰富自然资源的区域、民族或是群体被认为是富裕的。长期以来，这种以有形的自然资源为代表的对象性资源为主导的逻辑，即产品主导逻辑在经济社会中占据着主导地位。在产品主导逻辑下，操作性资源是对象性资源的附属，个人或者组织拥有的信息、知识等无形资源的价值都是通过较低成本将其附加到产品本身的使用价值中来实现的（Vargo & Lusch，2004）。

随着服务经济时代的到来，产品不再是价值的唯一提供者，产品服务融合是实业界和学术界关注的焦点，瓦尔戈和卢施提出了服务主导逻辑，取代了长期占据主导地位的产品主导逻辑，强调一切经济都是服务经济。在服务主导逻辑中，强调操作性资源的主体地位，将操作性资源是企业竞争优势的来源写入服务主导逻辑的基本假设。操作性资源是一种基于知识和智慧的隐性资源能力，具有前摄性、能动性、动态性的特点，需要长期持续的集体行动才能创造价值。以客户为导向的操作性资源在服务创新、市场竞争、知识获取和维护客户关系等方面有着重要的作用，这种操作性资源的应用与企业的绩效有着显著的正相关关系。对操作性资源和对象性资源的分类和认知直接导致了经济活动的逻辑重构（见表 3 – 1）。

表 3 – 1 　　　　　　　　　　基于资源的主导逻辑分类

分类	服务主导逻辑	产品主导逻辑
所用资源	以操作性资源为主	以对象性资源为主，有时通过操作性资源进行传导
价值创造者	价值由客户、企业以及合作伙伴共同创造，来源于对操作性资源的应用以及对对象资源的传递，企业只能提供价值主张，价值由客户的使用感受决定	价值由生产企业创造，并嵌入到对象性资源（产品）之中

分类	服务主导逻辑	产品主导逻辑
产品角色	产品是操作性资源（嵌入式知识）的传递者，被视为价值传递的中介和价值创造的方式	产品是嵌入了对象性资源之价值的产出载体
客户角色	客户是价值的共同创造者，营销过程是与客户进行互动的过程，客户作为操作性资源存在，偶尔起对象性资源的作用	客户是产品的被动接收者，营销是对客户进行细分、渗透、分销和促销，客户被视为对象性资源
企业和消费者的关系	客户是操作性资源，积极主动地参与价值共创的过程	客户是对象性资源，被动的参与资源的交易，接收企业的产品
竞争优势的来源	竞争优势来源于操作性资源，通过应用和交流专业知识和技能而获得，代表着使用操作性资源的权利	竞争优势来源于有形的对象性资源，包括拥有、控制和生产对象性资源

资料来源：Vargo S. L. and Lusch R. F. Evolving to a New Dominant Logic for Marketing [J]. Journal of Marketing, 2004, 68 (1): 1-17.

2. 物流集群服务生态系统的资源的分类

（1）分类的维度。

基于上述对资源内涵的分析，学术界提出的资源基本会涉及两个方面的议题，一是获取资源的性质，二是获取资源的层级。因此，本书将从性质和层级的维度对物流集群价值共创系统的资源特征进行分析。

① 性质维度。戴（Day，1994）认为企业的资源在经营中的作用主要体现在三个方面，第一个方面是内在反应（inside-out），即企业与市场反应相关的内部行动能力，体现在企业的生产、物流和运输、组织资源等方面比竞争对手拥有更多优势。第二个方面是外在内化（outside-in），即与企业的竞争对手相比，企业能够更快、更早、更精确地预测市场需求的变化，并且快速响应需求，提供恰当的服务，能够与客户建立良好的合作伙伴关系。第三个方面是横跨匹配（spanning），即企业处理内在反应和外在内化综合匹配的能力优于其竞争对手，主要体现在企业战略的制定、新产品的研发、原材料的采购以及产品的定价等方面。特雷西等（Tracey et al.，2005）的研究结果显示，公司业绩的提高，不但取决于内在反应灵敏度的提升，还取决于外在内化与横跨匹配的提高。就物

流集群企业的内在反应和部分外在内化而言，是操作物质资源满足客户需求的过程，也是基于有形的要素资源所表现出来的能力，属于对象性资源（operand resources）的范畴。如上所述，对象性资源是需要对其进行一定的操作和行动，才能体现其价值。就物流集群企业的部分外在内化和横跨匹配来说，主要涉及一些基于知识和智力的一种前瞻性的、能动性和隐蔽性的资源，并且需要更长时间的集体行动来体现其价值，因而是一种操作性资源（operant resources）。综上所述，基于服务主导逻辑，对于物流集群而言，可以将资源分为操作性资源和对象性资源。

② 层级维度。除了资源的性质对物流集群服务生态系统的价值共创会产生作用之外，资源的层级也对集群主体价值共创有着重要的影响。科利斯（Collis，1994）从资源层级的角度，提出了二阶和三阶能力，认为"学会学习"可以消除竞争对手的仿效和取代所带来的威胁，所以公司必须不断地投入动态动力，才能在竞争中处于优势地位。对资源层级的分类不仅涉及资源的表现，还牵涉到资源运用的深度和广度。基于上述研究，可以将资源的层级分为组合型和互连型。组合型资源是将两个以上的基础资源组合在一起，资源之间有着较低层次的互动，凭借这些资源使企业产生有效率的市场反应；而互连型资源能力是将各类资源交织在一起，形成一个整体，产生了较高层面的互动，使企业能为客户提供更高层面的增值性服务①。

（2）资源类型。

依据以上分析，本书从资源的性质和资源的层级两个维度出发，将物流集群服务生态系统的资源分为四种类型，组合型对象性资源、组合型操作性资源、互连型对象性资源、互连型操作性资源（见图3-3）。

① 组合型对象性资源。组合型对象性资源是基于有形的物质资源，将其进行组合，但是各个资源要素之间的交互仅停留在简单的组合，还没有涉及深层次的连接，如将一些简单的物流功能如运输、配送、仓储等要素进行结合，为客户提供"一站式"的物流服务，能够更好地实现规模效应，帮助客户降低成本。

---

① 宋华. 服务供应链［M］. 北京：中国人民大学出版社，2012.

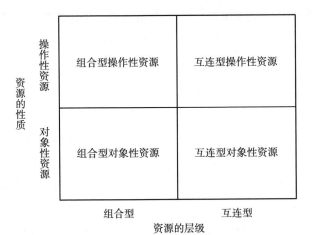

图 3 - 3　物流集群资源分类

② 组合型操作性资源。组合型操作性资源的基础是有形的、基于知识和智慧的隐性资源,将其进行简单组合,各个资源要素之间的交互还停留在较低层次,没有深度的整合,如为客户提供物流信息服务,物流技术的支持等,这类服务虽然使用了操作性资源,运用了智慧和知识为客户服务,但只是简单的知识推送和智力服务,并没有产生直接的经济收益,而是潜在的竞争利益,对新价值的创造贡献有限。

③ 互连型对象性资源。互连型对象性资源的基础是物质的、有形的资源,不同于组合型对象性资源的简单组合,互连型对象性资源是将这些资源要素进行深层次的连接,按照客户要求,对各个有形物质要素进行协同整合,共同为客户提供个性化增值物流服务,为客户降低综合运营成本。

④ 互连型操作性资源。互连型操作性资源是基于知识和智慧的无形资源,不同于组合型操作性资源的简单组合,这种类型是将大量的操作性资源聚合在一起,进行横向和纵向的深度连接,形成各个要素之间的有机联系,并产生乘数效应,不仅提升了客户的潜在竞争力,也可以为客户带来直接的经济效应,从而最大限度地为客户创造价值。如为客户提供从采购、生产、销售、售后等全方位一体化的定制化供应链设计和服务。

3.3 物流集群服务生态系统价值共创的服务形式（S）

上述不同的物流集群服务生态系统的资源类型对应不同类型的客户需求，这也决定了物流集群价值共创的服务类型。从客户需求角度，可以将其分为分散式功能服务、集群式综合服务、内包主导服务和双赢外包服务（见图3-4）。

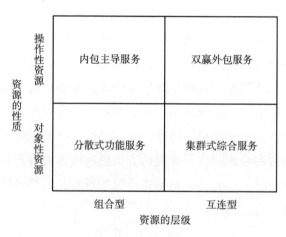

图 3-4　物流集群服务生态系统价值共创服务类型

3.3.1 分散式功能服务

分散式功能服务是面向物流基本功能服务的价值共创。分散式服务对于客户企业来说，就是常规意义上的物流基本功能外包，之所以称为"分散式"，是因为服务提供商和客户需求方的联系并不紧密，互动也不频繁。对于客户企业来说，服务提供商的替代性很强，双方并不存在战略伙伴关系和较深的利益相关。这种服务类型的前提是，客户需求方主要想获取的是组合型对象性资源，将基本物流功能如运输、配送、仓储等外包给物流集群中对应的服务提供商进行第三方的运作。从客户需求方来看，这些基本物流功能虽然重要，但是不具备很强的增值性，各项功能活动之间也没有互补的关系，客户着重关注的是物流服务提供商能否利用自身的对象性资源提供优质、高效、低成本的物流服务。

分散式服务模式更加倾向于契约式治理。马霍克（Mahok, 1994）将组织间的交易治理结构分为，以合约为中心和以关系为中心两种类型。罗纳德（Ronald, 2005）提出了两种有效的组织治理机制，分别为关系治理和契约治理。关系治理是指包括主要关系专有性资产的组织间的交易方式，它反映在组织间关系的结构和过程等要素上，并强调关系治理是一个非正式的垂直交易过程。与之相对应的契约治理主要适用于计划交易，它是一种市场治理结构，可用于非资产专用性条件下的偶然或定期交易，也称为古典式契约法治理结构。契约合同条款规定了交易的实质性内容，并符合法律原则，因此，这种方式会使依法履行人从契约合同中受益。分散式服务的目的是获取组合式对象性资源，对象性资源一般是有形的显性资源，比较容易获取，且可替代性较强，因此从供需之间的关系来看，更适用于契约治理，即客户通过与物流集群的服务提供商签订完善细致的合同协议，确定供方提供的服务内容和标准，供方需要严格遵照执行，一旦契约得到了高质量的履行，这种分散式服务合作才有可能再次进行。

3.3.2　集群式综合服务

集群式综合服务是指客户需求方在寻找服务提供商时，以获取互连型对象性资源为目的，不仅注重物流服务商本身的服务质量，更看重承包商是否处在特定的物流集群当中，或者具备集群所特有的硬件基础和发展环境。这种形态是以物流集群企业作为服务提供商，为客户需求方提供综合性的物流服务，以完成互连型对象性资源及部分操作性资源的供给。

物流集群是由物流领域相互关联的企业或机构在特定地理区域的聚集。德威特、朱尼佩罗和麦尔登妮（Dewitt, Giunipero & Melton, 2006）认为地理接近、核心竞争力与关系是集群的三大典型特征。坦布南（Tambunan T.，2005）认为相对于单个企业而言，集群在服务产品开发、服务流程改进、技术、营销、政府支持、政策自由度等方面具有明显的优势。上述优势正好符合互连型对象性资源的运作环境和条件，互连型资源的特点是资源之间存在着高度的关联性，这种关联性体现在资源的高度互补和协同上，与分散型服务不同，这种类型的资源需要有良好的协作和配套的环境。对象性资源虽然是显性的，但这些显性资源的连接深度和整合程度，决定了整个物流系统的成本和效率，如果不能实现有效的整合和协同，很可能会因为有限理性、信息不对称及机会主义等原因导致过高的交易成本，使得整个物流系统的综合成本过高[①]。

在集群式综合服务模式下，物流服务提供方与客户需求方之间也存在着契约关系，通过合同来明确双方的责任义务，以此来保障物流服务的稳定、持续进行，但在这种模式下，供需双方也存在着关系治理。交易成本理论认为，资产的专有性、交易的不确定及交易频率是影响交易成本的三个主要因素，这些因素与有限理性、机会主义共同决定了关系治理的结构。社会关系理论则认为，信任、信誉、承诺、风险等决定了组织之间的关系[②]。上述理论都强调关系性专用资产对关系治理结构的决定性作用。佩特隆等（Petlon et al.，2001）将关系性专用资产划分为有形和无形两类，有形的关系性专用资产主要指合作双方在厂房、土地、设备及其他实物资产方面的投资；无形的关系性专用资产包括人力、知识、技能等无形资产方面的投资。

在集群式综合服务模式下，关系治理的对象主要是有形的对象性资源，这是因为客户需求方所要求的综合性多功能物流服务，客观上要求有形对象性资源的相对集中，而物流集群正是物流基础设施和物流企业在空间上的集聚，因此，对象性专用资产的投资有利于客户对物流服务提供商的能力进行评估，并且维系双方的合作关系。

---

① 徐姝. 企业业务外包绩效影响因素分析 [J]. 技术经济，2006（4）：2 - 4.

② Gulati R. Network Location and Learning: the Influence of Network Resources and Firm Capabilities on Alliance Formation [J]. Strategy Management Journal, 1999, 20 (5): 397 - 420.

3.3.3 内包主导服务

内包主导服务是相对于外包服务而言，虽然形式上也是将外部的资源进行内部的融合，但是内包服务更强调客户企业的主导性。客户需求方通过建立内部组织部门引进外部的资源和服务提供者来满足企业特定的需求。这种服务形式产生的原因是因为外包的可控性较差、磨合周期的机会成本、客户的不良服务体验，企业机密信息的泄露、供需双方持续关系建立困难等。

从资源类型的角度来看，内包主导服务主要获取的资源是组合型操作性资源，操作性资源是基于知识和能力的隐性资源，因此很难从可见的外部行为上对其进行约束，从行为上控制资源提供方的服务活动和程度可操作性不强，这就产生了所谓的有限契约化（boundary contractibility），即因为在预见、观察及认知方面的有限性导致了交易成本的产生①。内包主导服务这种形势下，由于客户需求方对整个价值链体系有着绝对的控制权，同时服务和资源提供方是进入企业内部进行知识和技能的服务，从而能够更好地融入企业自身的业务流程，避免了外包过程中由于环境的不确定性造成的机会成本的上升和交易成本的增加，对于客户需求方来说，也能够很好地避免外包带来的企业信息泄露的风险。

通过上述分析，可以看出，契约治理和关系治理在内包主导服务中均会涉及，一方面，通过契约治理的方式，来明确供需双方的权责和义务，保障双方在一定的框架协议下进行规定内容的协同合作；另一方面，由于操作性资源是以信任、人力、知识、技能等为载体的无形的关系性资产，这种知识密集型的隐性资源，无法通过契约进行有效的管理和约束，因此也需要关系治理的参与，才能更好地开展内包主导服务。

---

① Clemons E. K., Hitt L. M. Strategic Sourcing for Services: Assessing the Balance between Outsourcing and Insourcing [R]. Operations and Information Management Working Paper, Wharton School of the University of Pennsylvania, 1997.

3.3.4 双赢外包服务

双赢外包服务是指通过双方企业的密切合作，达到预期的商业效果，并使合作双方都能从中获益。在这种模式下，双方企业都应该发挥自己的核心竞争能力，通过资源和能力的整合与协同，达到仅依靠自身力量无法达到的成就。通过约定，双方通力合作，通过各种激励方式双方都取得实实在在的利益[1]。

在双赢外包服务模式中，物流服务提供方为了达到客户的要求，为客户提供更好的服务质量，为客户创造更高的价值，会综合运用自身的各种资源、能力和技术，与此同时，也将相关的风险转嫁给自己。作为交换，享受外包服务的客户需求方也会通过投入资金或者高额利润分享来鼓励物流服务提供商进行高投入，以此来达到双赢的效果，建立长久的合作关系。在此种服务模式下，主要涉及对互连型操作性资源的运用，物流服务提供商通过提供互补性的知识、技能等操作性隐性资源，提升物流服务质量，创新物流服务内容，从而减少物流成本，进一步扩大客户需求方的利润空间。这种双赢的模式，促使客户需求方和服务提供方通力合作，共同致力于整体目标的达成及利益共享的实现。在合作过程中，需要双方互相融入，全局谋划，共同努力，整合双方的资源，创造共赢的合作氛围。客户需求方将物流服务外包，绝不意味着可以全身而退，不再管理企业的物流业务，而是需要频繁、紧密、定期的沟通来确定共同的目标，建立双方的信任，快速有效的磨合，建立和谐高效的合作关系。

从以上分析可以看出，双赢外包服务是从战略的层面上，致力于建立协调型的外包关系，需要双方在操作性资源上进行紧密合作，在治理

---

① Vitasek K. , Ledyard M. Vested Outsourcing: A Better Way to Outsource [J]. Supply Chain Management Review, 2009, 13（6）: 20 – 27. Vitasek K. , Ledyard M. Changing the Game: Going the Whole Nine Yards with Your Outsourcing Relationship [J]. Globalization Today, 2010（8）: 31 – 39.

方式上更倾向于关系治理，因为这种服务往往具有高度的战略性和互补性，需要客户需求方和物流服务提供方在建立信任合作关系的基础上，在知识和技能方面展开紧密合作。

3.4　物流集群服务生态系统价值共创的战术（T）

物流集群服务生态系统的价值共创是指各主体在运作过程中，运用自身的操作性和对象性资源，与其他主体进行协同整合，紧密互动，来共同创造价值。由此可见，在物流集群服务生态系统价值共创过程中，"资源整合"与"关系互动"是实现价值共创的基础和关键。从资源整合的维度看，物流集群服务生态系统价值共创网络中的各主体通过整合内外部不同类型的资源进行价值创造，整合资源的多少及整合程度的高低直接关系到价值共创能力的高低。从关系互动的维度看，各主体之间互动程度的高低直接影响到组织之间的关系质量，从而对价值共创能力产生重要影响。通过主体间资源的整合，会产生更多的物流服务形式，并且快速提升整体的物流服务能力，直接促进协同价值的提升。相对于资源整合对价值提升的直接快速作用，关系互动的作用则产生较慢，因为关系的建立和维护需要较长的时间。因此，对于资源整合这一维度而言，在整合初期，对协同价值的创造作用速度较快，但随着整合程度的不断提升，协同价值的创造趋于平缓；对于关系互动的维度而言，由于关系的建立和维护需要很长时间，因此在关系互动初期，协同价值的增长较慢，但随着关系互动关系程度的不断提升，协同价值也会有较快的增长。从长期来看，关系互动产生的协同价值会超过资源整合带来的价值。关系互动和资源整合二者是互相促进、相互影响的关系，资源整合会促进主体之间的关系互动，关系互动是资源整合的前提，两者共同推进主体之间的价值共创（见图 3 - 5）。

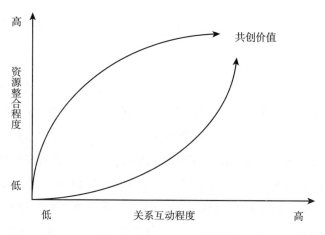

图 3 – 5　物流集群服务生态系统价值共创战术

3.4.1　资源整合

　　主体之间的资源整合是基于组织间协作网络范式的一种价值共创的战术。这是一种以业务流程为主体，职能服务为辅助的多维结构，通过建立统一的信息平台来支持各主体之间的信息共享，资源互补、业务流程重组等整合协同工作。在资源整合的维度下，各主体必须通过其他主体来打破资源约束，整合资源，获得整体物流服务能力的提高和共创价值的提升。

　　在合作过程中，主体物流服务提供商可以基于自身的互连型操作性资源，吸收和整合上游物流服务主体的对象性资源和操作性资源，从整体上，进行资源的组合和配置，为客户提供更好的物流服务。在此过程中，顾客作为主体之一，也会参与其中，提出自己的诉求，并参与到物流服务方案的设计和反馈当中。在此维度下，通过安排各参与主体的角色，确定合理的分工，各主体进行密集的多边联系和互动，进行资源的有效整合，在双赢互利的前提下来完成整体的目标。因此，也要求服务提供商具有较强的整合能力，能够很好的利用外部资源，进行合理的配置和整合，为客户提供高质量的物流服务，共同创造价值。因此，资源整合维度更看重物流服务提供商的资源整合能力、资源配置能力及学习能力。

3.4.2 关系互动

关系是经济活动开展的基石，不同于市场层级的任务导向关系结构，在网络组织中的关系是以互动为导向的，而且是针对整个网络组织内部各个节点间的互动和协同。物流集群服务生态系统的价值共创不仅是各个主体节点的连接，也不在于谋求低成本反复运用主体自身的各类资源，而在于通过不同主体节点企业的联合，进行资源的互补，发挥异质技术、信息、管理经验的互补和乘数效应。因此，对于物流集群服务生态系统的价值共创来讲，其核心问题并不是各节点企业联合后经济活动的边界问题，也不是联合后企业科层结构的重组，而在于各节点企业进行深度互动合作关系的构造上。

在物流集群服务生态系统价值共创过程中，各主体以客户需求为导向，互相合作，形成了一条物流服务链。在这个网络组织中，主导企业以关系质量为基础，与上游的物流服务提供商和下游的客户企业进行互动，从而增强各个主体之间的连接、信任、承诺及专有性关系的建立，进而增强网络组织中各主体的协同，在此基础上实现价值的提升和共创。

在物流集群价值共创的过程中，互动主要表现在主导企业与客户的战略互动及物流服务链各个企业之间的战术互动两个层面。因此，物流集群服务生态系统价值共创以关系质量为基础，通过战略和战术互动来维系各主体的关系，在建立长期战略伙伴关系的前提下实现物流集群服务生态系统的价值共创。

3.5 物流集群服务生态系统价值共创的规则（R）

罗宾森赫和斯图尔特（Ronbinsonhe & Stuart，2000）认为，在战略网络这种复杂关系中，治理规则的存在可以抑制机会主义行为，而如果缺乏有效的治理规则，各主体的不同利益所引起的激励问题将会影响合作者的合作行为并使战略伙伴关系失效。由此可见，物流集群价值服务生态系统共创能否顺利进行的关键在于，治理规则能否保证价值共创的各参与主体有强大的动机不利用各主体之间的资源差异性和信息不对称去牟取私利，能够保证各主体能够高效同步，有效互动，通力协作。

物流集群的服务生态系统价值共创的实施要求各主体共同参与，这必然要求各主体遵循相应的"规则"，才能保证价值共创的有效实施。

3.5.1　流程管理标准化

物流集群服务生态系统的价值共创是多个主体共同参与，横跨多个企业和相关组织，需要各个主体的协同配合才能完成，这种多个主体协同的复杂性会随着合作的深入逐步放大，并且价值共创过程是在较大的空间和时间的跨度下，容易受到各种内外部不确定因素的影响，因此，标准的流程管理是实现价值共创共同目标，降低不确定性风险的必然要求。

对于物流集群服务生态系统的价值共创来说，清晰明确地描述价值共创的目标、愿景、合作要求、协作过程、服务要求及服务系统，并将其转化为可操作性的工作计划和执行方案，是明确各主体责任、厘清权责关系、减少纠纷，避免机会主义行为的有效手段。

从具体执行层面，在物流集群服务生态系统价值共创过程中，需要做好以下几方面的工作。对服务功能进行描述，对各主体承担的权责义务进行界定；对服务流程进行描述，与各个主体进行沟通，从整体角度出发，根据客户的需求，制定标准化的服务流程，确定物流服务的提供过程；对业务流程协同要求进行描述，由核心企业主导，从整体上对各主体的资源进行整合，确定各主体的协同要求和目标；对考核目标进行描述，明确各主体业务协同的考核目标构成；服务价值测评，根据上述考核指标，从价值增值的角度对各主体达成目标进行考评，分析各主体在价值共创中的贡献以及对整体竞争提升的效果，制定绩效改进的流程优化方案。

物流集群服务生态系统的价值共创带来的效果可以通过客户满意及整体绩效来进行衡量。而这些成果是通过各主体的协同合作产生的，协作的水平直接关系到价值的产出，一个良好的流程管理是协作的基础，因此，在不断变化的激烈市场竞争中，制定并持续改进物流集群价值共创的流程，是价值共创得以持续的基础。

3.5.2 优化合作层级

物流集群服务生态系统价值共创的合作层级越多，主体协调的复杂性越高、难度越大。因此，物流集群服务生态系统在进行价值共创时，应尽量选择综合能力较强的主体，减少物流服务外包的层级，便于进行控制和整合。

具体可以从以下两个方面着手：一是增加对参与主体的前期综合评价，通过对合作各方综合物流服务能力、服务质量、业内声誉等信息的收集与分析，对参与主体进行筛选和评价；二是建立物流服务提供商的竞争机制，通过外包业务量的竞争，激发物流服务商之间的竞争，从中筛选出能够承接多种物流业务的、具有综合性物流服务能力的提供商，从而达到减少合作层级的目的。

3.5.3 关系资产投入

各主体之间关系资产的投入是协作的必要条件，要提升整体的服务竞争优势，物流企业就必须选择与其相连接的拥有特定资源和关系资产的物流服务提供商。只要主体企业双方愿意进行关系性专有资产的投资，就有可能通过协同合作提高整体的竞争优势。

威廉姆森（2007）将专用性资产划分为三类：第一类是厂址的专有性；第二类是物质资产的专有性；第三类是人力资源的专有性。合作双方通过在这些专有资产的投入和合作，能够显著地降低运营成本，增强物流服务的多样性，提高物流服务效率来实现超额利润。这三种类型的专用性资产对各主体的合作产生的影响是不同的。人力资源的专有性，包括在协同合作中，所产生和积累的物流服务的信息、知识和经验等以及对专有性物质资产的投入，是建立在合作方对彼此的认同和默契的基础上，更容易产生路径依赖，让竞争对手难以模仿，同时因为合作主体在这些专有资产上资金和知识的投入，增加了随时撤销合作的成本，因此，对专有性人力和物质资产的投入，更有利于各主体长期合作关系的建立和持续；但厂址和部分物质性资产（资金、更新较快技术或者设备等），随时间推移，专用性会逐渐丧失，主体的合作关系可以随时中断。

由于物流关系性专用资产的投入一般是预付的，且投入成本高，投资回收期长，通常是在物流业务广度和物流服务规模达到一定程度，能确保投资主体在一定时间内收回成本时，合作主体才有意愿进行投入，也只有达到这个条件，各主体协作的效率才会得以提高。

3.5.4 信息知识共享

信息知识共享是物流集群服务生态系统价值共创的关键环节。从服务提供方来看，信息知识共享能够有效地消除供应链中的牛鞭效应，采用先进的信息技术是物流服务商提高物流服务的有效途径。信息知识共享是物流集群服务生态系统价值共创网络中各主体建立、维护和巩固长期战略关系的有效手段。通过信息知识共享，减少各主体之间的信息不对称，提升原有信息的知识价值，形成物流集群服务生态系统价值共创网络中的信息知识储备，提升整个物流服务水平的同时，提高价值共创的绩效。

从客户需求方来看，在非价值共创网络中，企业客户通常只关注其与服务提供商之间的二元关系，企业客户一般不会直接参与服务提供商的运营，但是在价值共创的环境中，特别强调客户的参与，企业客户为了及时作出准确的决策，会要求服务提供商进行信息的共享，这种要求会促使服务提供方进行信息化的建设，促进与价值共创网络中其他主体信息系统的整合和对接。

除此之外，信息知识共享会加速客户需求方与服务提供商的知识互补和能力整合，从而形成更强的物流服务能力和服务质量；信息共享会进一步加强主体之间的信任，从而促使主体之间的亲密合作互动，通过协作进一步拓展服务范围，有利于达成服务创新；通过各主体之间的信息共享还将进一步促使物流服务的同步化，提高物流服务的效率，降低物流服务成本，达到各主体的共赢，从而促使各主体之间长期战略合作关系的形成。

3.5.5 资源利益共享

在物流集群服务生态系统价值共创过程中，不仅客户需求方与各类物流服务提供企业的关系有了深刻的变化，物流服务的主导企业和其他物流服务提供商的关系也有所变化。在价值共创的过程中，各主体进行资源投入，通过协作，整合不同的资源要素，形成了新的服务能力，这种服务创新产生了更强的竞争优势，提升了各主体的竞争能力。

物流服务的主导企业相对于其他合作服务商来说，具备更优质的外界资源和协作整合经验。主导企业可以协同各合作主体的资源配置，鼓励主体之间的资源共享，推动物流服务质量的提高。物流服务主导企业对于整体效益的关注主要在选择具有战略互补性资源的服务提供商方面，并在此基础上，进行各主体资源的匹配和整合并将其导入客户服务过程中，实现价值共创。

物流服务主导企业虽然是资源的集成和整合者，但并不意味着对其他主体核心能力的占有，而是通过整合和互补来提高整体的物流服务水平。其他主体也不会因为资源和能力的投入而丧失自身的竞争优势，主导企业的这一定位会消除其他参与主体被整合时的顾虑。

正是因为协同的目的是资源互补和能力合作，从而形成整体的核心竞争力，因此，物流集群服务生态系统价值共创网络中的各主体必须做到利益共享。在满足客户需求的前提下，各参与主体在提供物流服务后所获得的受益要超过其在物流服务市场的平均受益，才能保证各主体的参与积极性，维持价值共创网络的稳定。超出市场平均受益的部分主要来自主导企业通过自身的资源、影响力和协同等方面的能力，对各主体资源进行整合后形成的新的服务能力和更强的竞争力。因此，主导企业获得收益的大部分应来源于价值增值部分。

为了实现利益共享，各主体之间通过信息共享、资源互补、协同合作建立起紧密的组织合作关系。组织间的关系通常被视为一种替代方案来避免集成商实施纵向一体化①，在消除各主体顾虑的同时，来保证各主体之间的利益共享。这种关系的建立需要各主体的共同配合及努力。这也要求各主体企业除了具备区域物流服务能力和功能性专业化服务能力之外，还要具备一定的适应能力、协同能力和学习能力。适应能力，能让参与主体更好地配合主导企业对各集成主体的战略定位；协同能力，能让各参与主体能够更好地进行资源协同、业务合作，从而实现服务和需求的同步；学习能力能使各主体在知识溢出效应下互相学习，提升自身的能力和竞争能力。

3.5.6　主体行为规制

在物流集群服务生态系统价值共创过程中，需要各主体的协同，而适当的行为规制是确保协同的必要条件。

有效的契约对交易成本的降低及各主体创造价值的积极性有正向作用，既可以帮助主体在既定专用性资产投资水平下，降低交易成本，获取竞争优势，又可以通过合理高效的规制，促进各主体在价值共创过程中，投入更多的关系性专用资产，建立良好的长期合作关系。一旦缺乏有效的规制约束，各参与主体就难以实现有效的资源互补和协同合作，难以规避各主体的机会主义行为，无法建立可持续性的长期合作关系。

从经济学的角度来看，主体之间的企业的契约主要是两种类型。一类是有由第三方实施的协议，另一类是由自身实施的协议。第三方协议是在各主体发生冲突时，由第三方来进行裁决，而自我实施协议强调的是主体自身的自律和制度安排。对于物流集群服务生态系统价值共创中的合作来看，自我实施协议要优于第三方协议。因为物流集群服务生态系统的价值共创首先是建立在各主体互相信任的基础上的，自我实施协议正是基于各参与主体的互信互利，要增强物流服务合作合同的合理性，

---

　　① Payan J. M. A Review and Delineation of Cooperation and Coordination in Marketing Channels [J]. European Business Review, 2007, 19 (3): 216-233.

在协议当中应该对合作内容、合作标准、各方的权责义务及惩罚标准进行明确规定，在避免合作风险的同时，保证各主体的利益。另外，为了适应变化多端的激烈的市场竞争环境，合作规制是可以进行修改的。在自我实施的规制下，各主体合作关系的维持，不仅仅取决于合作契约的期限，更依赖于各主体之间的默契、信任和理解，这些要素的作用时间越强，关系的持久性也就越长，整体的竞争力也就越强。

3.5.7　及时回顾评价

在物流集群服务生态系统价值共创过程中，每一个合作层级都要进行定期回顾和及时评价，及时地发现合作和服务当中的问题，将问题在萌芽状态下就予以消除，避免给整个价值共创网络带来更大的损失。

为了做好这项工作，在物流集群服务生态系统价值共创过程中，就应该做好信息的搜集整理工作，对其进行科学的分析和评价，形成改进方案，并注意关注市场环境的变化和走向，及时地调整物流服务方案和合作方向，营造有利于物流集群价值共创的环境氛围。

3.6　物流集群服务生态系统价值共创的附加值（A）

物流集群服务生态系统价值共创并不同于制造业技术服务的价值创造，制造业技术服务的价值创造贯穿整个技术的开发应用，物流集群服务生态系统的价值共创落脚点仍然是服务，通过在服务系统的各个环节中进行有效的整合和创新，为客户和整个价值共创系统带来意想不到的乘数效应。物流服务的中间层级越多，物流价值共创网络中的分工越细，这种乘数效应就越明显。物流集群服务生态系统价值共创过程中，通过各个主体之间资源的整合和协同，使得物流价值共创的价值更加多元化。

从物流服务的特点出发，物流集群服务生态系统的价值共创所产生的附加值可以分为作业价值、产品价值、客户价值、行业价值、经济价值和社会价值。

3.6.1 作业价值

运输、配送、仓储、装卸搬运、信息处理等是物流系统中最基本的功能要素，这些物流作业同时也是物流价值链中最基本的元素，是实现价值共创的主要着力点，其目标是为客户创造超过其运营成本的价值。物流集群价值共创过程中，各节点企业在日常运作中，通过与其他主体的资源整合和协同，必然会带来物流企业内部物流功能服务能力的提升，进行服务创新，为客户创造更高的作业服务价值。物流服务的作业价值表现为通过作业效率的提高和服务能力的提升，为客户创造价值，减少损耗，降低运营成本，实现价值创造。具体体现在物流服务对价值贡献程度，包括物流服务的有效性，即通过物流服务能否提高产品和服务的价值，还包括物流服务的增值性，即物流服务作业价值能否涵盖物流作业过程中消耗的各类成本。

物流服务作业价值揭示了物流企业价值链中作业、成本、服务和客户的内在联系，物流企业只有为客户提供有价值的物流作业服务才能实现客户企业的价值创造，因此，物流集群价值共创网络，可以利用各主体各组织之间的网络资源，优化物流服务的作业流程，提高物流服务作业的有效性和增值性，提升服务作业价值，从而增强物流集群价值共创网络的价值创造能力。

3.6.2 产品价值

根据波特的价值链理论，物流集群价值共创的最终输出是产品和服务，具体体现在参与主体企业的服务功能和服务水平等方面。物流服务这种产品的使用价值是指物流服务能够满足客户需求的服务功能、服务效率及服务质量的综合性体现。物流服务的产品价值是指为了实现物流服务而配置的硬件和软件资源在服务过程中消耗的有效性和增值性的一种度量，这些资源是实施物流服务的重要基础和载体。因此，物流服务的产品价值取决于客户和市场对企业所提供的物流服务的认可和接受程度，其货币化表现为，客户为使用物流服务所支付的价格。在物流集群服务生态系统价值共创过程中，物流主体之间的网络化发展，便于各主体和组织之间的资源共享和整合，在形成多元化物流服务的同时，完善物流服务功能，提高物流服务的使用价值，实现价值共创的目标。

3.6.3 客户价值

价值共创理论强调客户的参与，在物流集群价值共创过程中，客户的需求是价值共创的重要驱动力，物流集群的价值共创首要的就是为客户创造价值。对于客户来讲，其花费成本使用物流服务的目的是获得业务上的利润收益。客户获得价值的大小与客户的利益诉求、耗费成本和财务预算等因素有关。对于物流企业来说，其价值创造要靠对客户的需求引导、提高物流服务质量、提高客户对企业物流服务的满意度来实现。物流企业要为客户创造价值，不仅要提供优质的物流服务满足客户对物流功能的基本需求，而且要通过合理化的物流服务设计来优化物流服务功能，提升客户的物流服务效率，降低客户的物流运营成本，让客户获得良好收益的同时，促进物流企业的价值创造。在物流集群的价值共创过程中，通过不同企业和组织的资源整合，能够满足单个企业无法提供的综合性物流服务，能够为客户带来个性化、一站式的物流服务体验，在提升整体物流服务水平的同时，也为客户创造更多的价值。

3.6.4 行业价值

物流集群服务生态系统的价值共创涉及物流企业、科研机构、中介组织等多个主体，物流企业与多个主体和组织相互作用，进行资源的共享与互补，创新物流服务形式，多元化物流服务内容，便于知识的流动和创新。多个主体在价值共创的过程中，通过复杂的相互作用，使得物流企业的服务创新朝着常态化、集群化、衍生化和关联化的方向发展，从集群拓展到整个物流行业，提升了整个物流行业服务水平的同时，也提高了物流行业创新的规模和效率。

物流需求是衍生需求，物流服务水平的提高不仅反映在自身运作效率的提升，更体现在对国民经济其他行业的支撑作用上面。因此，物流行业服务质量的提高以及服务效率的上升，也能带动其他行业运营效率的提升，从而带动国民经济其他行业的快速发展。

综上所述，物流集群的价值共创的价值不仅体现在自身行业效率的提升，还体现在对其他行业的支撑作用上面。

3.6.5 经济价值

一切经济活动的基本目的都是为了获得经济上的收益，物流集群服务生态系统价值共创也不例外。在物流集群服务生态系统价值共创过程中，参与主体在满足客户需求的过程中，给客户创造了时间价值、空间价值、柔性价值、安全价值、可靠价值、社会价值，其最终目的是客户创造经济价值，这些价值的创造过程也是物流企业服务能力的体现，而经济价值则是对物流企业服务价值的经济考量，是从市场的角度对物流服务结构的直观体现，是物流企业对于客户期望利益目标的实现程度，也是顾客选择物流企业的首要考虑因素。对于物流服务业来说，需求是市场经济的主导，物流企业的服务价值不仅仅是为客户提供物流功能性服务，还要能满足客户对经济利益的要求，只有如此才能实现物流企业自身的利益。物流集群服务生态系统价值共创的经济价值可以表现为客户使用物流服务比自营物流或者其他服务提供商更多的收益，也可以表现为比自营物流或者其他服务提供商更低的服务成本，更好的服务效率方面。

3.6.6 社会价值

物流集群服务生态系统价值共创的社会价值是指物流主体通过积极地承担社会责任为顾客创造的利益。从物流功能的角度来说，物流企业通过在运输、仓储、流通加工、包装、装卸搬运等功能服务环节为客户提高效率，降低成本，从而创造客户价值，但是，物流集群在提供物流服务的同时也在消耗各种资源和环境成本，如废弃物污染、空气污染、噪声污染等。这些问题在一定程度上违背了全球可持续发展的战略原则。

　　随着环保、可持续发展观念的深入人心，客户对物流企业的认可不仅仅停留在企业是否能够提供优质的物流服务，还会考虑这个企业是否具有社会责任感，这些都成为客户进行服务提供商选择的重要因素，因此物流企业不能只着眼于服务功能的完善和服务质量的提高，还要将对社会和环境的高度关注融入到日常的运营中去，将与环境共生的可持续发展理念贯彻到企业的文化中去，有目的、有计划地提高自身创造社会价值的能力，提升企业的社会形象，增强企业品牌价值和效应，在获取更多的顾客资源同时，进一步将自己社会价值的创造能力塑造成企业核心竞争力。

第4章

物流集群服务生态系统
价值共创过程

4.1 物流集群服务生态系统价值共创逻辑

物流集群服务生态系统价值共创的前提之一是各参与主体的合作互动，从社会交换理论的角度来看，主体之间的互动就是一系列相互依赖的交换行为，涉及更大的信息和灵活性①。社会交换理论为理解物流集群服务生态系统价值共创主体之间的交互行为关系提供了理论指导，可借助其关于交换的基本假设、基本类型及交换关系的理论来对物流集群服务生态系统的价值共创行为进行逻辑分析（见图4-1）。

4.1.1 物流集群服务生态系统价值共创的基本假设

基于社会交换理论的基本假设，本书认为，在物流集群服务生态系统价值共创过程中，存在着两个基本假设：一是参与主体都是理性的；

---

① Cropanzano R., Mitchell M. S. Social Exchange Theory: An Interdisciplinary Review [J]. Journal of Management, 2005, 31 (6): 874–900.

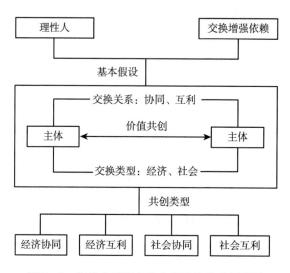

图 4 - 1　物流集群服务生态系统价值共创逻辑

二是各主体通过交换增强彼此的依赖关系。布劳（Blau，1964）指出，人类进行交换的根本目的是从交换中获益。人类在各种可供选择的潜在合作伙伴或行动方案中根据自身的偏好选择最优路线方案，那些不符合目标取向、受非理性情绪力量促成的行为均不属于社会交换行为。

在物流集群服务生态系统价值共创中，第一个假设主要体现在各参与主体进行价值共创的动机方面，包括：自我权益、共同权益及他人权益。其中自我权益动机是各主体利己的体现，共同权益动机强调价值共创各参与主体的合作及共同收益，他人权益来源于利他动机，强调的是其他参与者对于自己的收益。自我权益表现出明显的经济理性，共同权益以及他人权益更多体现的是参与主体对互惠互利的渴望。总体来讲，不论哪种动机都蕴藏着理性主义的假设。

第二个假设是通过交换活动能够增强主体间的相互依赖关系。在物流集群服务生态系统价值共创过程中，各行为主体通过资源交换、协同合作，逐渐发展出相互依赖的关系，增强了主体之间的信任。在物流集群服务生态系统价值共创过程中，关键不是参与主体的多寡，而是主体之间通过交换活动建立的相互信任、互相依存的合作关系，这是物流集群服务生态系统价值共创的前提和基础。

4.1.2　物流集群服务生态系统价值共创交换内容

1. 交换类型

结合社会交换理论，本书认为，物流集群服务生态系统价值共创的内容主要涉及经济交换和社会交换两种类型。

从广义来看，社会交换是"一种至少在两个人之间有形的或无形的、有酬劳或有付出行为之间的交换"[①]。从狭义来看，社会交换是"人们期望从别人那里得到并且一般能够得到回报所激励的自愿行动"[②]。社会交换与经济交换的显著区别是，社会交换会引起未加规定的任务。经济交换是指商品所有权的有偿让渡，即在一定制度基础上不同商品所有者之间以严格契约规范而形成的法权关系[③]。在经济交换活动中，需要严格按照契约的规定执行，如果违约会受到合同规定的相应惩罚。虽然社会交换各方对交换效果也有着某种期待，但是这种期待的确切性质并没有明确的约束和规定，只是基于彼此的信任，各方才会履行义务。

在企业管理的实践中，企业为了在激烈的行业竞争中胜出，往往会通过与其他企业建立合同关系来解决代理问题和规避机会主义行为[④]。而在物流集群服务生态系统价值共创中，各主体之间并非都是基于经济交换的契约关系，非契约关系才是物流集群服务生态系统价值共创的重要特征。

2. 交换关系

物流集群服务生态系统的价值共创涉及各主体之间的经济交换和社

---

①　Homans G. C. Social Behavior [M]. New York：Harcourt, Brace and World, 1961.

②　Blau P. M. Exchange and Power in Social Life [M]. New York：Wiley, 1964.

③　龚天平，李海英. 论经济交换的伦理价值及其道德规则 [J]. 河海大学学报（哲学社会科学版），2015，17（1）：20 - 26.

④　Williamson O. E. Strategizing, Economizing and Economic Organization [J]. Strategic Management Journal, 1991（12）：75 - 94.

会交换，这必然会促进主体之间协同关系和互利关系的建立。与此同时，交换方式的差异也会导致交换关系的不同。价值共创主体通过经济交换形成协同关系，这种关系一般时间较短，主体之间的联结较弱；价值共创主体通过社会交换形成互利关系，这种关系一般是长期的，主体之间的联结较强，关系更亲密①。协同关系基于讨价还价和有约束力的安排，交换主体遵循离散的双边交易条款②，互利关系是基于主体自愿和行为互动的结果。

协同关系和互利关系的区别主要存在于以下三个方面。

第一，主体交换结果的随机性。在互利关系中，主体交换结果取决于单个主体的行为，利益可以单向流动，即主体不仅可以选择对对方没有回报的交换行为，也可以选择从其他主体那里获得利益但不给予回馈的交换行为；在协同关系中，交换的结果取决于主体双方的共同行为，有效地规避了利益的单向流动，在协同关系中，利益的流动是双向的，这也是协同关系建立的前提。

第二，主体获取交换信息的程度差异。在协同关系中，各主体需要不断地沟通和交流来进行决策的制定，在双方讨价还价的协商过程中，各主体之间的交换信息是透明的，对交换信息的掌握是对称的。在互利关系中，各主体之间的沟通较协同关系情境下相对较少，各主体对交换信息的掌握程度较协同关系低，交换的各主体存在着信息的不对称，因此交换主体不能提前预知交换利益的回报。

第三，交换公平出现的时间差异性。在协同关系中，价值共创各主体每次的交换都会事先拟定协议，确保事先共同利益的前提下，确认各参与主体交换的公平或不公平结果；在互利关系中，公平或不公平的结果是随着时间推进逐步呈现的，是由行动主体之间的交换频率和得到的互利价值决定的③。

---

① Cropanzano R. , Mitchell M. S. Social Exchange Theory: An Interdisciplinary Review [J]. Journal of Management, 2005, 31 (6): 874 – 900.

②③ Molm L. D. Theoretical Comparisons of Forms of Exchange [J]. Sociological Theory, 2003, 21 (1): 1 – 17.

4.1.3 物流集群服务生态系统价值共创的类型

基于物流集群价值共创的基本假设及对物流集群价值共创交换内容的剖析，以交换类型和交换关系为分析维度，将物流集群服务生态系统的价值共创划分为四种类型：经济协同型、经济互利型、社会互利型和社会协同型（见图 4 - 2）。

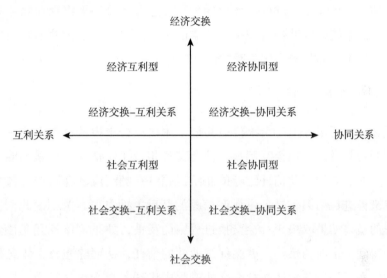

图 4 - 2　物流集群服务生态系统价值共创类型

1. 经济协同型

物流集群服务生态系统价值共创主体在经济交换中，形成了协同关系，即经济协同型。在这种价值共创的类型中，价值共创各主体通过频繁地沟通和交流，协商各主体的合作内容，制定共同遵守的契约合同，明确各自的权责义务，各主体预知成本和收益，并对交换信息有着足够的了解。各主体的共同努力决定着价值共创共同目标的实现，利益流动是相互的、多边的。这种类型的价值共创通常对人际关系涉及较少，价值共创主体的交互行为多为在共同协议基础上的短期行为。

2. 经济互利型

经济互利型是指物流集群服务生态系统价值共创各主体在频繁的经济交换中建立的互利关系。在这种类型中，价值共创各主体通过反复多次的经济交换活动，使得各主体的互动不断加深，关系的亲密度逐渐增强，信任度逐步加强，合作各方建立起基于信任的互利关系。因此，价值共创各主体不再局限于短期的经济交换行为，而是在相互信任的基础上，建立一种长期互利的合作伙伴关系。这种类型一般出现在物流集群服务生态系统价值共创合作关系建立的过渡阶段，是价值共创各主体从短期合约关系向长期合作关系的转变时期。

3. 社会互利型

物流集群服务生态系统价值共创主体在社会交换的过程中形成了一种互利的关系，即社会互利型。社会交换相较于经济交换的联系弱，是依靠交换各方的彼此信任进行的联结，并没有契约或者合同来对各方的权责义务进行约束，是各主体在信赖的基础上的自愿行为。因此，各方合作的最终结果取决于社会交换过程中的反馈，如果主体各方在社会交换中得到了正向的反馈，就会促进彼此的信任，从而建立各主体之间的互利关系；如果各主体在社会交换过程中出现了机会主义行为，打破了各方的利益平衡，或各方没有通过合作得到预期的回报，则可能导致社会交换行为的终止，无法建立彼此之间的互利关系，价值共创也无法实现。在物流集群价值共创体系中，存在着大量的基于信任的互利关系，而社会互利型正是这种关系的体现。客户主体价值的最终实现不仅需要物流服务主体提供产品和服务，还需要相关的主体提供配套的服务和协助，虽然服务主体和其他主体之间可能不存在直接的经济交换关系，但从整体来看，服务主体和其他主体存在着互补和互利的关系，通过社会互利型价值共创，各主体会逐渐建立起长期的互利合作关系。

4. 社会协同型

社会协同型即物流集群服务生态系统价值共创各主体在进行社会交

换过程中,彼此之间建立的协同关系。在这种类型的价值共创中,如果各主体在频繁的社会交换中不断地获得正反馈,各主体之间就会建立紧密的长期互利关系,并不断地增强这种正反馈,形成物流集群服务生态系统价值共创的良性循环;由于社会交换并没有确切的契约和合同,规定各方的权责义务,一旦出现不符合主体预期回报的情况,有可能会对各主体之间的互利行为产生消极的影响甚至消失,不利于主体之间长期互利合作关系的建立,也会进一步破坏主体之间的信任关系。由此可见,信任是社会协同型价值共创实现的关键,因此,社会协同型价值共创一般发生在已建立合作互利关系的主体之间,此时各主体之间已经建立信任,合作关系非常紧密,可以在互利关系的基础上推动价值共创的进行。

4.2　物流集群服务生态系统价值共创结果

4.2.1　服务提供主体的价值共创结果

物流集群服务生态系统的服务提供主体,主要是物流集群内部的物流服务企业。物流服务企业进行价值共创的过程是其综合能力和业务经验的融合,涉及与多个参与主体的合作和协同。从物流服务企业的角度来看,在价值共创过程中所创造的价值包括服务价值、品牌价值和创新价值。

物流服务提供企业通过分析物流服务需求方的需求规律,进行物流服务的改进和重新设计,响应服务需求方的价值诉求,创造与需求方的可持续互动,将需求方的价值诉求嵌入物流服务的设计和运作过程中,从而获得更高的服务价值。

物流服务提供企业在价值共创过程中获得的另一个价值是品牌价值。随着物流服务企业对服务需求方逐步深入地了解,物流服务提供企业可以获得传递和获取价值的新途径,即通过创造极具特色的品牌来唤起服务需求方的情感共鸣,提出与目标需求方相匹配的卓越品牌主张,突出服务需求方在意的服务特色和要求，并将服务需求方的注意力吸引到品牌的边际效益，从而带来更多的价值共创机会，这些价值都会通过收入、利润等方面得到体现。此外，物流服务提供企业通过品牌价值的建设，可以更有效地被服务需求方识别，有助于获得更多的客户，有助于价值共创的沟通、服务和使用机会。

创新价值是物流服务企业参与价值共创的一个重要产出，物流服务企业在参与价值共创的过程中，通过与服务需求方持续地交流与互动，形成了新的价值主张，通过与其他主体的横向和纵向的互动，进行资源互补和整合，产生了新的操作性资源，形成了更多的服务组合、更全面的物流服务能力。物流服务提供企业通过物流服务定制、共同服务，综合性、个性化的物流服务等获得创新价值。

4.2.2　物流客户需求方价值共创结果

对于物流客户需求方来说，通过参与物流集群服务生态系统的价值共创，可以获得一个广泛的价值集合，主要包括经济价值、服务价值、体验机制和社交价值。

经济价值是物流服务需求方通过与其他主体一起参与价值共创，提出自己的价值主张，与其他主体进行持续的沟通与互动，并提供适当的资源交互，发挥自身的营销优势，成为价值共创中的重要参与主体，实现主体整合的红利和经济效益。

服务价值是指物流服务提供方提供的服务价格、服务质量、服务功能等对服务需求方的满足程度。物流客户需求方通过与服务提供方和其他主体的互动，提出自己个性的服务要求，整合协同操作性资源，产生更符合自身要求和利益的物流服务产品，为自己创造服务价值。

体验价值反映物流客户需求方的自我成就感、愉悦感、价值认同感等方面的体验，是产品和服务引入自我概念的社会文化属性，是指物流客户需求方在价值共创过程中所体验的幸福感和愉悦感。通过价值共创，物流客户需求方与其他参与主体的持续沟通和深入互动，获得了社会交际和人际交往的体验，向其他参与主体表达了自身的价值诉求并得到不同程度的满足，诠释了物流客户需求方在价值共创关系中的认知、情感和行为，从而产生体验价值。

社交价值是指物流客户需求方通过与其他参与主体的资源分享、互补和整合，为他人提供价值主张、信息互动、知识共享、社交实践、资源支持等，通过这些行为，培育和支持与他人良好的非商业关系，满足物流客户需求方社会价值的需求。

4.2.3　其他利益相关方价值共创结果

物流集群服务生态系统的价值共创活动相比传统的物流企业集群交易活动所创造的社会价值更为显著，通过物流集群的价值共创，各个参与者之间进行互动交流、信息共享、资源整合，在推动自身成长的同时，在很大程度上推进了物流服务市场的创新和进化，也促进了物流服务实践中新知识、新技术的产生。通过各参与主体的共同创造，大大便利了各个利益相关者之间的信息和技术流动，将能力、知识结合起来，实现多赢。与此同时，通过与其他利益相关者的资源共享和交换，参与者可以以较小的成本实现新服务、新产品的开发，推进了产品和服务的更新换代，最终实现社会资源的增值。通过物流集群的价值共创活动，使得物流产业能够实现对其他相关产业更好的支撑和辅助，吸收过剩产能，盘活社会存量资源，扩大消费者的有效需求；通过不断地将技术和服务社会化，加强新技术的开发和运用，促进有效市场的形成。此外，物流集群的价值共创活动，使得参与主体能够从整体上运用和整合资源，从而更关注资源的使用效率，降低整体运营成本，对市场环境造成良好的影响。价值共创活动，也使得各个参与主体超越自身利益，创造出超越个体组织边界的融合价值，并从整体上促进社会生产活动的高效运作。

4.3　物流集群服务生态系统价值共创过程模型

根据物流集群价值共创的逻辑和结果，可将物流集群服务生态系统的价值共创分为三个阶段，即驱动阶段、形成阶段和产出阶段（见图4-3）。

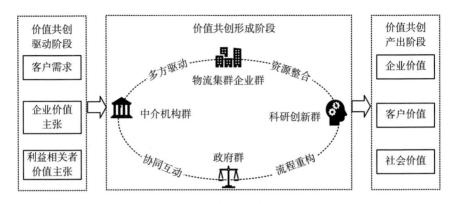

图4-3 物流集群服务生态系统价值共创过程模型

4.3.1 价值共创驱动阶段

在物流集群服务生态系统的价值共创驱动阶段，各参与主体提出自身的价值主张，客户提供自身的价值诉求，根据服务提供方的价值主张来进行选择；服务提供方围绕客户方的物流需求，将物流服务提供企业的能力与客户的需求进行匹配；利益相关者主体则配合物流服务需求方，为其提供技术支持、知识服务等辅助性活动，为价值共创做好准备。

在物流集群服务生态系统中，物流服务提供方的参与主体，各有自己的动机、期望和目标，服务提供商根据其自身能力和占有资源提出自己的价值主张，客户需求方根据自身的偏好和需求提出价值诉求，其他利益相关者也根据各自的动机和目标提出各自的价值主张。从物流服务供给侧来讲，一旦物流服务提供商提出了自身的价值主张，客户需求方就会对其进行考察，来决定是否接受或忽略服务提供商的价值主张，因此，服务提供方主体的价值主张应该着重考虑消费者的喜好和需求特点，同时也要考察竞争对手的竞争优势，给消费者提供个性化综合性的物流服务。服务生态系统理论中，特别强调消费者的参与，物流服务需求方的价值诉求是推动物流集群价值共创的重要驱动力。从需求侧来看，物流服务需求方的价值诉求凸显自身的偏好和需求，更加专注于服务选择过程，如收集相关信息，用于对比、评估，并最终进行服务提供方的选择。在进行价值共创活动前，物流服务提供者的相关知识和技能必须与客户需求主体的相关技能、时间和其他资源有效的结合，才能构建各主体之间的共创关系，形成价值共创意愿。

4.3.2 价值共创形成阶段

在物流集群服务生态系统价值共创的形成阶段，各参与主体在多方因素的驱动下参与到物流集群价值共创中来，通过协同互动、资源整合、流程重构，实现整体价值共创目标和产出的过程。

物流集群服务生态系统的价值共创运作主要是由客户需求驱动的，围绕客户需求，各主体进行横向和纵向的深度互动，这种类型的互动是非结构化和相互依赖的，是价值共创的内生因素。通过互动，各主体对彼此有了深入的了解，围绕共同的目标，从整体上对各主体之间的资源进行共享、协同及整合，这类资源可以是企业资源，也可以是市场资源和社会资源，通过对参与主体多种类型资源的整合，形成新的服务能力，对服务流程进行重构，在提高自身能力的同时，提升客户满意度。

4.3.3 价值共创产出阶段

物流集群服务生态系统的价值共创产出阶段，是通过各参与主体的深度协同合作，在实现多方共赢的同时，产出的企业价值、消费者价值和社会价值。

从供给侧来看，物流服务提供企业在对客户物流需求深度解读的基础上，整合整个服务生态系统的资源，进行物流服务的设计、创新和升级，使得物流服务更加个性化、差异化，服务水平得到了很大的提升，增加了企业的绩效；此外，通过对客户需求的识别及客户的深度参与，改进了企业物流服务研发的前端流程，对客户产生了积极的品牌影响力，加强了客户需求方对企业的认可。

从需求侧来看，客户需求方积极参与到物流服务生态系统的价值共创中，提出自身的价值主张，将其知识、技能、偏好应用到价值共创过程中，获得了个体化、定制化的物流服务并取得经济效益，满足了客户需求方对服务的个性化需求，获得了极致的服务体验。

从社会层面来看，通过物流集群生态服务系统的价值共创，各参与者之间进行持续的交流和沟通，不断地整合和协同彼此的资源，有利于整个社会的物流服务创新，提升整体物流服务质量，更好地发挥物流行业对其他行业的支撑和辅助的作用，节约了社会经济运行成本，创造了可观的社会价值。

第5章

物流集群服务生态系统价值共创演化机制

5.1　物流集群服务生态系统价值共创的发展演进

物流集群服务生态系统的价值共创是一个不断发展演变的过程，就其发展阶段来看，前一阶段为后一阶段的发展奠定基础，后一阶段是前一阶段的必然延续。本章节将基于物流集群服务生态系统的发展过程，来探讨其在不同发展阶段的各项特征和演化特点。

5.1.1　演进阶段

1. 价值共创初始阶段

初始阶段是物流集群服务生态系统价值共创的起步时期，涉及的参与主体类型较少，交互程度浅，主要是物流服务企业和客户需求方，是典型的二元互动结构。价值在物流服务企业给客户需求方提供物流服务时产生，对价值共创过程的控制方面表现出明显的内向聚焦（见图 5 - 1）。

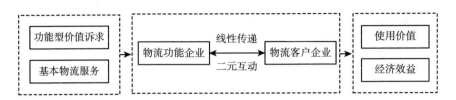

图5-1　价值共创初始阶段

（1）参与主体。

在初始阶段，物流集群服务生态系统的参与主体类型少。一般来说，主要涉及集群的物流服务提供企业、物流服务需求方，其中物流服务提供企业在此阶段起主导作用，企业主要聚焦于服务的研发、营销，虽然与客户有一定的交流，但主要局限于服务的营销、服务的提供，此阶段企业与客户的合作交互程度较浅，一般由消费者提出服务需求，企业匹配适合的资源，提供相应的物流服务，顾企双方都处于一种被动接受价值共创的状态，还未形成自发的价值共创意识。

在此阶段，物流服务的提供是价值共创的基础，价值共创的方式是直线的、静态的。价值共创的过程是物流服务企业根据消费者需求匹配相关资源，为客户提供物流服务；客户需求方还没有完全参与到价值共创的过程中，物流服务企业不太重视客户对价值共创的参与和贡献，忽略了客户操作性资源的无形价值。因此，在物流集群服务生态系统的初始阶段，物流服务企业以服务产品为基础，将重心放在对客户需求的功能性满足上面，而忽略了客户需求方其他方面的价值主张。

（2）价值创造。

在初始阶段，物流服务企业通过识别客户需求，利用自身的各项资源，完善服务功能，丰富服务的种类，为客户需求方提供各种标准化的物流服务。物流服务企业仍然是商品主导逻辑导向，认为服务价值由物流服务企业单独创造，将客户需求方视为被动的服务接受者。此阶段，还未形成价值共创网络，物流服务企业与客户需求方交互的目的主要是为了进行交易。

（3）价值循环。

在初始阶段，物流服务提供企业将主要的精力集中在如何提高物流服务质量，提升服务效率，营造竞争优势等方面，注重物流服务和性能相关的功能创建，价值的传递是线性的，是从物流服务提供商传递给客户需求方。虽然物流服务企业会通过市场信息和消费数据来对客户的消费习惯和偏好进行研究，但客户需求方还未参与到物流服务提供商的物流服务设计中来，还没有鲜明地对服务提供方提出自己的价值主张，也因此，物流服务提供方在此阶段主要提供的是标准化的物流服务，还无法满足客户需求方的个性化、定制化的服务需求。

（4）价值产出。

在初始阶段，物流集群服务生态系统还是一个二元结构，主要是物流服务企业和客户的交易和互动。物流服务企业专注于企业服务流程的设计，着重在于降低企业的运营成本，通过给客户需求方提供物流服务获取经济利润。因此，物流服务企业的价值产出主要是来源于企业为客户提供相对标准化的服务所产生的经济效益。对于物流服务需求方来说，他们从服务提供方的服务当中获得了服务的使用价值，满足了自身的需求，获得了经济效益。

2. 价值共创拓展阶段

在物流集群服务生态系统价值共创的拓展阶段，强化了客户的主体地位，重新构建了价值共创服务系统的结构，与初始阶段相比，价值共创的参与主体更加多元化，围绕客户的需求，形成了一个物流需求服务链，并在交易的过程中，加大了客户的参与程度（见图 5 - 2）。

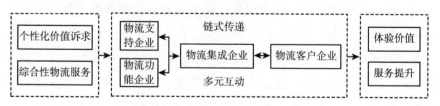

图 5 - 2　价值共创拓展阶段

（1）参与主体。

在价值共创的拓展阶段，参与主体由原来的二元结构演变成多元参与。在初始阶段，主要是单一物流服务企业与需求方客户的交互，在拓展阶段,不仅有功能型物流企业如运输型物流企业、仓储型物流企业、配送型物流企业等的加入,还有支持型企业如物流技术服务企业、物流金融服务企业等的参与。

在此阶段,物流服务需求方的角色发生了很大的改变,客户已经成为价值共创的主要参与主体,将自身的价值观、经验、知识融入对服务的个性化设计和要求,与服务提供方进行沟通和交互,参与服务的设计;同时参与物流服务体验的反馈,帮助服务提供方进行服务水平的改善和提升,开发更适合市场需求的服务产品。因此,此阶段的价值共创过程中,企业更加重视客户的参与,物流服务企业各参与主体围绕客户的需求形成了一条综合性的物流服务链,通过与客户共享异质资源,使其获得了超越服务产品的竞争优势,完成价值共创。

(2)价值创造。

拓展阶段的价值共创,主要围绕物流服务需求方的要求进行配置。不同于初始阶段物流服务企业为客户提供单一的物流功能服务,在拓展阶段,物流集群中各类型的物流服务企业围绕客户的需求,自发组成一条物流服务链,为客户提供个性化、综合性的物流服务,并且高度关注客户的需求主张及服务体验。价值创造从初始阶段的内向聚焦转向以客户的需求为导向,强化了物流服务企业的体验和信誉属性。

(3)价值循环。

物流服务提供主体为了促使服务需求方参与价值共创,重新定义了供需双方的角色和关系,通过与用户需求群保持持续的沟通和交流来建立双方的合作伙伴关系。物流服务提供主体和用户需求群之间的亲密互动和信任沟通,为各方的知识共享提供了平台,建立了稳定的社会纽带,提高了服务产品和消费者需求的契合度,形成了双向价值传递渠道。与此同时,表现积极的客户会成为物流服务企业的高质量用户,是企业资源的一部分。在拓展阶段,物流服务提供企业围绕客户需求形成了一条服务链,打破了组织的边界,这就需要物流服务企业各方进行组织机构的适配和调整,修改其战略和运营流程进行架构的支撑,来支持与其他主体的交互,并整合消费端的客户资源,保证物流服务链的协同运行。物流服务企业通过与客户的深度交流,能适时对物流服务的设计进行调整，及时知晓市场变化趋势，提升服务质量。

（4）价值产出。

从服务提供方来说，多种类型物流服务企业加入的物流服务链，各物流服务主体通过资源的整合和协同，增强了企业的服务能力，扩宽了物流服务种类，同时也开辟了新的市场渠道，获取了更多的经济利润；通过与客户的深度交互，能够对物流服务市场更加了解，设计的物流服务更加符合市场趋势，提升了服务质量和客户满意度，最大化企业的投入产出比例。

从需求方来说，物流服务需求方的参与程度加强，能够将自身的经验、价值观、知识融入到物流服务的设计中，能够得到更加个性化、更加符合自身需求的服务，提高了自身的满意度。

3. 价值共创提升阶段

物流集群服务生态系统价值共创的提升阶段，参与主体更加多元，除了物流集群的物流服务提供商和客户之外，还加入了更多的利益相关者和社会团体，如科研创新群、中介机构群和政府群。从拓展阶段的链式结构逐步过渡到提升阶段的网络结构，整个物流集群服务生态系统中的各个主体不再是价值孤岛，而是通过不断地交互和沟通，建立深度的连接，形成了一个动态的、有机的价值创造网络。在这个网络中，各主体可以进行知识和信息的分享，通过主体之间的谈判和交易，进行资源的互补和协同，共创价值，利益共享，实现多方共赢（见图5-3）。

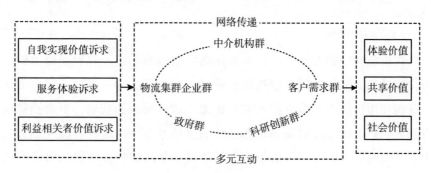

图5-3　价值共创提升阶段

（1）参与主体。

在价值共创提升阶段，参与主体不仅包括物流服务企业群和客户群，还加入了中介机构群、科研创新群、政府群等利益相关者和社会团体。物流集群服务生态系统的主体互动不再局限于顾客和企业的二元交互，也不拘泥于拓展阶段的链式多元互动，而是扩展到网络多元互动。不仅有物流服务提供企业和最终客户之间的点对点连接，也有异质资源的物流服务企业之间或与其他社会机构之间通过经济往来、社会合作等形式形成的供给侧的横向和纵向互动连接。因此，此阶段的参与主体已经演变成物流服务企业、客户和所有经济社会参与者的多元复杂网络系统。

（2）价值创造。

从供给侧来说，在价值共创的提升阶段，多元主体网络的形成，使得企业不仅局限于满足消费者基本需求，而是基于现有的企业社会网络和资源整合，形成更具特色的物流服务能力，去创造和引领消费者的需求。物流服务提供企业通过对消费市场的洞悉，基于共创网络各主体的知识、能力和资源，拓展业务范围，增强服务能力，创造新的需求，并重新建立与客户的关系，实现网络资源和客户需求最大程度的匹配，在最大限度满足客户需求的基础上，实现对消费者需求的引领。

从需求侧来说，物流服务需求方在价值共创的提升阶段，会更积极地提出自己的价值主张，融入到物流服务提供企业的服务创新、设计和反馈中。在提升阶段，物流服务需求方不仅是消费者，更是价值的创造者。

（3）价值循环。

在价值共创的提升阶段，多主体网络结构的形成，有利于价值的全方位传递和扩散。价值共创强调消费者的参与和主导，所以，客户能从中获得使用价值、体验价值和共享价值，这些价值的获取，更激励需求方参与到整个物流集群服务生态系统的价值共创中。这种价值共创方式缩短了物流服务企业的价值链流程，使得企业的销售方式更加多元和便利。物流服务企业竞争优势也由获取稀缺资源的能力转向创建外部网络主体连接，快速响应市场变化的动态能力。

（4）价值产出。

在价值共创的提升阶段，从供给侧来看，物流服务提供商通过与其他主体的合作，在创造和传递价值过程中共享、整合一系列资源，力图丰富服务产品的多样性，来谋求自身的价值。通过给客户提供更完善、更个性化的服务体验，获得客户对企业品牌的认同和稳定的用户资源；从需求侧来看，客户需求方通过深度参与价值共创，在实现自己的价值主张的同时，获得了服务的使用价值和体验价值。

5.1.2　演进轨迹

由物流集群服务生态系统的发展阶段特征可以看出，推动物流集群服务生态系统不断演化的主要因素是参与主体、价值创造、价值循环及价值产出的变化，不同的参与主体，决定了参与主体的数量、价值诉求及互动模式，从而引起参与主体关系及价值循环机制的变化，最终带来物流集群服务生态系统价值创造产出的改变。因此，物流集群服务生态系统的演化是从主体的变化开始的，经由共创价值和价值循环的变化，引起价值创造内容的变化，最终实现了物流集群服务生态系统的演变（见图 5 - 4）。

物流集群服务生态系统架构的变化直接导致了物流集群服务生态系统价值共创形态的变化，由最开始聚焦集群内部的初始阶段，向聚焦物流服务链平台建设的价值共创拓展阶段推进，最终达到物流集群多主体网络化的价值共创深化阶段，这是物流集群服务生态系统价值共创的演进轨迹。

具体来讲，在物流集群服务生态系统的初始阶段，参与的主体主要是物流企业和客户，以物流企业和客户的二元互动为主，主要的价值诉求集中在物流基本功能服务方面，其价值创造主体比较单一，企业和顾客点对点传递价值，以企业为独立单元进行价值的创造和循环；在物流集群服务生态系统的拓展阶段，参与主体增加，客户的参与度明显提高，提出了更高的物流服务要求，围绕客户的价值诉求，形成了一条由各类型企业参与的物流服务链，价值以链式的方式进行创造和传递，价值共

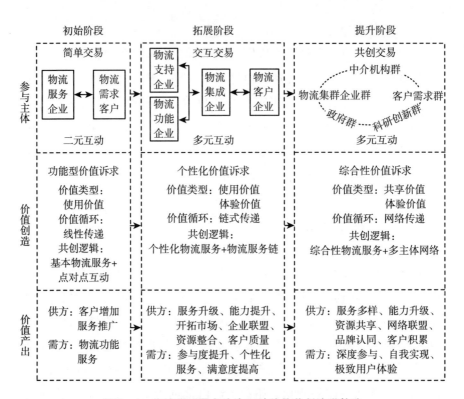

图 5 – 4 物流集群服务生态系统价值共创演进轨迹

创的核心内容虽然以功能性主张为主，但是综合性和个性化增强；而在聚焦网络化价值的提升阶段，价值共创主体的数量和关系都有了质的飞跃，除了物流服务链相关企业还加入了科研组织、中介机构等价值共创主体，价值传递的方式不再局限于链式而是以网络化的形式进行，形成了种类繁多、形式各样的价值创造单元、价值共创联盟等新关系，各主体之间关系错综复杂，强度各异，但是整个物流集群服务生态系统各主体以价值共创为目标，进行合作式的高效价值创造。

5.1.3 演进特征

物流集群服务生态系统经历了初始阶段、拓展阶段及提升阶段，这三大阶段的价值共创遵循服务主导逻辑理论，与传统的商品主导逻辑相比，物流集群服务生态系统价值共创的演化特征表现在以下几个方面。

1. 由"企业主导"向"客户参与"演变

在物流集群服务生态系统价值共创初始阶段，物流服务企业和客户的交易以二元互动为主，此阶段的价值产出是围绕客户的基本服务需求，是个体员工与操作性资源及对象性资源融合的结果。随着物流集群服务生态系统价值共创的演进，价值共创主体之间的交易由顾企的二元互动，逐步过渡到多元互动，越来越重视客户的参与，服务提供企业开始与客户进行频繁的互动和深度交互来开发更多的价值，在交互过程中，客户结合自身的知识和背景为企业提供了更符合市场需求和潜力的价值主张，提升了服务的种类和服务水平，客户也从中获得了更加个性化和定制化的服务，提高了客户满意度。随着物流集群服务生态系统进一步的演化，客户参与程度更加深入，渗透到企业的各个运营环节，从服务的设计构想到运营实施，客户提供了更加具体和更有针对性的价值主张，最大化了客户的价值。在物流服务生态系统价值共创的演化过程中，客户参与的程度不断加深，渗透的范围不断加大。

2. "功能性诉求"向"综合性诉求"演变

在物流集群服务生态系统价值共创的初始阶段，参与主体主要是物流服务企业和客户，客户对企业的服务要求主要集中在物流的一些基本功能服务方面，如运输、仓储、流通加工、配送等，物流服务企业围绕客户的功能性诉求进行二元互动，完成简单交易。在物流集群服务生态系统价值共创的拓展阶段，随着市场结构的变化，客户对服务的要求越来越个性化，企业也非常重视客户的价值诉求，邀请客户参与企业物流服务的设计和反馈，并围绕客户个性化需求，集结其他类型的物流服务提供商和利益相关者，形成了一条物流服务链，在实现客户个性化要求的同时也能捕捉市场的动向和偏好。在物流集群服务生态系统价值共创的提升阶段，客户的参与程度进一步加深，对物流服务的体验感要求更高，除了提供个性化和定制化的物流服务之外，对服务的综合性要求也进一步提升，在拓展阶段的物流服务链已经无法满足这一要求，因此在提升阶段，针对客户的个性化、综合性物流服务需求，在物流服务链的基础上加入了更多的其他利益相关者组织和团体，形成了价值共创的网络，满足客户综合性诉求的同时，实现物流集群服务生态系统的价值共创。

3. 由"二元互动"向"多元互动"演变

伴随着科技的发展和消费市场的变化，社会化分工不断地深入和细化，当今的市场竞争已经不是企业和企业之间的竞争，而是供应链与供应链之间的竞争。任何一个组织或企业都无法在当今复杂的市场环境下，拥有应对挑战的所有知识、技能、声誉等资源，需要从外部进行补充和获取。物流集群服务生态系统的价值共创也是一样，是在一个多层次的地理空间和时间维度上进行的活动，参与者也不再局限于顾客和企业，价值共创也从单一、被动的"二元互动"逐步转移到跨组织、多层次的"多元互动"。从微观层面来看，企业和个人将自身的知识和能力嵌入到消费过程中，客户可以在物流服务设计和服务提供的每个阶段与企业进行交流，并提出自己的价值主张，而不是局限于现有的市场选择。从中观层面看，价值共创突破了单个企业的界限，围绕客户的需求，吸纳了更多组织和主体的资源和能力，形成一条物流服务链，在此过程中，各参与主体通过持续的协调、共享、协商等横向和纵向的互动，整合各自的资源，分享各自的知识，创造了更多的价值。从宏观层面看，价值共创不再局限于特定的产业或者地理空间，而是通过各主体跨组织、跨地域的资源整合和优化配置，以嵌入更广泛的社会结构和社会环境，形成多主体的价值共创网络，价值共创的焦点也从客户扩大到受各主体决策影响的任何个人或者组织。综上所述，由于物流集群服务生态系统价值共创情境的复杂性，主体嵌入的多样性及价值共创过程的动态性，共创的主体由原来的"二元"逐步转向"多元"，参与的层次也由原来的"单一"转向"多层次"。

4. 由"价值线性传递"到"价值网络传递"演变

物流集群服务生态系统的价值共创涉及的活动，如计划、服务、决策、运营、反馈、评价等都是以价值为载体进行处理和传递的，因此物流集群服务生态系统的价值共创从本质上来讲就是管理各主体资源的价值创造活动。在商品主导逻辑时代，物流企业和客户之间的关系是生产者与消费者、决策者与使用者及发布者和接收者的关系，而其他类型的主体和利益相关者则完全没有介入其中，价值由企业传递给客户，是一种典型的线性传递。随着产业结构的调整及市场的不断变化，使得企业的价值创造更加的多样性和个性化，客户对体验性的要求更高，进入服务主导逻辑时代，信息技术的发展为多主体参与价值共创提供了条件，解决了纵向价值共创的组织边界问题，各参与主体与其他主体交换和共享资源，突破资源依赖，以实现自身价值为驱动，通过生产、交换、协同、交互等活动获取经济利益。与此同时，客户在参与价值共创过程中，通过与其他主体进行互动，提出自己的价值主张，在实现自己的服务诉求的同时，为价值共创网络中的各主体提供了及时捕捉客户意愿和偏好的有利时机。其他利益相关者则是创造和指导价值共创的重要辅助力量，协助其他主体进行资源的整合与其他主体互动并共同创造价值。其他利益相关者可以影响行为主体的行为，行为主体也会对利益相关者有反作用，影响和改变其价值主张和行为。因此，在这个过程中，多主体的参与形成了一张价值传递的关系网，价值的传递已经不是单向的线性传递，而是多主体多向的网络传递。

5.2　物流集群服务生态系统价值共创机理

　　服务主导逻辑认为，所有的经济都是服务经济，服务的价值由企业、客户、供应商及其他利益相关者共同创造[①]。对于物流集群服务生态系统的价值共创而言，物流集群服务生态系统由物流集群企业群、用户需求群、中介机构群、科研创新群及政府群构成，其中客户需求是价值共创网络运作的驱动力，物流集群企业是价值共创网络的核心，通过与其他各种类型主体的互动，整合整个价值共创网络的资源，把握客户需求，

　　① Vargo S. L., Lusch R. F. Evolving to a New Dominant Logic for Marketing [J]. Journal of Marketing, 2004, 68 (1): 1–17.

进行客户服务方案的设计和重构，为客户需求群提供物流解决方案的同时，完成价值共创的过程。根据服务主导逻辑理论，物流集群企业不直接创造价值，而是提供价值主张，即客户的物流服务解决方案，并运用自身的资源对中介结构群、科研创新群等进行资源的整合，通过给客户提供物流服务方案来增强客户的感知，实现价值共创。根据以上分析可知，物流集群服务生态系统价值共创中的各个主体，在客户需求的驱使下，在松散耦合及一定的制度约束的动态网络结构中，进行点式、链式及网络形式的互动，以物流业务功能和资源协作为耦合点进行服务交换和资源整合，通过服务方案的设计和重构，为顾客提供自身资源或外部异质资源的物流服务，以实现整个系统的共同价值创造和价值增值。

综上所述，物流集群服务生态系统价值共创的机理主要体现在以下四个方面：多方驱动、协同互动、资源整合、多面重构（见图5-5）。

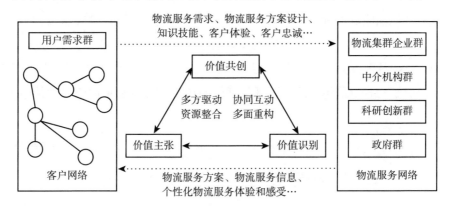

图5-5　物流集群服务生态系统价值共创机理

5.2.1　多方驱动

在物流集群价值共创过程中，主体之间的互动加强，合作越来越深入，纵向和横向的连接越来越紧密，围绕客户的需求，各主体能动地整合自身的资源并共同进行价值创造，形成了由各主体相互依赖的物流集群服务生态系统。物流集群服务生态系统价值共创的进行不仅取决于各主体拥有的资源，还需要各主体积极参与。在服务生态系统中，各主体参与价值共创的目的是多样的（见表 5 - 1）。本部分将对顾客需求方、服务提供方、其他利益相关者这三种类型的参与主体进行共创动因的分析。

表 5 - 1 价值共创动因汇总

年份	作者	研究内容	动因
2008	佩恩等（Payne F. et al.，2008）	管理价值协同创造的概念框架	技术突破、产业逻辑变化、客户偏好、生活习惯变化
2010	苏科科等（Sukoco M. et al.，2010）	顾客参与品牌社区的动机	自我动机：娱乐、知识；社会相关动机：友好关系、社会身份
2012	孤摩尔等（Gummerus J. et al.，2012）	消费者参与品牌社区影响因素	社会利益、娱乐利益、经济利益
2015	夏布里埃等（Chabdler J. et al.，2015）	生产消费者参与消费体验的动因	个体因素、社会因素
2015	张等（Zhang H. et al.，2015）	顾客参与共同创造的意图	顾客学习价值、社会整合价值、享乐体验价值
2016	江积海等（2016）	平台型商业模式创新中连接属性影响价值共创的因素	资源属性、关系属性、网络属性
2017	博克（Böcker L.，2017）	影响资源提供方和消费者参与协同创造	经济动机、社会动机、环境动机
2017	许晖等（2017）	品牌生态圈成长动因	竞争者威胁、品牌承载力、市场空间
2018	冯小亮等（2018）	共享经济时代企业顾客协同价值创造动机	感知利益、组织社会化、独特性需求
2019	李靖华等（2019）	内外导向视角下的制造企业服务创新动因	技术压力、市场压力
2019	张洁梅（2019）	供给者参与价值共创的影响因素	信任、经济利益、社会动机、感知风险
2019	詹坤等（2019）	联盟组合的价值共创动因	复杂环境与不确定性、获取外部资源、组织效应、企业战略倾向
2019	吴绒等（2019）	实现企业社会创新、共创商业价值的驱动因素	内部：整合性、创新性、效率性 外部：多方参与性、超社会责任、开放性

1. 顾客需求方参与价值共创的动因

服务主导逻辑认为，服务中心观本质上是内生性的，是顾客导向和关系性的，这意味着服务是由顾客决定和共同创造的，顾客参与价值创造是价值共创的典型特征。顾客从自身需求出发，将自己对服务的个性化要求及自己的文化观、价值观融于与企业的互动当中。在此过程中，顾客与企业共享资源和信息、参与物流服务的设计、反馈服务的感知和体验，以便企业更好地改进和提升服务，提供更完善的服务方案，实现价值共创。在顾客需求的驱动下，围绕客户的要求与价值共创网络中的其他主体进行异质资源的交换和同质资源的整合，实现了价值链的双向拓展。顾客参与涉及前端的服务设计、服务方案的制订、营销渠道的扩展、售后服务、增值服务及增强品牌影响力等方面的工作；后端向物流服务链构建、个性化综合性物流服务方案、供应链管理及创新服务研发等方面延伸。

顾客需求驱动将顾客和物流企业紧密联系在一起，创造了"多赢"的局面，对于顾客方来讲，通过参与物流服务的设计和体验，能够更好地将自己的个性化需求融入服务方案；通过不断地反馈服务的体验和感受，能够更好地满足自身需求。首先，对于物流企业来讲，通过与顾客的积极互动，能够更好地洞悉市场动态，把握最新消费需求，有利于提高服务水平，加速新技术的应用，促进新服务的研发创新，从而在激烈的市场竞争中获取优势，实现物流企业和顾客的"双赢"。其次，物流集群企业为客户提供"定制化"的综合性物流服务，能够将客户企业从不擅长的物流业务中解脱出来，专注于自己核心竞争力的投入和构建，从价值链的低价值板块向设计、研发、定制化、系统解决方案等高附加值板块攀升，进行二次价值创造。最后，在物流集群价值共创网络中，随着顾客的个性化、定制化服务要求越来越高，需要整合的资源越来越多，这就需要更多的服务商和社会机构参与其中，为客户的需求提供广泛的异质资源和服务的同时，也为共创网络中的主体提供了更多的生产性服务和合作的机会，共同进行价值共创，从而促进了更大范围的主体之间的互动和资源共享，以利于实现网络组织价值共创的乘数放大效应。

2. 服务提供方参与价值共创的动因

作为物流服务的提供方，其参与价值共创的动因主要在于需求驱动、技术推进、竞争需要及资源互补。

首先，在物流集群服务生态系统中，强调客户需求方的参与性，客户对服务的需求和反馈，是服务提供方进行服务设计的重要参考，只有洞悉客户的需求，才能快速地适应不断变化的市场环境，灵活地应对变革。

其次，随着科学和技术的不断发展，尤其是信息技术的发展，在很大程度上拓展了企业的知识边界，使得物流服务提供企业能够便捷地从信息世界收集、整理、分享、整合各种操作性资源，使得物流服务企业更有热情投入到围绕客户需求的价值共创活动中。

再次，竞争需要也是物流服务提供企业参与价值共创的一个重要动机，在当今以供应链为单位的市场竞争中，企业需要与其他企业联合，进行价值共创，才能获得更大的竞争优势，寻求更多更新的经济增长点，抢占更多的消费市场份额。

最后，在价值共创过程中，物流服务提供商能够突破企业的边界，与其他企业进行资源的互补和整合，实现资源的溢出效应，增强了企业的物流服务能力和竞争优势，这也是物流服务提供企业积极参与价值共创的重要驱动力。

3. 其他利益相关者参与价值共创的动因

其他利益相关者参与价值共创的动因可以分为社会宏观和主体微观两大类。从社会宏观层面来讲，在全球化背景下，企业之间互相依存，共创、共赢是物流企业持续发展的重要推动力，多主体参与的价值共创，可以从社会整体层面上提高资源的可持续性，降低交易成本，克服产能过剩，产生乘数效应。政府群主体为了实现区域经济发展，通过相关的政策和规划，规范服务生态系统中参与者的相互作用和资源共享，获取参与主体可持续行为的洞察力；政府通过加入服务生态系统的价值共创，能够为系统内的其他主体背书，为价值共创创造了良好的发展环境和氛围，免除其他参与主体的后顾之忧，推动其他主体的参与和协同创造。

从主体微观层面来讲，在物流集群的服务生态系统中，价值共创的产生，是因为没有一个主体能够仅凭自身资源就能够独立进行运作，满足客户需求方不断提升的物流服务内容和服务要求，因此各主体都需要参与价值共创，实现资源的共享和互补，在满足客户需求的同时，实现价值共创，即使主体之间在合作过程中会产生相互的冲突和不可避免的竞争。在物流服务生态系统中，其他利益相关主体会通过与其他主体的合作来寻找互补资源和稀缺资源，获得价值潜力，这是个体参与价值共创的重要助力。

5.2.2　协同互动

互动是各个主体之间相互作用而使彼此产生变化的过程。互动的产生一般需要两个基础条件，一是各主体参与的积极性，需要各主体能积极沟通、通力合作；二是主体互动的结果取决于整体环境及各个主体的资源约束。在物流集群价值共创网络中，价值的创造是通过各个主体之间的互动来进行的，通过互动，物流集群企业群能够精确把握客户的需求，为客户提供满意的物流服务方案，并通过与其他主体的深度互动，在客户的全程参与下完成价值共创过程。本书借助钱德勒和瓦尔戈（Chandler & Vargo，2011）的研究，将物流集群价值共创网络主体之间的互动分为微观、中观和宏观三个层面（见图5−6）。微观层面的互动主要是指客户与物流企业的点式互动，聚焦企业与客户的二元关系；中观层面是指物流集群企业群围绕客户需求构建的物流服务链，关注直接利益相关者的多元链式关系；宏观层面是指物流集群服务生态系统价值共创网络中各主体的多元互动，不仅关注直接利益相关者的关系，还囊括了社会参与者的复杂网络关系。

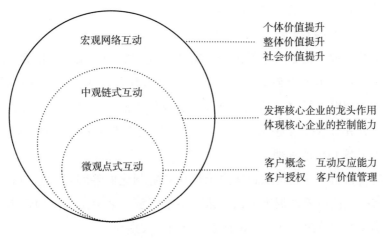

宏观网络互动 .... 个体价值提升
整体价值提升
社会价值提升

中观链式互动 .... 发挥核心企业的龙头作用
体现核心企业的控制能力

微观点式互动 .... 客户概念　互动反应能力
客户授权　客户价值管理

图 5 – 6　主体互动层次

1. 微观互动

物流集群服务生态系统的微观互动是客户和物流企业的点对点互动，这也是价值共创的前提。根据拉马尼（Ramani，2008）等对互动导向的研究，供需之间的互动主要包括四个维度：客户概念、互动反应能力、客户授权及客户价值管理。

（1）客户概念。

在价值共创中，客户概念是指物流企业在给客户提供服务时，能清晰明确地跟客户沟通，把握客户的整体诉求，从而给客户提供满意的服务方案。不同于以商品为基础的产品主导逻辑，服务主导逻辑以服务为基础，是在充分了解客户需求和潜在利益及与客户积极沟通的状态下，来共同协商解决问题和提供服务，客户是价值的来源和参与者[①]。

（2）互动反应能力。

互动反应能力是指物流服务提供企业对环境的动态变化与及时反应的能力，企业在与客户的沟通过程中，洞悉客户的潜在需求及变化，不断调整和改变服务形式及内容，从而维持与客户的关系。互动反应能力

---

① Michael S. , B. Town S. W. , Gallan A. S. Service-logic Innovations. How to Innovate Customers, Not Products [J]. California Management Review, 2008, 50 (3)：49 – 65.

是对服务提供商提供定制化服务能力的反馈。

（3）客户授权。

客户授权是物流服务提供企业为客户提供的一种渠道，使客户与物流服务企业更方便有效地进行连接，建立合作伙伴关系，在此过程中，供需双方能够进行服务信息、批评、建议等方面的分享，从而进行服务的调整，并且这种沟通是双向的，避免了信息传播过程中的不对称。

（4）客户价值管理。

客户价值管理是指随着客户个性化和定制化的趋势越来越明显，物流服务提供商需要根据客户的要求，整合资源，来满足客户的定制化需求，实现客户价值，并维持这种客户价值的长期化。

综上所述，物流服务企业与客户的点式微观互动层面，强调在客户的全程参与下，物流服务企业与客户通过良好的信息沟通、积极的互动、知识交流等手段共同设计物流服务方案，满足客户的定制化需求，建立良好的伙伴关系，实现客户的价值，并在此过程中完成价值共创。

2. 中观互动

中观互动形成的物流服务链是物流集群服务生态系统价值共创的基础条件，它反映了物流集群核心企业运用操作性资源对其他主体的引导和控制能力。在链式互动中，围绕核心企业，以客户服务为导向，形成了一条包含了客户、物流服务企业及其利益相关者的物流服务链。通过链式互动，物流服务核心企业能够更好地了解中介商和分包商的资源及其对服务方案的理解，根据其服务能力状况，进行任务的分配及指导，同时监督其完成情况，保证服务质量。在中观互动中，物流服务核心企业的作用主要表现在以下两个方面：第一，发挥物流核心企业的龙头作用。能成为物流服务链中的核心企业，必然拥有良好的知识和过硬的技能等操作性资源优势，核心企业利用这个优势，对物流服务链中节点企业的资源进行整合，按照客户的需求进行物流任务的分包，设计个性化、定制化的物流解决方案，并指导分包商、中介商进行方案的执行和实施。第二，体现了核心企业的控制能力。在物流服务链完成客户服务的过程中，需要核心企业运用自己的核心优势，来影响和控制其他合作企业共同完成任务目标，给客户提供满意的物流服务。由此可见，在中观链式互动层面，强调服务链中核心企业的资源优势和控制能力，核心企业通过与其他分包企业和中介机构的信息互通、知识交流、资源共享等方式，来保证物流服务质量和进度，为客户提供满意物流服务的同时，与客户和其他企业一起共创价值。

3. 宏观互动

当更多的企业和社会机构参与到物流服务提供和资源整合的时候，物流企业与客户的二元互动便转向了多元网络互动，价值共创的逻辑从一元、二元升级为复杂多元的逻辑。物流集群服务生态系统的价值共创也从微观二元、中观多元逐步走向宏观网络的互动。宏观网络互动便是最高层次的互动，是一个广泛的社会结构和活动，囊括了整个社会参与者。物流集群服务生态系统价值共创网络中的企业，打破了原来的组织边界，演变为物流集群企业网络组织。价值创造不再局限于特定的产业或实体空间，而是嵌套在广泛社会和文化结构的动态系统"服务—服务"交换的价值创造中，强调社会经济多个参与者直接或间接互动的价值创造[1]。在这个系统中，所有的社会和经济的参与者均是资源整合者，供应商、生产者和顾客的角色区别都不复存在[2]。在这个自发形成的网络结构内部，顾客作为合作生产者参与到"服务系统"的设计、生产和传递过程，与价值共创网络组织的其他经济和社会主体，共同在开放式网络化的社会、市场进行耦合自适应，为网络中其他参与的主体提供商业机会、投资合作、品牌传播途径，利益共享，风险共担，产生更多的良性市场机会，从而吸引更多的社会和经济的利益相关者的加入，然后通过网络中多主体的多层次复杂互动，来实现价值的三重增值。第一重是网络中各个参与主体为了适应复杂多变的外部环境，实现与其他主体的顺畅交

---

① Akaka M. A. , Vargo S. L. Extending the Context of Service: From Encounters to Ecosystems [J]. Journal of Service Management, 2015, 29 (6/7): 453–462.

② Vargo S. L. , Lusch R. F. From Repeat Patronage to Value Cocreation in Service Ecosystems: A Transcending Conceptualization of Relationship [J]. Journal of Business Market Management, 2010, 4 (4): 169–179.

流与互动，主动优化自身的组织结构和业务流程，增强自身的核心竞争能力，实现了自身价值的提升；第二重是网络中各主体，为了实现共同目标，争取更多的合作机会，降低合作的风险和交易成本，主动与其他主体进行协同，通过直接和间接的合作互动形成较为的统一合作领域和焦点，减少各方的投入，争取获得整体的最高产出，带来整体的价值增值；第三重是当所有的社会和经济的参与者都参与互动后，能够从整体上对各主体拥有的操作性资源和对象性资源进行整合，根据整体目标进行内部的资源优化配置，整合分散的资源，集聚优势资源，从而带来了整个系统的价值增值，在价值共创的过程中，衍生出更大范围的社会生态效益。

5.2.3 资源整合

在物流集群服务生态系统价值共创中各个层级的互动，目的是通过各主体的参与和交互行为为客户提供综合性解决方案，最终实现各主体的价值。物流集群企业群作为价值共创的核心，其拥有的不仅是一种稀缺的、难以模仿的显性资源，还需要具备协同整合等隐性资源和能力，这种综合性的资源服务能力，对整个价值共创网络中主体的互动和关系建立有着持续的影响，这种协同整合的能力是价值共创实现的关键。

在价值共创过程中，客户与服务企业合作关系的建立，很大程度上是因为客户无法获得经营所需的全部资源，客户企业为了发展，必须与其他主体开展互动，进行资源的整合和关系的协同。各主体想要实现价值共创，就需要核心主体完成多方面的工作，包括资源的供应、服务的设计、业务的外包、市场的开拓、售后服务等综合性活动，这类活动难以标准化、计量和评估，并且结果的模糊性较大，再加上市场的不确定性造成的信息不对称，使其他主体无法获得全面的隐性资源，或者自身组织协调的交易成本太高，为了克服这种资源约束，组织倾向于加强与外部其他主体的联系，同时不断调整自己的组织结构和行为模式，逐渐从供应商之间基于对象性资源和契约规则的简单交易，转向基于操作性资源和隐性能力的长期活动合作关系的建立，并且与其他主体进行价值共创。因此，协同整合是各主体价值共创的关键。

在物流集群服务生态系统价值共创中的协同整合，主要集中在关系、资源和网络三个方面。通过对主体之间关系的整合，核心企业可以与其他企业建立良好的合作伙伴关系，提升价值共创网络的关系能力；通过对各主体之间资源的整合，进行主体之间资源的交换和互补，为客户提供综合性的物流服务，提升整体服务能力和效率；通过网络整合，加强各主体之间的横向和纵向联系，实现对接，提高信息的传播速度和知识的共享。

关系整合是实现物流集群服务生态系统价值共创的基础条件。随着客户需求的不断变化，物流服务的复杂性和综合性不断提高，这就要求物流核心企业和物流分包商、物流中介机构等建立良好的合作关系来共同完成客户日益提高的需求，通过关系整合来建立各主体之间互利互信的关系结构。这种结构有利于各主体之间顺畅地沟通和交流，在实现信息快速传播和资源共享的同时，促进价值共创网络中各主体关系的稳定性，减少不确定性，避免信息的不对称，从而拓展主体之间的关系网络，提升主体之间的关系质量，并在各方信任、互动、交流和关系排他性的基础上实现价值共创。

资源整合是实现物流集群服务生态系统价值共创的关键条件。面对客户综合性、个性化的需求，单个的物流服务企业无法有效满足，这就需要与其他企业进行合作，对各主体进行资源的交换和互补，才能提升服务品质，给客户提供综合性、一体化的物流服务。关系整合促进了各主体之间关系的稳定性，为各主体进行资源整合奠定了良好的基础。核心企业从整体出发，整合各主体之间的资源，通过与其他外包、中介企业合作，实现了动态能力的提升和综合性服务能力的提高，拓展了业务范围，提升了客户满意度。资源整合将各主体用关联的方式进行连接，从整体上将资源进行统筹规划，拓展了各主体资源的使用范围，在范围经济的基础上实现了资源的分配和整合，重塑了物流服务链的功能，扩大了物流服务链的业务范围。

网络整合是实现物流集群服务生态系统价值共创的重要条件。物流集群核心企业作为价值共创网络的中心，通过发挥"桥梁"作用，在建立各主体合作伙伴关系的基础上，从整体上对各主体进行资源的整合和规划，加强了各主体的联系和合作，提高了网络密度。通过这种关系整合和资源整合，客观上形成了以核心企业为中心的物流集群价值共创网络，增强了主体之间的凝聚力，形成了互惠互利的网络关系，加速了信息传播速度与知识外溢共享，提升了资源整合的效率，扩展了业务范围，加快了服务创新的速度，从而加强了主体的市场竞争优势。通过网络整合，进一步加强了主体之间的关系整合和资源整合，实现了各主体之间的合作、交流、维护与协同，为物流集群服务生态系统价值共创的实现营造了有利的环境和氛围。

5.2.4　多面重构

服务主导逻辑认为，所有的经济交换都是以服务为基础，产品是服务传递的载体和工具，服务主导逻辑是以商品的"使用价值"为基础进行的交易。这种模式颠覆了传统的价值创造方式，突出了客户在价值创造中的主体地位，强调了多主体的价值共同创造。因此，在价值共创过程中，在客户需求的驱动下，各主体进行横向和纵向的良性互动，拓展企业的边界，与其他主体进行关系、资源和网络的整合。通过互动和整合，各主体在价值创造观念、组织结构和业务流程等方面将重新构建。

在价值创造观念方面，随着客户个性化、定制化需求的增长，客户端作为价值创造的主体之一参与到物流服务的设计、构建中，这已成为物流服务的主流模式。尤其是在当今信息化时代，互联网、物流社群及自媒体的快速发展，使得客户能够通过互联网进行更直接的需求表达，也促使物流的社会化和众包模式的兴起，更突显了客户端在价值创造中的主体地位。

在组织结构方面，物流集群服务生态系统的价值共创客观上要求各主体进行积极的横向纵向互动，在关系、资源和网络层面进行整合，这就改变了原有的科层组织结构，需要各主体突破原有的企业边界，由大量的物流功能企业通过众包的方式在核心集成企业的组织和控制下，围绕客户需求，通过与客户的多元互动，不断提高服务效率和服务水平，在为客户提供个性化、综合性的专业物流服务的同时来进行价值共创。

物流服务价值创造观念的改变，各主体组织结构的变化必然导致物流服务流程的重构。在服务主导逻辑的指导下，客户端不再是被动的参与者，而是全程参与服务的设计和价值的创造，服务流程也不是传统的企业对客户的二元结构，而是依托各主体通过互动和整合形成的物流服务链和社会网络，与客户进行多元互动，物流服务的流程也由原来单一、线性的业务流程逐步转向集成化、链式、网络化的阶段。

5.3 物流集群服务生态系统价值共创模式

结合物流集群服务生态系统价值共创的演化过程和机理，本部分将物流集群服务生态系统中的主体及利益相关者之间的资源依赖模式和互动层次相结合，突破传统的二元价值创造模式的局限，从更广泛的多元主体视角来对物流集群服务生态系统的价值共创模式进行构建。

价值共创理论认为，操作性资源是企业竞争优势的主要来源（Vargo et al.，2008）。价值共创的过程就是企业之间资源整合的过程。因此，企业之间的资源依赖的方式对价值共创的模式有着决定性作用。爱默生（Emerson，1962）提出了权力—依赖关系，自此，依赖逐渐成为研究企业之间关系的主要手段之一。资源依赖理论认为，企业是一个开放的体系，企业的不断发展，是企业与外部环境互相作用，不断进行资源优化配置的过程①。随着资源理论的不断发展，学者们从不同的角度对企业之间资源依赖方式进行了划分，马德霍克（Madhok，1962）等学者将企业之间的依赖关系划分为内生性的结构依赖和外生性的过程依赖②③，受到

① Pfeffer J.，Salancik G. R. The External Control of Organizations：A Resource Dependence Perspective [M]. Stanford University Press，2003：62.

② Emerson R.，Power-dependence Relations. American Sociological Review，1962，27（1）：31 - 41.

③ Casciaro T. and Piskorski M. J. Power Imbalance，Mutual Dependence and Constraint Absorption：A Closer Look at Resource Dependence Theory. Administrative Science Quarterly，2005，50（2）：167 - 199.

了学术界的广泛认可。熙尔等（Scheer et al.，2010，2015）以成本和关系为基础对企业之间的依赖关系进行了划分。王永贵等（2017）从交易和关系双重角度将供应商对顾客的依赖分为算计性依赖和关系性依赖。唐丽艳等（2017）根据企业的资源依赖程度，将产业集群内企业分为资源依赖性和资源独立型。不论企业之间存在着何种资源依赖关系，都可以通过与外部企业之间的资源交换与共享，来降低这种依赖，并最终打破这种依赖。弗里曼（Freeman，2007）指出企业自身资源的限制，为了弥补自己在知识、人力、资本等方面的不足，企业倾向于与其他企业进行合作。戴尔斯（Dyer，1998）等认为通过与其他企业的资源合作，整合后的资源更具有独特性、稀缺性及不可替代性，从而赋予了合作企业更出色更稳定的价值创造能力。陈云（2004）等通过对产业集群中创新行为的研究，指出产业集群中企业之间的合作更加便捷，利于企业之间建立信任关系，通过企业之间的合作，集群内存在大量的资源共享、信息流动和知识交流。由此可见，资源依赖的结构类型不是一成不变的，而是随着资源拥有主体之间的互动层次而变化，这为主体之间的价值共创模式的构建提供了一种有益的思路。

在交换经济年代，商品是最终交易对象，经济活动的目的是为了制造和分配商品，遵循商品主导逻辑。在该逻辑的主导下，经济活动创造的价值主要是交换价值（Gummesson & Mele，2010）。商品的生产和消费是分离的，企业只负责生产产品，然后通过市场交换实现商品的交换价值①。

随着 19 世纪服务经济学的发展，顾客作为一种生产要素资源参与产品的生产，并在价值创造中发挥越来越重要的作用。在这种背景下，价值共创理论应运而生，并形成了两个主要研究视角，以服务主导逻辑②为核心的价值共创及以顾客体验为核心的价值共创（Prahalad & Ramaswamy，2004）。经过数十年的发展，服务主导逻辑逐渐发展成价值

---

① Lusch R. F., Nambisan S. Service Innovation: A Service-Dominant Logic Perspective. Mis Quarterly, 2015, 39 (1): 155 – 175.

② Vargo S. L., Lusch R. F. Evolving to a New Dominant Logic for Marketing. Journal of Marketing, 2004, 68 (1): 1 – 17.

共创的一般性理论，服务主导逻辑认为所有经济活动和社会活动的参与者都是资源整合者，通过整合资源、企业、顾客和其他合作伙伴共同完成价值共创过程，并实现服务价值①。价值共创被认为是社会和经济参与者通过服务交换和资源整合，由制度约束和协调，在嵌套和重叠的服务生态系统的体验中共同创造价值②。学者们将价值共创描述为主体之间资源交换、资源共享和资源整合的过程，这一过程对理解物流集群服务生态系统主体之间的合作形式、资源流动、结构互动提供了启发性思考。

综上所述，物流集群服务生态系统的价值共创，更多依赖主体企业之间驱动力的激发，通过各种层次的互动，进行资源的共享、交换及整合，完成价值共创。这种模式有利于企业之间的资源共享和交换，并且赋予了整合后资源的独特价值性。物流集群服务生态系统中企业与外部环境之间存在着不同类型的资源依赖关系，资源依赖的方式对企业之间的合作路径有着显著的导向作用；合作互动是各主体企业之间价值共创的基础，集群企业之间的互动方式和层次直接影响了主体之间的价值共创模式。资源依赖理论是研究企业如何适应内外部环境，如何应对资源约束并最终打破资源约束的过程，价值共创是企业之间资源共享、交换、整合的过程，两者的联合，为物流集群服务生态系统价值共创模式的构建提供了一个更契合的视角。

5.3.1 资源依赖模式

资源依赖理论认为组织与周围的环境相互依赖、相互作用，组织的生存需要从周遭的环境中进行资源的共享和交换，通过与资源的作用和互动，不断突破价值的依赖，产生新的价值，来实现进一步的发展，实质上就是企业与周边资源的一种价值共创。然而，企业之间的资源依赖方式各异，不同的资源依赖方式决定了企业之间价值共创的合作形式。

---

① 简兆权，令狐克睿，李雷. 价值共创研究的演进与展望——从"顾客体验"到"服务生态系统"视角［J］. 外国经济与管理，2016（9）：3 - 20.

② Vargo S. L. , Lusch R. F. Institutions and Axioms: An Extension and Update of Service-dominant Logic ［J］. Journal of the Academy of Marketing Science, 2016, 44（1）: 5 - 23.

在资源依赖理论的发展过程中，多位学者对组织之间的依赖关系进行了多种类型的划分，其中，汤普森（Thompson，1967）将企业对资源的依赖方式划分为内生性和外生性，随着资源依赖理论的进一步发展，马德霍克（Madhok，1998）等学者从结构性依赖来剖析组织间资源的内生性，从过程依赖来解读组织间资源的外生性，并得到广泛的认可。

结构依赖对应组织间资源的内生性，是指组织双方的资源存在内在的联系。这种内在性联系主要表现为组织之间资源的互补性。资源拥有双方通过交易和合作，获取互补性的资源，打破资源约束，获得进一步发展。这种资源依赖结构强调交易内在的不均衡性，适用于产品升级、市场的延伸或者产品的适度创新、市场的拓展。

过程依赖对应组织间资源的外生性，是指组织双方在不可替代、稀缺的资源上具有依赖关系，双方通过合作和交易，获取异质性的稀缺资源，进行资源的互动和整合，实现能力的提升。这种交易或合作强调交易外在资源的不均衡性，适用于组织之间稀缺异质资源的获得，或者产品和服务的创新及新市场的开发①。

5.3.2　物流集群服务生态系统价值共创的互动结构

价值共创理论认为，一切经济都是服务经济，所有经济活动和社会活动的参与者都是资源整合者，通过整合资源，企业、顾客和其他合作伙伴共同完成价值共创过程，并实现服务价值。价值不仅来自产品或服务的使用，更依赖于顾客和供应商之间的互惠性互动过程②。由此可见，价值共创是通过各主体之间不同层级的互动来实现的。在物流集群服务生态系统的价值共创中，各个参与主体既相互独立，又相互依赖，随着

---

① Stolte J. F. and Emerson R. M. Structural Inequality: Position and Power in Exchange Structures, New Brunswick, Trans-action Books, 1976. Payne A., Storbacka K., Frow P., et al. Co-creating Brands: Diagnosing and Designing the Relationship Experience [J]. Journal of Business Research, 2009, 62 (3): 379-389.

② Akaka M. A., Vargo S. L. Extending the Context of Service: From Encounters to Ecosystems [J]. Journal of Service Management, 2015, 29 (6/7): 453-462.

互动层次的深入，参与主体由二元走向多元，互动关系也从二元的点式互动过渡到多元的链式互动，最终转向 A2A（actor-to-actor）导向的动态网络互动。

物流集群服务生态系统价值共创第一个层次的互动是点式互动（见图 5-7），是局限于集群内部企业和客户，以物流服务为导向的二元互动。此时价值共创的主体为客户和企业，顾客参与到企业物流服务的设计、营销、实施及售后之中，企业为客户提供物流服务，双方通过服务交换和资源整合的点式互动来共创价值[1]。这标志着由企业单独创造价值转向企业和顾客联合进行价值的创造，良好的顾客体验和价值增值是价值共创的动力。价值共创理论强调将点式二元互动作为基础单元嵌入到更为复杂的互动关系网络中，从而为更高层级的线性和网络互动奠定基础[2]。

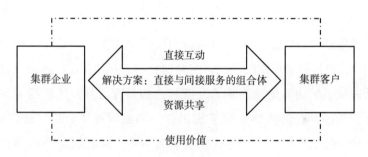

图 5-7 点式互动

物流集群服务生态系统价值共创的第二层互动是链式互动（见图 5-8），在链式互动中，围绕核心企业，以客户服务为导向，形成了一条包含了客户、物流服务企业及其利益相关者的物流服务链。服务链上相对独立的各个节点企业开始突破原有科层组织对资源整合的约束，融合开放式跨界资源，进行资源的交换和整合，通过直接和间接的互动实现价值共

---

① Akaka M. A., Vargo S. L., Lusch R. F. The Complexity of Context: A Service Ecosystems Approach for International Marketing [J]. Journal of International Marketing, 2013, 21 (4): 1-20.

② Lambe C. J., Spekman R. E. and Hunt S. D. Alliance Competence, Resources, and Alliance Success: Conceptualization, Measurement, and Initial Test. Journal of the Academy of Marketing Science, 2002, 30 (2): 141-158.

创。此时价值共创的主体为物流服务链上的各个企业和客户，核心企业为物流服务集成商。物流服务集成商构建平台，可以促进利益相关者之间的互动和整合，实现资源的交换和共享，给客户提供高质量的物流服务，从而实现整个物流服务链的价值增值。线性互动将二元互动转向多元互动，是后续网络互动的基础。

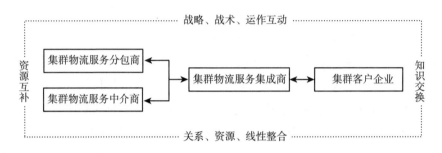

图 5-8 链式互动

物流集群服务生态系统价值共创的第三个层次互动是网络互动（见图 5-9），也是最高层次的互动，与其他类型的互动相比，网络互动涉及更广泛的社会结构和活动，除了经济利益相关者之外，还囊括了更多的社会利益相关者，包括物流服务提供商、物流服务中介商、政府组织、科研机构，金融机构、顾客等。在这个网络中，所有经济活动和社会活动的参与者都是资源整合者，通过整合资源，企业、顾客和其他合作伙

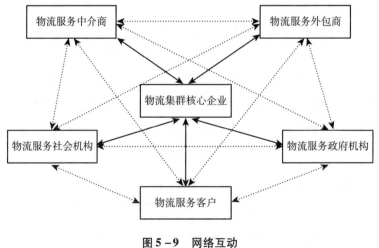

图 5-9 网络互动

伴形成了一个动态、松散、耦合的协作网络，共同完成价值共创过程并实现服务价值。这种合作不是链式的，而是多向性的，价值共创过程也不再是一个线性的链式创造过程，而是一个相互协调和融合的网络共创过程。

5.3.3　物流集群服务生态系统价值共创基本模式

物流集群服务生态系统是创造物流企业整体竞争力的有效组织形式，价值共创是实现整体发展的重要途径，资源依赖和主体互动是物流集群服务生态系统价值共创的基础。系统中物流企业与其利益相关者之间对彼此资源的依赖是企业之间进行合作的动力，它们之间的资源依赖方式决定了互动的深度和广度；主体之间的互动是进行资源交换和整合的基础，它决定了整合后资源的协作效率和质量。本书将结构依赖和过程依赖两种不同的资源依赖方式结合点式、链式、网络三个互动层次，从二维的角度来探讨物流集群服务生态系统价值共创的模式。一方面，物流集群服务生态系统中各主体之间存在着内生性的结构依赖和外生性的过程依赖；另一方面，主体之间的互动层次由点式二元互动转向链式和网络的多元互动，价值共创主体的范围越来越广。基于主体之间的资源依赖模式和互动层次两个维度，理论上可以形成六种物流集群价值共创模式（见图 5 – 10）。

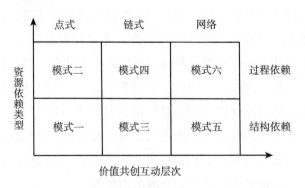

图 5 – 10　物流集群服务生态系统价值共创模式

模式一：点式互动——结构依赖型。

模式一互动层次停留在微观层面，局限于企业和客户之间，二者之间的资源存在着结构依赖。在这种模式下，集群企业用自身的对象性资源给客户提供物流基础性服务，服务类型较为单一，以功能性为主，如运输、仓储、装卸搬运、流通加工等。这种模式下，客户提出服务要求，企业"顺应"客户需求，进行资源的互补，解决基本的供需矛盾，就能完成交易过程。价值共创的范围局限于企业和客户，顾客直接参与到集群企业的服务提供过程中，与集群企业进行价值共创，这是物流集群价值共创的初级形式，这种模式下，服务功能单一，综合性不强，价值共创的产出是共同的价值主张，表现为标准的客户服务。

模式二：点式互动——过程依赖型。

模式二的互动仍然是集群企业和客户之间的点式互动，但企业和客户之间在资源上存在着过程依赖，双方在稀缺和不可替代性的资源上具有依赖性。在这种模式下，集群企业用自身的操作性资源给客户提供物流增值性服务，客户参与到服务方案的设计过程中，双方进行知识和信息的共享，输出优质的增值物流服务方案，完成价值共创过程。价值共创的产出为个性化的价值主张，表现为增值性的物流服务。

模式三：链式互动——结构依赖型。

模式三的互动层次处于中观层面，存在于集群企业、直接利益相关者以及客户之间，各参与者之间的资源是结构性依赖关系。此种模式下，集群企业意识到自身的资源已经无法满足客户的多样性需求，需要寻求与其他企业在资源上的互补性合作，才能打破资源的结构性依赖，给客户提供多功能、综合性的物流服务，满足客户的多样化需求，完成服务过程，实现价值共创。因此，在这种模式下，围绕客户需求，直接利益相关者和物流服务提供商通过直接或者间接的合作和互动，进行资源的互补，形成一条包括物流基础功能服务提供商、物流技术服务提供商、物流外包服务提供商、物流金融服务提供商等组成的物流服务链。集群企业与各价值共创主体进行资源的内生性互补、交易，克服资源的内在约束，进行价值共创。此时的价值共创已由单一的二元结构拓展到链式互动。价值共创的产出为综合性的价值主张，表现为多功能、综合性的物流服务。

模式四：链式互动——过程依赖型。

模式四的链式互动是线性的，是围绕客户要求，将不同类型的物流服务提供商进行整合，完成客户服务的过程，各参与者之间的资源存在着过程性依赖。此种模式下，客户的个性化要求增强，服务的综合性进一步提高。由于各物流企业之间在核心资源和稀缺资源方面有着较高的依赖性，因此各企业之间的互动是紧密的，此时，集群各个相关企业需要进行资源替代整合，知识和技能的共享和交换，才能打破资源的外在约束，满足客户的多样化、个性化、综合性的需求。此时，物流服务链上核心资源拥有者会成为权力拥有者，在价值共创过程中处于核心和主导地位，带领物流服务链上的利益相关者与客户一起进行价值共创。价值共创的产出为个性化、综合性的价值主张，表现为定制化的物流增值服务。

模式五：网络互动——结构依赖型。

随着客户要求的提高及市场拓展的要求，局限于集群内部的互补性资源合作已经滞后于集群企业发展的需要，主体间简单的资源拼凑和合作也已经无法满足客户需求，需要寻求更多的价值共创主体，获取更多的互补性资源。模式五的互动层次是宏观层面的网络互动，除了集群内部的物流企业参与之外，其他一切社会经济参与者都参与到物流服务提供的过程中，包括政府、社会团体、科研机构、技术服务商、贸易协会、社会服务机构等，各参与主体之间存在着结构依赖。在此种模式下，客户对物流服务的需求复杂多样，综合性进一步提高，围绕客户需求和集群企业自身发展需要，形成了一个包括利益相关者、经济参与者、客户的集群价值共创网络。通过网络中集群企业以及一切社会经济参与者之间的合作和互动，在满足客户需求的同时，实现内生性资源的互补，网络中各个节点企业和客户一起共创价值。价值共创的产出为综合性的价值主张、新技术、新知识，表现为综合性的个性化物流创新服务。

模式六：网络互动——过程依赖型。

模式六的互动是最高层次的网络互动，物流集群企业及一切经济和社会利益相关者参与其中，各参与者之间存在着资源的过程性依赖。过程依赖强调资源拥有主体的外生性依赖，资源主体拥有稀缺、不可替代性资源，这种交易或合作的资源关联属于外在资源的不均衡配置，更适用于异质丰富资源的获取，有利于产品的根本性创新和市场开发[①]（Thompson，1967；Stolte & Emerson，1976）。在此种模式下，各价值共创主体，通过协同整合，学习新技术、新工艺，进行大胆的服务创新，打破自身的资源约束，实现参与主体外生性资源交易的同时，也形成了各主体之间的资源反向互哺，从而更有利于价值共创氛围的营造和产出，能够更好地开展价值共创活动[②]。此时的价值共创范围也由线性扩大到网络，是物流集群价值共创的高级模式。价值共创的产出为创新性的价值主张、开拓性的市场，表现为创新型的物流服务，更广阔的市场份额（见表5-2）。

表5-2　　　　　　　　　物流集群价值共创模式比较

模式	价值共创主体	互动层次	资源依赖	价值共创产出	价值共创表现
一	企业和客户	点式连接，二元直接互动	内生性、资源互补	共同的价值主张	标准的客户服务
二	企业和客户	点式连接，二元直接互动	外生性、稀缺资源依赖	个性化的价值主张	增值性的物流服务
三	利益相关者	紧密链式连接，直接、间接互动	内生性、资源互补	综合性的价值主张	多功能、综合性的物流服务
四	利益相关者	紧密链式连接，直接、间接互动	外生性、稀缺资源依赖	个性化、综合性的价值主张	定制化的物流增值服务
五	所有社会和经济参与者	松散耦合网络，直接、间接互动	内生性、资源互补	综合性的价值主张、新技术、新知识	综合性的个性化物流创新服务
六	所有社会和经济参与者	松散耦合网络，直接、间接互动	外生性、稀缺资源依赖	创新性的价值主张、开拓性的市场	创新型的物流服务，更广阔的市场份额

① Thompson J. D. Organizations in Action：Social Science Bases of Administrative Theory，New Brunswick，NJ：Transaction Publishers，1967. Madhok A. ，Tallman S. B. Resources，Transactions and Rents：Managing Value Through Inter firm Collaborative Relationships ［J］. Organization Science，1998，9（3）：326－339.

② Akaka M. A. ，Vargo S. L. ，Lusch R. F. The Complexity of Context：A Service Ecosystems Approach for International Marketing ［J］. Journal of International Marketing，2013，21（4）：1－20.

本章节运用资源依赖理论和价值共创理论对物流集群的价值共创模式进行了分析，沿用了主流的企业资源依赖方式划分，将主体企业之间的资源依赖模式分为过程性依赖和结构性依赖，根据节点企业之间的互动层次的不同，将其分为点式、链式以及网络这三类互动方式。从资源依赖方式和互动层次两个维度出发，将物流集群价值共创模式分为点式互动——结构依赖型、点式互动——过程依赖型、链式互动——结构依赖型、链式互动——过程依赖型、网络互动——结构依赖型、网络互动——过程依赖型六种类型，以期为物流集群的价值共创提供可参照的模式。

要破解当前物流集群"集而不聚"的困境，关键是集群企业要根据自身的资源优势和能力禀赋，加强物流集群企业和利益相关者的交流合作，促进主体之间的知识融合，提升系统内各主体之间的互动层次，进行价值共创，实现物流集群整体竞争力的提高。

针对上述研究结论，本书认为可以从以下几点来促进物流集群价值共创：首先，物流集群企业需要不断加强彼此之间的关系强度，增强节点企业之间的联系，创建物流集群内部的资源交换和信息互动平台，加强知识、技术等隐性资源的共享。其次，物流集群企业要建立并保持良好的声誉，在不断的合作积累中，增强彼此的信任。最后，物流集群应该建立价值共创的机制，规范和约束各节点企业的行为，为物流集群的价值共创，创造良好的生长环境和文化氛围。

从资源依赖的视角进行物流集群的价值共创研究目前还处于探索阶段，物流集群价值共创的前提、共创的过程、共创的结果，共创的机制都有待进一步深入研究。

第6章

物流集群服务生态系统
价值共创制度

6.1 物流集群服务生态系统中的制度理论

6.1.1 "制度"的定义

对于"制度"的理解，不同的学科和理论会有不同的角度和看法。随着制度理论的发展，很多学者将组织生态学引入其中，制度理论关注的焦点也从环境中的组织转向组织中的环境，其中"组织场域"是重要的组织环境分析手段，斯科特认为，组织场域是制度重要的作用层次和分析层次①。组织场域是指集结在一起或形成集群规模的组织，由主要供给者、关键资源与物品的消费者、规制性机构或其他提供类似服务与物品的组织组成的、被认可的制度生活领域②。物流集群的服务生态系统就

---

① 理查德·斯科特. 制度与组织：思想观念与物质利益 [M]. 3 版. 姚伟，王黎芳，译. 北京：中国人民大学出版社，2010.

② Dimaggio P. J., Powell W. W. The Iron Cage Revisited：Institutional Isomorphism and Collective Rationality in Organizational Fields [J]. American Sociological Review, 1983, 48 (2)：147 - 160.

是由不同类型的物流企业和利益相关者构成的组织场域，可以借助组织场域的制度理论对其进行解读。

在总结制度各学派观点的基础上，斯科特将制度的内容概括成为社会生活提供稳定性和意义的规则性、规范性和文化认知性要素及相关的活动与资源①，并将制度分为规则、规范和认知三个维度。规则维度从保证主体行为符合规则标准的角度出发，制定相应的监督和惩罚机制，包括法律法规、集体公约及其他约束主体行为的正式规则标准；规范维度是来自规范和价值观的准则，这些规范和价值观能让行为主体感知组织环境中的利益和约束，行为主体遵守规范成为一种内在的承诺，是行为主体能够感知到的社会或者集体期望的行为方式，并驱使行为主体采取有利于集体和环境的行动②；认知维度主要是来自于行为主体的信念，这些信念产生自行为主体对周遭环境的认知，包括不同行为主体持有的并认为理所当然的信念、观点和思想。瓦尔戈（Vargo）等人融合了斯科特的对制度的解释，将服务生态系统的制度定义为"人为设计的规则、规范及信仰，用以限制（规范）参与者行为、使社会生活变得可预测且有意义"③，这个定义得到了大部分学者的认同。

制度的主要作用在于对主体行为的限制和约束，制度理论中的行动理论将共同制度视为限制和决定行为主体行动选择的约束，通过共同制度来确定法律、道德与文化的边界，从而对行为进行约束和限制，区分合理和不合理行为，并对越界行为进行惩罚④。与此同时，制度对行为主体的行为选择有驱动作用，通过制度的制定为行为主体提供引导与资源，从而产生激励效果⑤。制度理论中对行为问题的研究主要围绕制度的产生、行为主体形成组织场域的原因及其发展展开，这也是物流集群服务生态系统制度研究需要解决的问题。物流集群服务生态系统的行为主体

①⑤　理查德·斯科特. 制度与组织：思想观念与物质利益（第三版）［M］. 姚伟，王黎芳，译. 北京：中国人民大学出版社，2010.

②　塔尔科特·帕森斯. 社会行动的结构［M］. 张明德，等译. 南京：译林出版社，2003.

③　Vargo S. L., Lusch R. F. Institutions and Axioms: An Extension and Update of Service-dominant Logic［J］. Journal of the Academy of Marketing science, 2016, 44（1）：5 – 23.

④　Knoke D., Powell W. W., Dimaggio P. J. The New Institutionalism in Organizational Analysis［J］. The American Political Science Review, 1993, 87（2）：501 – 502.

根据自己所在的外部环境的变化来进行行为的选择，在制度的约束下，与其他行为主体进行合作互动。处于共同组织场域的行为主体会依据共识性的制度在场域内进行合作，从而维持现状①。问题出现时，行为主体会依据组织场域的共同制度进行互动行为，挑战者则试图构建新的规则，最终的结果取决于哪一方能让更多的组织场域参与主体相信其提供的制度框架能够有更多的受益②。以上相关的制度理论为物流集群服务生态系统的制度提供了研究视角和基础。在服务生态系统中，各参与主体是通过共享的制度结构而产生联系的，制度是参与主体为了长期有效的协调彼此的行为而人为创造的治理机制③。制度化的工作（制度的维持、变化和更新）在参与主体受到外部环境冲击时发生，推动了服务生态系统的发展与升级，对理解服务生态系统的机构和功能起关键作用④。

6.1.2 制度在物流集群服务生态系统的存在意义

1. 制度促使行为主体的聚集

价值观的共鸣是服务生态系统形成的基础，参与主体因为有着共同的信仰、价值观和理念而聚集在一起，形成了服务生态系统的基本形态⑤。这些信仰、价值观和理念奠定了服务生态系统制度的基础。市场是服务生态系统的一种表现形式⑥，同理，物流集群也是制度化的一种解决

① Fligstein N. Social Skill and Institutional Theory [J]. American Behavioral Scientist, 1997, 40 (4): 397 – 405.

② 理查德·斯科特. 制度与组织：思想观念与物质利益 [M]. 3 版. 姚伟，王黎芳，译. 北京：中国人民大学出版社，2010.

③ Chandler J., Lusch R. F. Service Systems: A Broadened Framework and Research Agenda on Value Propositions, Engagement and Service Experience [J]. Journal of Service Research, 2015, 18 (1): 6 – 22.

④ Vargo S. L., Lusch R. F. It's all B2B and Beyond: Toward a Systems Perspective of the Market [J]. Industrial Marketing Management, 2011, 40 (2): 181 – 187.

⑤ Aal K., Pietro L. D., Edvardsson B., et al. Innovation in Service Ecosystems: An Empirical Study of the Integration of Values, Brands, Service Systems and Experience Rooms [J]. Journal of Service Management, 2016, 27 (4): 619 – 651.

⑥ Vargo S. L., Lusch R. F. Service-dominant Logic: Continuing the Evolution [J]. Journal of the Academy of Marketing Science, 2008, 36 (1): 1 – 10.

方案，行为主体通过对制度的理解和判断以各种形式参与到集群中来，这些通过制度集聚起来的行为主体实际上就是物流集群服务生态系统的参与者。

2. 制度确保行为主体行动的有限理性

新古典经济学中关于经济人完全理性的假设，一直饱受诟病和争议，有学者指出人类的认知能力是一种有限的资源，可以用制度进行辅助，将关键问题由行为是否理性转向为行为主体在有限理性的前提下如何有效合理化[1][2]。西蒙（Simon）提出可以通过共享制度来解决这个问题。物流集群服务生态系统中制度的存在使参与主体有了明确的行为指导规则和约束，能够有效地减少各参与主体在认知和思考方面消耗的资源，提高行动效率，创造有利于价值共创的氛围。

3. 制度决定行为主体互动行为的结果

威廉姆森（Williamson）指出，在服务生态系统中，制度的作用在于协调行为主体之间的互动，每个参与者都会有制度的支配[3]，参与者之间的互动成功与否取决于参与者是否都接受同一制度的支配[4]。在物流集群服务生态系统中，当各行为主体都认同某一制度安排时，价值共创才得以实现；当各行为主体对制度安排产生分歧时，价值共创则无法开展。

4. 制度强化价值共创的效果

物流集群服务生态系统中，一旦形成各行为主体都认同的制度，各行为主体对特定的事物和行为的价值判断趋同，遵循统一的制度安排，

① Simon H. A. Administrative Behavior: A Study of Decision-making Processes in Administrative Organization [J]. Administrative Science Quarterly, 1959, 2 (2): 244 - 248.

② Simon H. A. Rationality as Process and as Product of Thought [J]. American Economic Review, 1978, 68 (2): 1 - 16.

③ Williamson O. E. The New Institutional Economics: Taking Stock, Looking Ahead [J]. Global Jurist, 2000, 38 (3): 595 - 613.

④ Solomon M. R., Surprenant C., Gutman C. E. G. A Role Theory Perspective on Dyadic Interactions: The Service Encounter [J]. Journal of Marketing, 1985, 49 (1): 99 - 111.

规范行为模式，这样可以减少各行为主体之间的摩擦和交易成本，更顺畅地进行互动合作，有利于价值共创行为的产生。与此同时，相互依赖的制度矩阵组成的网络会产生大量的、日益增加的回报①，共享制度的参与者越多，所有参与者的潜在协调利益就越大②。在物流集群服务生态系统中，各行为主体通过制度的共享，更加便于交流和沟通，知识和技能的流动性增强，产生网络和加乘效益，进一步增加价值共创的产出。

5. 制度变化促使服务生态系统中的创新

如上所述，物流集群服务生态系统中各行为主体对制度的认同确保价值共创行为的产生，为行为主体进行资源整合和服务交换提供了统一合理的范式。随着系统内外部环境的变化，行为主体会对制度提出质疑，并对制度进行修改、扩增或者升级，为系统内各行为主体提供新的制度框架。在新制度的指导下，会促使物流集群服务生态系统中产生新的资源整合，出现新的服务形式，系统的创新由此产生。服务生态系统中的创新需要通过打破指导资源整合的制度来进行③，服务生态系统中的服务创新实质就是新的价值共创的制度安排④。

6.2 物流集群服务生态系统中制度的内容

物流集群服务生态系统中制度是生态系统能否获得并保持竞争优势的关键。物流集群服务生态系统中制度的主要目的是保证系统内部的各行为主体能够在相互信任的基础上进行协调有序的良性互动，避免机会

① 诺思. 制度、制度变迁与经济绩效 [M]. 杭行，译. 上海：格致出版社，2008.
② Alvarez S. A. , Young S. L. , Woolley J. L. Opportunities and Institutions：A Co-creation Story of the King Crab Industry [J]. Journal of Business Venturing, 2015, 30 (1)：95 – 112.
③ Koskela-Huotari K. , Edvardsson B. , Jonas J. M. , et al. Innovation in Service Ecosystems-breaking, Making, and Maintaining Institutionalized Rules of Resource Integration [J]. Journal of Business Research, 2016, 19 (8)：2964 – 2971.
④ Vargo S. L. , Lusch R. F. Institutions and Axioms：An Extension and Update of Service-dominant Logic [J]. Journal of the Academy of Marketing Science, 2016, 44 (1)：5 – 23.

主义行为，实现服务生态系统的高效率，实现价值共创，获取整体效益。如果缺乏有效合理的制度，不能实现系统内部各行为主体之间的有效合作，片面地从自身利益出发，将导致物流集群服务生态系统的价值共毁，从而走向衰败。

具体来讲，物流集群服务生态系统中制度是系统内部各参与主体通过经济契约的联系或者社会关系的嵌入形成的以参与主体之间的规制安排为基础的关系结构，是物流集群服务生态系统中各参与主体之间的关系协调和规制安排，不仅包含宏观的法律法规和权威机构的正式契约，也包含由社会关系嵌入形成的参与主体之间的各种非正式契约。参照前文所述，将其具体内容分为规范、规则和认知三个维度（见图6－1）。

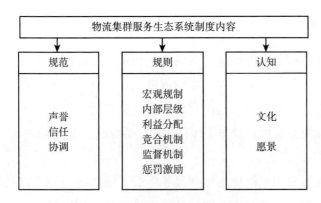

图6－1　物流集群服务生态系统制度内容

6.2.1　规则维度

物流集群服务生态系统的规则维度是从保证主体行为符合规则标准的角度出发，制定相应的监督和惩罚机制，包括法律法规、集体公约以及其他约束主体行为的正式规则标准。

1. 宏观规则

宏观规则是指物流集群服务生态系统所在的区域或地方，由当地政府或者其职能机构制定或颁布的法律法规、行为规范，凭借其权威力量影响物流集群服务生态系统各参与主体行为的规则。地方政府及其职能机构是这种规则的治理行为主体，一般通过颁布地方性的政策指令，制定战略性的地方规划，开展支持物流集群服务生态系统发展的各种招商引资活动来对系统内部各行为主体来施加影响。

这种宏观规则的治理绩效可以从以下几个方面来进行衡量：区域是否存在处理物流集群服务生态系统各参与主体之间纠纷的专门组织和相应流程；区域相关的法律法规是否能保证物流集群服务生态系统各参与主体在进行合作时能够有效履约；区域政府制定的相关地方发展战略规划是否合理并能够有效执行；区域政府在对物流集群服务生态系统创新和升级方面的牵头作用等。

2. 内部层级

物流集群服务生态系统是不同于市场和科层组织的一种特定类型的网络组织，但是并不表示物流集群服务生态系统内部不存在层级，这种层级可以是行政的也可以是经济的。物流集群服务生态系统内部层级治理机制是指对系统内各参与主体权威地位的分配，以及层级关系的归属。

（1）经济层级。

经济层级机制是指物流集群服务生态系统内部的一个或几个大型龙头企业凭借其在市场和产业链中的权威来影响系统内其他行为主体行动的规则机制。在经济层级治理机制下，物流集群服务生态系统少数大型龙头企业是规则的主体，他们依靠自身强大丰富的资源和市场能力，逐步控制了物流产业链上的高端环节，而将其他环节外包给物流集群服务生态系统内部的其他企业和机构来为其进行配套，在系统内部建立起了以自身为核心的稳定的价值链分包体系，通过这种"垂直一体化"的准生产结构，龙头企业逐步建立其对其他分包配套企业的经济影响力，通过生产和服务标准以及供应规则的制定来对其他企业进行管理和控制。

物流集群服务生态系统经济层级化的程度可以从以下几个方面进行衡量：系统的领导企业对集群内部相关物流企业的整合程度；领导企业与系统内部配套外包企业关系的稳定程度；领导企业对于系统内部中小型企业经济活动的影响程度；领导企业对系统内部的技术、市场及人力资源的控制程度。

（2）协会治理。

协会治理是由物流集群服务生态系统的物流行业协会或者商会等组织在共同平等协商原则的指导下来进行共同行动的治理机制。协会治理主要是指，一定数量的行为主体在认同各自的权利和地位的基础上，通过共同平等协商，达成和履行相对稳定的共同协议，以期达到团体的利益。因此，协会治理的主体主要是协会的成员。地方的物流协会和商会的成员一般覆盖到了大多数物流集群服务生态系统内的行为主体，物流行业协会各种职能的履行往往会影响到整个生态服务系统，在国外很多物流行业协会和商会都充当物流集群服务生态系统内部公共资源提供者的角色，所以协会治理是一种非常重要的治理规则。

协会治理的有效性一般可以从以下几个方面进行衡量：物流协会在提供物流产业相关的信息和服务方面的行为；物流行业协会在制定物流行业各种行业标准和规范及监督执行的效果；物流行业协会代表物流集群服务生态系统企业与政府进行沟通协商的成果；物流行业协会组织各种行业会展和学术交流的成果；物流行业协会在组织物流企业应对重大突发事件方面的成效。

3. 利益分配

物流集群服务生态系统是由不同的经济独立实体组成的，各个独立的经济实体追求自身的利益是其天然属性，物流集群服务生态系统剩余的有效获得和合理分配是系统稳定健康发展的基本保证。系统剩余是利用内部各个物流企业和相关机构的资源整合，建立在分工效率和结构优势上而获得的超过单个企业利益简单相加所得的总和的那部分经济增量。很明显，物流集群服务生态系统剩余是由系统内部各个企业共同创造的，也应该由各经济主体共同分享，系统剩余的产生和合理分配正是物流企业进入物流集群服务生态系统的基本动力。所以在进行利益分配时应该秉承一定的基本原则：物流集群服务生态系统各行为主体获得的利益应该大于在进入系统之前单个企业所创造的效益；物流集群服务生态系统中各行动主体之间的地位和层级关系决定了分配结构，处于领导地位的行为主体往往会获得更高份额的利益分配；由于物流集群服务生态系统利益的获得，是建立在系统内部各行为主体之间的资源整合的基础上的，所以各主体之间存在着一定的共生互利关系，因此在进行利益分配时公平、互惠也是重要的原则。

对于不同类型的物流集群服务生态系统，利益分配的机制也是不同的。如果是平等型的物流集群服务生态系统，也就是说系统内部不存在领导企业和配套企业之间的关系，这种类型的物流集群服务生态系统的利益分配的最大特点就是均衡。这种"均衡"意味着，各个行为主体的投入或者面临的风险与其获得的收益成正比，没有太大的差异；这种"均衡"不是绝对的，而是相对的，也就是说，即使是在各行为主体实力较为均衡的情况下，各主体的资源和投入根据物流产业分工也是有所不同的，所以也导致了分配的相对"均衡"。在支配型物流集群服务生态系统中，系统内部存在领导企业，各行为主体之间的实力差距较大，领导企业处于产业链的支配地位，其他企业为其进行外包和配套，领导企业对整个物流产业集群都享有绝对的控制权，其支持性企业则明显处于弱势地位。这种层级关系也反映在利益分配中，领导企业或龙头企业获得物流集群服务生态系统的绝大部分剩余，并调节不同产业环节之间的利益分配。

为了更好地讨论物流集群服务生态系统的利益分配机制，下文将引入简单的模型进行利益分配机制的演绎。

如上文的公式分析，设企业 i 选择与企业 a 进行合作，企业 i 和企业 a 合作之后的成本分别如下：

$$PC_a = (1-\alpha)G_a M_{ia} C_i + \bar{F}_i Q_i \qquad (6-1)$$

$$PC_i = (1-\alpha)G_i Y_{ia} C_i + F_a \qquad (6-2)$$

其中，M_{ij}：企业 i 与企业 j 合作经营的业务占企业 i 营运业务的比重；

C_i：企业 i 营运业务的单位成本；

$\bar{F}_i$：企业 i 营运业务的单位平均固定成本；

Q_i：企业 i 的营运业务量；

α：企业 i 与企业 a 合作的流量折扣率（$0 < \alpha < 1$）；

Y_{ia}：企业 i 与企业 a 合作后的运营业务量占营运业务的比重。

对于企业 i 而言，它与企业 a 合作所降低的成本等于企业 i 与企业 a 合作所享受的折扣减去企业 i 与除企业 a 之外的企业合作所享受的最低折扣，即机会成本。

设企业 i 与除企业 a 外的任意企业合作所享受的折扣率为 r，则企业 i 与企业 a 合作所产生的收益（企业 i 所降低的成本，用 R_a 表示）如下：

$$R_a = (\alpha - r) G_i M_{ia} C_i \qquad (6-3)$$

对于企业 a 来说，它也有选择的权利，它既可以选择企业 i 也可以选择其他企业。同理，企业 a 与企业 i 合作所降低的成本等于企业 a 与企业 i 合作所获得的折扣减去企业 a 与除企业 i 之外的企业合作所享受的最低折扣。设企业 a 与除企业 i 之外的企业合作所享受的最低折扣为 θ，则企业 a 与企业 i 合作所实现的收益（企业 a 所降低的成本，用 R_i 表示）如下：

$$R_i = (\alpha - \theta) G_a M_{ia} C_a \qquad (6-4)$$

则，企业 a 与企业 i 合作的总收益为：

$$R = (\alpha - r) G_i M_{ia} C_i + (\alpha - \theta) G_a M_{ia} C_a \qquad (6-5)$$

如上文的分析，在物流集群服务生态系统，收益的获得取决于系统中各企业的相对势力，而相对势力主要取决于固定资产投入、转换合作伙伴的成本以及合作伙伴业务的不可替代性。在合作中投入的固定资产越多，合作越容易被对方绑定，相对势力就越弱；转换合作伙伴的成本越高，也容易被绑定，相对势力越弱；合作伙伴的业务的不可替代性越强，在合作关系中越容易被绑定，相对势力越弱。在进行企业收益的计算时，应该考虑企业的绑定成本，如下所示：

$$PC = mT + nE + qF \qquad (6-6)$$

其中，PC：绑定成本；

T：固定资产投入；

E：转换合作伙伴的转换成本；

F：合作伙伴的不可替代性，一般用服务的重要性和替代服务的选择数量来衡量；

m、n、q 为各项因子所占的权重。

在企业 i 与企业 a 的合作过程中，企业 i 的绑定成本为：

$$PC_i = m_i T_i + n_i E_i + q_i F_a \qquad (6-7)$$

企业 a 的绑定成本为：

$$PC_a = m_a T_a + n_a E_a + q_a F_i \qquad (6-8)$$

则有，企业 i 相对企业 a 的绑定程度为 $\dfrac{PC_i}{PC_a}$；企业 a 相对企业 i 的绑定程度为 $\dfrac{PC_a}{PC_i}$。

合作企业中，绑定程度越高，相对势力越弱。在企业 i 与企业 a 的合作关系中，企业 i 的相对势力（用 PR_i 表示）为：

$$PR_i = (PC_a/PC_i)/(PC_i/PC_a + PC_a/PC_i) = PC_a^2/(PC_a^2 + PC_i^2)$$

$$(6-9)$$

企业 a 的相对势力（用 PR_a 表示）为：

$$PR_a = (PC_i/PC_a)/(PC_i/PC_a + PC_a/PC_i) = PC_i^2/(PC_a^2 + PC_i^2)$$

$$(6-10)$$

在 $PC_i = PC_a$ 时，即合作双方的相对势力均衡的情况下，企业 i 与企业 a 的相互依赖，收益在两者之间共享，一般各自会得到通过合作产生收益的 $1/2$，即：$DR_i = DR_a = \dfrac{1}{2}\left[(\alpha-r)G_i M_{ia} C_i + (\alpha-\theta)G_a M_{ia} C_a\right]$；如果 $PC_i > PC_a$，即企业 i 的相对势力大于企业 a 的相对势力，并且双方的合作关系仍然维系的情况下，企业 i 的收益应在 $[1/2R,\ PR_i R]$ 区间内，企业 a 的收益为 $[PR_a R,\ 1/2R]$；如果 $PC_i < PC_a$，即企业 i 的相对势力小于企业 a 的相对势力，并且双方的合作关系仍然维系的情况下，企业 a 的收益应在 $[1/2R,\ PR_a R]$ 区间内，企业 i 的收益为 $[PR_i R,\ 1/2R]$。

4. 竞合机制

物流集群服务生态系统内部相对透明的市场、快速有效的信息传播和扩散以及较低的进入壁垒将强化竞争的激烈程度。物流集群服务生态系统内部的竞争冲淡了各个行为主体之间的资源要素优势，促使主体不断地进行技术学习和产品服务创新，寻找更具有比较优势的资源，从而使其保持对外部竞争者的竞争优势。但是如果一味地强调竞争，又会使物流集群服务生态系统的资源整合优势难以发挥，陷入僵化。过度竞争主要表现在以下几个方面：物流产业或服务价格长期低于市场的平均成本，物流资源的要素报酬长期低于正常水平，对市场经济周期的反应滞后。过度竞争是一种低水平重复性的对抗竞争，最常用的手段是价格竞争，长期的低价竞争会减少物流产业集群的获利空间，最终导致研发和市场开拓投入的减少，制约物流集群服务生态系统的创新能力的提高，难以进行系统的升级。而长期的竞争对抗关系会破坏物流集群服务生态系统各企业之间的信任合作关系，导致机会主义行为的产生和泛滥。

与过度竞争相对立的另一个极端就是产业垄断和战略联盟，表现为物流集群服务生态系统内过于密集和亲密的关系网络以及单边或者共谋性的垄断行为。这种合作关系的建立，会导致物流集群服务生态系统的锁定效应和依从性行为，使得生态系统趋于僵化，导致物流集群服务生态系统缺乏创新的活力和良好的市场适应能力。

所以，竞合机制的目的不仅在于维持物流集群服务生态系统内部各主体之间的适度竞争，避免产生锁定效应的同时，也要保持物流集群服务生态系统的活力和创新意识，避免陷入过度竞争。

5. 监督机制

虽然物流集群服务生态系统内部密集的产业和社会关系网络的建立，大大加强了行为主体之间的信任，削弱了机会主义行为的风险，但这并不意味着机会主义行为完全消失，因此对物流集群服务生态系统进行适当的监督是必要的。物流集群服务生态系统的监督机制可以分为三种类型，即第一方监督、第二方监督和第三方监督。

第一方监督是自我监督，是行为主体基于对合作收益的长期性和稳定性的预期为基础，企业为了获得预期稳定的收益，而主动消除自己的机会主义行为。声誉的建立、信任关系以及收益是第一方监督的主要动力。第二方监督是物流集群服务生态系统内部各行为主体之间的相互监督和约束。合作双方彼此提供利益因素使双方得以彼此约束，以此来增加双方机会主义行为的成本。双方在业务合作方面的关系使得双方的这种彼此牵制和依赖逐步加深，而共同的经济利益关系使得这种关系更加稳固。第三方监督就是由第三方仲裁者来监督各经济主体的经济行为。从博弈论角度来看，第三方监督能够改变信息结构从而避免机会主义行为的产生。在物流集群服务生态系统中的第三方一般由政府和物流行业协会来担当，当然这两者的仲裁权限是有差异的。一般来说，政府是拥有强制性的权力，而物流行业协会这种类型的仲裁机构，更多的是依靠声誉和社会关系来实施制裁，并不拥有实施裁决并要求进行赔偿的权利。在第三方监督的实施过程中，需要注意的是，第三方仲裁机构的独立性和公平性是有效实施第三方监督的关键。对于平等型的物流集群服务生态系统，第三方监督机构一般具有较强的独立性和公平性，但是如果在支配型的物流集群服务生态系统中，第三方监督机构存在着偏向龙头企业或者领导企业的可能，这可能就需要政府或者法律机构的参与。

6. 惩罚激励

惩罚机制和激励机制是物流集群服务生态系统当中的两种强化方向不同的约束机制。激励机制是通过对物流集群服务生态系统的参与主体提供正向的强化，而惩罚机制则是通过对物流集群服务生态系统的参与主体实施制裁提供负向的约束，两者共同作用于服务生态系统，从而预防和规避物流集群服务生态系统的风险，减少机会主义行为的发生，规范物流集群服务生态系统的不同主体之间的交易行为。交易风险是构成物流集群服务生态系统风险的主要来源，其主要是由资产专用型和交易的不确定性产生的。如果用 F 表示物流集群服务生态系统的风险，资产专用性水平用 M 表示，N 表示交易的不确定性，则有：

$$F = f(M,N) \qquad (6-11)$$

资产专用性是指一种资产在不忽略其生产价值时，其用于其他业务或者为他人所使用的程度。随着专业化分工的逐步深入，资产专用性的程度不断提高。如果用 A 来表示生产工序的数量，则资产专用性水平 M 可以表示为：

$$M = f(A) \qquad (6-12)$$

物流产业链各环节的可分拆性、离散性和中间产品的交易市场为物流产业集群的形成奠定了基础。物流产业链各环节的可分拆性越大，则 A 的数值就越大，从而使物流产业链中的大量的中间产品和资源分散在不同的物流企业以及相关机构之间，使得各企业之间的依赖性增强，拆分的生产工序越多，参与中间产品生产的物流企业和相关机构的数量越多，这种交易的不确定性就越大，用 T 表示进行中间产品交易的物流企业数量，则有：

$$N = f(A, T) \qquad (6-13)$$

在物流集群服务生态系统中，由于行为主体在交易中的有限理性，随着分工的深化引起的资产专用性程度的提高，处于劣势的一方很容易被处于优势的一方所"威胁"或者由于信息的不对称而引起行为主体采取机会主义行为从而引发物流产业集群的交易风险，即：

$$\frac{\partial F}{\partial M} > 0 \;;\; \frac{\partial F}{\partial N} > 0 \qquad (6-14)$$

一般来说，物流产业链工序的增加会增加从事某一个环节业务的物流企业的资产专用性程度的提高；而工序的增加和从事中间环节业务物流企业数量的增加会带来交易的不确定性。随着物流产业链环节的逐步拆分，资产专用性 M 和交易不确定性 N 均会提高，则物流集群服务生态系统的风险 F 提高。

物流集群服务生态系统的惩罚激励机制的建立，在一定程度上能够降低系统的交易风险。

（1）激励机制。

能够对物流集群服务生态系统的行为主体产生最大激励效果的莫过于占有系统的剩余。物流集群服务生态系统的剩余是系统的行为主体从集群内部获得的额外收益，一般以成本剩余和收益剩余的形式在物流集群服务生态系统内部各主体之间进行分配。用 R 表示物流集群服务生态系统剩余，并将其引入 $F = f(M,N)$，则有：

$$F = f(M,N,R) \qquad\qquad (6-15)$$

因为 $\dfrac{\partial F}{\partial R} < 0$，当物流集群服务生态系统参与主体获得较高的系统剩余时，物流集群服务生态系统的交易风险会降低。从这个角度来讲，追求物流集群服务生态系统的剩余是系统的激励机制的根本。

物流集群服务生态系统的激励机制用系统剩余作为诱饵，明确了遵守系统的交易规则所能带来的收益，并制定可行的激励手段，来鼓励交易主体的良性行为。一般来说，物流集群服务生态系统的激励可以从价格、订单、声誉和信息这几个方面进行。价格和订单激励是向遵守交易规则的交易方提供优惠价格和大批量订单以作为奖励，以正强化其行为，鼓励其继续良性行为；声誉激励则是从建立企业的信誉作为奖励，因为信誉是物流企业获得订单，扩大业务量的主要基础，通过良好的声誉传播和积累，企业可以获得更多的市场机会和合作机会；信息激励则是通过更有效的信息和知识的交流使交易主体能够更加便捷的展开合作。

（2）惩罚机制。

惩罚机制是对物流集群服务生态系统内部交易主体的违约行为或者机会主义行为进行负强化，以此来对这些行为进行约束。如果用 S 来表示对机会主义行为者的惩罚力度，并将其引入式 $F = f(M,N,R)$，则有：

$$F = f(M,N,R,S) \qquad\qquad (6-16)$$

因为 $\dfrac{\partial F}{\partial S} < 0$，当对物流集群服务生态系统交易主体的惩罚力度提高时，物流集群服务生态系统的交易风险会降低。

物流集群服务生态系统内部的惩罚机制明确了破坏交易的行为或者是机会主义行为所应当承担的责任，以及详细的可操作性的惩罚措施细则。物流集群服务生态系统的地理接近性与本地化为惩罚机制的实施创造了条件。一般来说，惩罚机制分为非正式惩罚、准正式惩罚以及正式惩罚三类。非正式惩罚主要是基于交易主体在业界声誉方面的负强化，交易主体的机会主义行为会给交易者带来市场声誉的贬值，物流集群服务生态系统密集的本地化网络会加速这种负面声誉的传播，从而会导致交易方合约的减少或解除，甚至是将其驱除出服务生态系统，使其享受的系统剩余减少甚至消失；准正式惩罚一般是基于物流行业协会或者相关社团的惩罚，这种类型的惩罚一般基于协会或者社团的相关章程或者规范、标准，惩罚的形式可以是资金上的，也可以是名誉性的，也包括取消会员资格等。这种惩罚的影响不仅局限于物流行业协会或是社团内部，往往还覆盖到协会或社团外的成员。因为，物流协会或社团的相关标准规范代表了整个物流集群服务生态系统的内部规范和行为指向。正式惩罚是基于正式的规章及法律制度，具有强制性，正式的惩罚机制是基于明确的法律制度、行业规范对物流集群服务生态系统各参与主体产生的强制性的约束力，这种正式的惩罚一般是作为最后的措施出现的。

　　激励惩罚机制是以获取物流集群服务生态系统的剩余为核心的治理机制。从对物流集群服务生态系统制度的逻辑分析可以看出，获取正的协同效应是制度的根本目的，这种协同效应是物流集群服务生态系统剩余产生的基础。物流企业和相关机构之所以加入物流集群服务生态系统其主要目的就是为了获取系统剩余，预期的系统剩余是系统成员机会主义行为的成本，成为规避物流集群服务生态系统风险，顺利进行交易的保证。预期的系统剩余越大，物流集群服务生态系统的行为主体的机会主义行为的成本就越高，则物流集群服务生态系统的交易风险就越低，系统的稳定性也就越强，因此系统剩余是激励物流集群服务生态系统成员守约的重要手段。与此同时，物流集群服务生态系统的参与主体一旦出现机会主义行为，将面临分享系统声誉权利的限制和剥夺的惩罚措施。一旦成员被纳入物流集群服务生态系统守约成员的范围内，就能够享受到系统所带来的范围经济、规模经济和成本优势，能够更好地取得预期的系统剩余。而机会主义行为者将受到分享系统剩余权利的剥夺甚至是驱除，以及市场声誉的贬损。

　　因此，以分享物流集群服务生态系统剩余为核心的惩罚激励机制能够在一定程度上限制物流集群服务生态系统内部各参与主体的机会主义行为，从而降低系统的交易风险，激励物流集群服务生态系统各参与主体之间的正向协同，维持系统的稳定和持续发展。

6.2.2　规范维度

物流集群服务生态系统的规范是指在市场需求不确定和任务复杂性的环境下，物流集群服务生态系统各参与主体彼此调适、相互协同参与社会经济活动，参照的共同默认的行为规范，这是一种内在的承诺，是行为主体能够感知到社会或者集体期望的行为方式并驱使行为主体采取有利于集体和环境的行动，这种规范主要包括声誉、信任、协调。

1. 声誉

声誉是对行为主体的一种社会记忆，包括行为主体的特点、能力、可靠程度及其他交易特征，声誉可以提供行为主体的信任度和意愿度等信息来减少与其合作交易过程中的不确定性，以增强行为主体之间合作的有效性。从制度的角度来讲，声誉可以理解成为获得交易的长远利益而在交易中自觉遵守各种正式的或非正式的契约的行为，以及因此对这种行为产生的社会评价。

在环境不确定性和任务复杂性日益增强的市场环境下，相互交易的行为主体之间更加关注合作伙伴的声誉，以实现交易的有效性，保证交易的安全性。随着信息技术的广泛应用，使得行为主体声誉的传播成本大大降低，物流集群服务生态系统中各行为主体的紧密合作使声誉广泛传播成为可能。在系统内各行为主体不断的合作交易过程中，声誉和信任缓解了各行为主体之间的冲突，从而形成一种和谐和信任的集群氛围，这也正是物流集群服务生态系统的优势所在。在物流集群服务生态系统中，各行为主体之间不仅存在合作的关系，还存在着竞争关系，各行为主体之间在相互依赖、资源互补的同时，也存在着整体利益与个体利益、长期利益和短期利益相冲突的竞争。在这种竞合关系的纠结过程中，各行为主体在相互协调合作中可以获得长期利益的同时，也可以获得良好的声誉，从而对某些短期行为和机会主义起到一个抑制的作用，激励行为主体协同合作。物流集群服务生态系统行为主体通过利益共享、风险共担来维护巩固和提高自身的声誉，使得长期交易和合作成为可能；反过来这种长期利益的获得又促使各行为主体之间进行进一步的协同合作。因此长期利益的获得、声誉、协同合作可以使物流集群服务生态系统内形成良性的循环，并不断强化。

2. 信任

信任是指物流集群服务生态系统各参与主体之间对对方诚实合作交易行为的预期，是系统内各参与主体互动合作并最终达到协同状态的基础条件。物流集群服务生态系统的持续发展客观上需要各参与主体之间建立高度的信任，信任对系统内部各参与主体的行为有着重要影响，信任机制是物流集群服务生态系统的重要组织原则。在物流集群服务生态系统内部大量的交易是依靠各主体之间的信任完成的，信任已经成为各行为主体履行合约的保障。在信任机制的基础上建立的交易，可以减少交易成本，提高交易的效率，避免机会主义，减少交易的风险。各主体之间的信任还可以促进信息的共享和知识的传播，可以缩短新产品和服务的研发周期，降低生产成本，增强物流集群服务生态系统的创新能力，进一步提升系统的竞争能力。

信任不是凭空产生的，它需要社会关系的嵌入。社会关系是建立信任的基础，同样，信任的建立可以进一步强化这种互信合作关系。社会关系意味着彼此的义务，这种义务促使行为主体做出令对方信任的行为，这种信任的行为一般会得到相应的响应，从而建立起行为主体之间的信任关系。信任具有可传递性，可以从已获得信任的一方向第三方传递，从而扩大这种关系网络。同样，社会关系网络的建立有利于增加行为主体之间的了解和沟通，通过获取合作伙伴的相关信息，建立彼此的信任。物流集群服务生态系统的各参与主体通过长期的合作与博弈、资源依赖性较强的产业分工以及在此基础上的频繁交流沟通使得系统的信任机制得以建立。有效的信息并不是在物流集群服务生态系统内部各行为主体之间均匀分布的，但是建立在信任基础上的亲密的合作伙伴关系，使这种有价值的信息的获取成为可能。这种基于信任的频繁交易为长期伙伴关系的合作方提供了一个资源共享的平台，成为物流集群服务生态系统各行为主体价值共创的基础。

3. 协调

物流集群服务生态系统是物流企业及其相关组织机构在一定空间范围内的集聚，不同的产业分工、信息传播的不对称以及各行为主体的自利性都需要在交易各方或各行为主体之间进行有效的沟通协调，才能保证交易的顺利进行。协调不是事后被动的对矛盾和冲突的处理，而是主动的一种制度安排。在物流集群服务生态系统内部的沟通协调，不仅仅局限在对已经成型的产品或服务，更重要的是对于新产品和新服务的这些创造性的活动上。协调沟通是相互的，有效的信息和知识反馈是沟通协调成功进行的保障。

协调按照深度可以分为利益协调、分工协调、交流协调。利益协调是对利益在物流集群服务生态系统当中进行分配的机制，是协调机制的基础，目的是保证系统内各行为主体的利益均衡。物流集群服务生态系统内部的各行为主体都是单独的经济实体，只有在保证了各行为主体均衡的利益分配后，各行为主体才会采取合作行动。利益协调的过程其实也是各行为主体目标协调的过程，也就是要整合各行为主体的目标，使整体目标最优，使目标系统化，再来进行利益分配。分工协调是指各行为主体基于自己的优势资源在产业链上进行分工合作，基于共同的利益和目标进行的目标分解和任务分配，处于协调机制的中间。交流协调是协调机制的基础，有效的分工协调和利益协调都需要良好的交流作为保障，交流协调机制主要解决各行为主体之间的交流和通信，克服由信息传播过程中的不对称而导致的信息扭曲，从而保证各行为主体之间准确无误的信息交流。

6.2.3 认知维度

物流集群服务生态系统认知主要是来自系统内行为主体的信念，这些信念产生自行为主体对周遭环境的认知，包括不同行为主体持有的并认为理所当然的信念、观点和思想，主要包括文化和愿景。

1. 文化

物流集群服务生态系统的宏观文化是由物流行业、职业以及专业方面的知识所构成的，为各行为主体所认同的价值观、行为规范所构成的价值体系。一旦形成这种系统文化，系统内各行为主体在价值观、思想、行为规范上有着一致的认同感，则各行为主体之间的交流会越来越多，信任关系也会逐步增强，交易也就越来越频繁。

物流集群服务生态系统的宏观文化是理解物流行业特色术语和隐喻的工具，是整合系统各行为主体的价值观和意识形态的基础。这种文化不仅能够指导各行为主体之间的交易和具有物流行业特色的行为模式，而且还可以定位交易过程中的不同角色，确定不同角色之间的关系，形成解决冲突的行为模式。物流集群服务生态系统的宏观文化来源于直接的或间接的嵌入的社会关系网络，它不仅局限于高层人员内部，而是为系统内部所有行为主体共享。通过在物流集群服务生态系统内部的社会化来建立集群的共同愿景，用特色语言和信息来方便集群各行为主体的交流协同，同时为冲突和矛盾的解决制定了一般规则。正是由于宏观文化的存在，物流集群服务建立起了系统各行为主体的基本行动规则，各行为主体不必为每一次交易进行重复的工作，从而降低了交易成本，简化了交易过程。

2. 愿景

物流集群服务生态系统的愿景是由系统内各行为主体所认同的，通过团队讨论，获得系统一致的共识，形成各行为主体愿意全力以赴的未来方向。愿景是物流集群服务生态系统的灵魂，是系统的未来发展方向。物流集群服务生态系统的共同愿景是各行为主体对未来所共同持有的一致的意象和景象，存在于各行为主体的心中的一股前进的动力。共同愿景遍布物流集群服务生态系统的全部活动，使各种活动融合起来围绕共同愿景来进行。

建立物流集群服务生态系统的愿景对于系统的创新发展至关重要，在共同愿景的作用下，促使系统各行为主体由"适应性学习"向"主动性学习"转变，通过这种集体学习，加速了信息、知识及技术在物流集群服务生态系统中各行为主体之间的传播，加快了系统创新的进程，改进了产品和服务，更好地适应了市场变化，从而为获得和保持物流集群服务生态系统的竞争力奠定了基础。

6.3 物流集群服务生态系统中制度的作用路径

6.3.1 促进物流集群服务生态系统形成

理查德认为，制度不是经由行动者从利益出发的目的性行为创造的，而是面对各种相似环境的行为者的集体意义构建与问题解决行为的产物，嵌入共同体网络是制度化程度上升的标志①。社会生活中的行动个体或组织都有着一套指导自身行为的规则、规范和认知，这些规则、规范和认知构成了个体和组织的制度集合。行为个体和组织在组织场域中进行广泛的互动和交流，使各自的制度在社会生活中进行传递和碰撞，在这个过程中，逐步产生了群体认同的共识性制度，行为个体通过这些共识性的制度集聚在一起。这就是制度的建构作用，即制度在决定行为个体行动的过程中体现出的内聚性和一致性②。在物流集群服务生态系统中，最初各行为主体会因为对制度的认同性和一致性判断在一定的空间范围内进行集聚，各行为主体认同的制度也成为物流集群服务生态系统的初始制度，物流集群服务生态系统由此形成。

在最初的社会活动中，行为主体有着自己独特的指导自身行为的规则、规范和认知，这也是制度的三个基本维度。个体制度是行为主

---

① 理查德·斯科特. 制度与组织：思想观念与物质利益 [M]. 3 版. 姚伟，王黎芳，译. 北京：中国人民大学出版社，2010.

② Beyer J. M. Organizations: Rational, Natural and Open Systems [J]. American Journal of Sociology, 1987, 29 (1): 399 - 404. Schneiberg M., King M., Smith T. Social Movements and Organizational Form: Cooperative Alternatives to Corporations in the American Insurance, Dairy and Grain Industries [J]. American Sociological Review, 2008, 73 (4): 635 -667.

体受到外部环境的影响而自发形成的，由于行为主体个体的异质性、过往经验及所处环境的差异性，造成了行为主体之间制度的不同①。如前文所述，行为主体的制度是某些规则、规范和认知的集合，当一些行为主体在某些规则、规范及认知上达成共识的时候，这些共识就形成了制度集合。在物流集群相关群体中，拥有相同制度集合的行为个体受制度构建作用的影响产生集聚倾向，因制度集合产生集聚的行为合体产生聚集，服务生态系统中的集聚，主要在于行为主体之间的互动，而非地理空间的集聚。此时，这个制度集合成为物流集群服务生态系统的初始制度。集聚的行为主体成为物流集群服务生态系统中的参与者，参与者在初始制度的指导和约束下进行合作交互与资源整合，服务生态系统的价值在互动中增长②，物流集群服务生态系统得以运行和发展（见图6－2）。

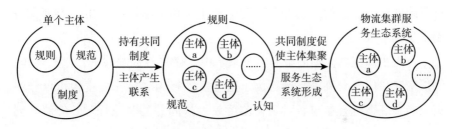

图6－2 制度在物流集群服务生态系统形成中的作用路径

6.3.2 支持物流集群服务生态系统的运作

在物流集群服务生态系统的初始阶段，制度的主要作用是促使参与者的集聚，主要体现为共同的价值观念或认知，在完成初始阶段的集聚任务之后，制度的作用就要从创建系统转化为支持运作。在此阶段，运作制度是被整个物流集群服务生态系统的参与者所认同并共同遵循的，

① Scott, Richard W. Organizations Rational, Natural and Open Systems [J]. American Journal Sociology, 1987, 29 (1): 399－404.

② Vargo S. L., Lusch R. F. It's All B2B and Beyond: Toward a Systems Perspective of the Market [J]. Industrial Marketing Management, 2011, 40 (2): 181－187.

用以指导各行为主体之间的互动合作。运作制度不是一成不变的，它会在主体的互动实践中不断地完善修改。运作制度规范参与主体之间的资源整合和服务交换，对整个物流集群服务生态系统的运作效率和服务质量有着重要的影响，对整个系统的发展趋势和走向有着关键作用。

制度为主体的互动提供了一个场所，主体的互动行为是发生在制度的框架下的[1]。服务生态系统的运作是通过运作制度来进行协调和维持的，系统的变化都是由某些特定制度的变化而导致的[2]。服务生态系统的价值也是通过行为主体的互动合作产生的[3]，这种互动的成功与否取决于指导行为主体行动的制度是否一致[4]。根据埃切维里（Echeverri，2011）的研究结论，在系统中的各行为主体遵守的制度一致时，行为主体之间的互动行为会导致价值共创活动的产生，当系统中的各行为主体遵守的制度不一致时，则引起参与者之间的价值共毁。因此，物流集群服务生态系统各行为主体的互动并不一定会产生价值，这取决于生态内部支持制度是否一致。

行为主体在物流集群服务生态系统中，存在着资源共享、业务合作、知识交互、信息交流等互动行为，这些互动行为受运作制度的指导和约束。当系统类所有参与者对运作制度表示认同并遵照执行时，价值共创行为得以产生；当系统类参与者对运作制度的认知有分歧和质疑时，运作制度无法对参与者的行为进行统一的指导和约束，参与者之间的交易成本会大幅升高，物流集群服务生态系统中的价值总量减少，价值共毁行为就产生了。这就是运作制度在物流集群服务系统中的作用路径（见图 6-3）。

---

① Hallett T. , Ventresca M. J. Inhabited Institutions: Social Interactions and Organizational Forms in Gouldner's Patterns of Industrial Bureaucracy [J]. Theory & Society, 2006, 35 (2): 213 – 236.

② Michael K. , Daniela C. , Robertas. The Role of Proto-institutions Within the Change of Service Ecosystems [J]. Journal of Service Theory and Practice, 2018, 28 (5): 609 – 635.

③ Maglio P. P. , Spohrer J. Fundamentals of Service Science [J]. Journal of the Academy of Marketing Science, 2008, 36 (1): 18 – 20.

④ Olomon M. R. , Surprenant C. , Gutman C. E. G. A Role Theory Perspective on Dyadic Interactions: the Service Encounter [J]. Journal of Marketing, 1985, 49 (1): 99 – 111.

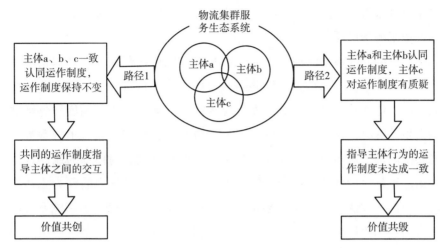

图 6 - 3   制度在物流集群服务生态系运作中的作用路径

6.3.3 解决物流集群服务生态系统参与者的冲突

如前所述，当物流集群服务生态系统中的行为主体对制度的认知不一致时会导致价值共毁行为的发生，为了使系统内的行为主体再次达成一致，就需要解决行为主体之间的冲突，对原有的制度进行改造。

服务主导逻辑理论指出，价值总是由受益人用现象学的方法决定的[①]，价值的产生是在一定情境范围内的，受到时间、地点和其他环境因素的影响。行为主体与服务生态系统之间的服务交换不是孤立的，而是始终嵌入到对他们产生影响的更广泛的情境中[②]。情境主要涉及社会和文化两个方面，包含社会结构中的规则、公序良俗、受文化影响达成的共识等[③]。从

① Vargo S. L. , Lusch R. F. Institutions and Axioms: An Extension and Update of Service-dominant Logic [J]. Journal of the Academy of Marketing Science, 2016, 44 (1): 5 – 23.

② Edvardsson B. , Tronvoll B. , Gruber T. Expanding Understanding of Service Exchange and Value Co-creation: A Social Construction Approach [J]. Journal of the Academy of Marketing Science, 2011, 39 (2): 327 – 339.

③ Edvardsson B. , Tronvoll B. , Gruber T. Expanding Understanding of Service Exchange and Value Co-creation: A Social Construction Approach [J]. Journal of the Academy of Marketing Science, 2011, 39 (2): 327 – 339. Akaka M. A. , Vargo S. L. , Lusch R. F. The Complexity of Context: A Service Ecosystems Approach for International Marking [J]. Journal of International Marketing, 2013, 21 (4): 1 – 20.

这个角度来看，制度和情境的内涵是一致的。阿卡卡（Akaka，2015）认为情境来源于广泛的制度。

广泛的制度被物流集群服务生态系统分割成内部制度和外部情境两个部分，被系统内部行为主体共同认可的内化成内部制度，而那些无法被内部主体一致认同的部分制度外化为外部情境。当内部制度和外部情境发生冲突时，认同外部情境的行为主体会将分歧带入物流集群服务生态系统内部，从而影响与其他行为主体的合作互动，对内部的制度产生冲击。正是这种外部情境带来的冲击，使得服务生态统内的行为主体有改变内部一致认同的制度（支持制度）的动力①。外部情境会影响系统内部行为主体的行为模式，当这种力量达到一定程度时，就会改变系统内部主体交互和资源整合的方式。

在改变系统内部制度的过程中，外部情境不断攻击物流集群服务生态系统内部制度，一部分与内部制度相关性不大或冲突不明显的外部情境会被忽视，并排除在系统之外；另一部分与系统内部制度存在着强烈的冲突，严重影响系统内行为主体的行为模式，使各主体的合作方式产生分歧，这时，内部制度无法保持一致性，制度的改变由此发生（见图6-4）。

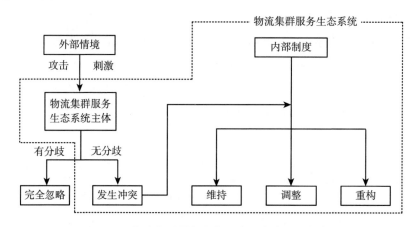

图6-4 物流集群服务生态系统制度冲突解决路径

---

① Michael K., Daniela C., Roberta S. The Role of Proto-institutions Within the Change of Service Ecosystems [J]. Journal of Service Theory and Practice, 2018, 28 (5): 609 – 635.

6.3.4 保障物流集群服务生态系统运行

在外部情境的不断刺激下，物流集群服务生态系统的内部行为主体的认知也随之发生改变，进而对内部制度提出质疑，系统内部分为对现有内部制度表示认同的一派和质疑的一派。认同者和分歧者通过不断地交互、碰撞和协商，使得现有的内部制度发生维持、调整或重构这三种结果。

当认同者和分歧者协商的结果是继续维持物流集群服务生态系统原有的内部制度时，认同者继续保持主导地位，保持原有的结构，分歧者需要撤销对原有内部制度的质疑，重新认同内部制度或彻底退出物流集群服务生态系统。此时，各行为主体进行交互合作的制度重新达成一致，价值共创产生，物流集群服务生态系统中的价值总量增加，整个系统得到发展。

当认同者和分歧者协商的结果是对原有的内部制度进行调整时，认同者和分歧者都进行了退让。双方通过协商，对原有的内部制度进行修改、丰富，这个过程不是一蹴而就，激烈的碰撞，而是平和的、渐进的，在原有的内部制度指导下进行的[①]。因此，制度调整后的物流集群服务生态系统的行为主体保持不变，对内部制度重新达成一致，系统内部的所有行为主体遵照调整后的制度进行交互合作，价值共创，物流集群服务生态系统的内部制度实现更新，整个服务生态系统得以升级。

当认同者和分歧者协商的结果是重构物流集群服务生态系统原有的内部制度时，分歧者占据了系统的主导地位，保持原有的状态，认同者需要调整与分歧者的冲突，与其达成一致或彻底退出物流集群服务生态系统。此时，物流集群服务生态系统内部制度被重构、发生了剧烈的冲突和变化，以分歧者为主体生成新的内部制度。在这个过程中，可能会

---

① Koskela-Huotari K., Edvardsson B., Jonas J. M., et al. Innovation in Service Ecosystems-breaking, Making, and Maintaining Institutionalized Rules of Resource Integration [J]. Journal of Business Research, 2016, 19 (8): 2964 – 2971.

出现大量的认同者退出物流集群服务生态系统的局面,留下的认同者和分歧者协商一致进行价值共创,原有的物流集群服务生态系统衰落,新的生态系统生成(见表6-1)。

表6-1　　　　　　　　物流集群服务生态系统运行制度作用路径

路径	维持	调整	重构
认同者	保持	与分歧者达成一致	与分歧者一致或退出
分歧者	撤销质疑或退出	与认同者达成一致	保持
内部制度状态	不变	修改、丰富	彻底改变
主体互动结果	留下的分歧者与认同者达成一致进行价值共创	分歧者与认同者达成一致进行价值共创	留下的认同者与分歧者达成一致进行价值共创
物流集群服务生态系统状态	价值增加,系统发展	制度更新,系统升级	原有的生态系统衰落,新生态系统生成

6.4　物流集群服务生态系统中制度的演化过程

基于制度在物流集群服务生态系统的作用路径,本书将归纳制度在物流集群服务生态系统中的演化过程。

6.4.1　形成阶段

在物流集群服务生态系统的形成阶段,首先是行为主体自身持有一套指导其行为的广泛制度,在其社会活动中与其他行为主体进行广泛的互动,与其中一些行为主体所持有的制度有重合和类似的部分,这部分逐渐被各行为主体所认同所接受,并在行为主体不断的交互行为中得到强化,成为指导这些行为主体的共同依据,这些规范、规则和认知逐渐形成了物流集群服务生态系统的初始制度。这些初始制度成为指导和约束行为主体的客观依据,也促进这些行为主体的集聚,最终形成物流集群服务生态系统。

在形成阶段，物流集群服务生态系统中起主要作用是初始制度。通过从行为主体所持有的广泛制度中筛选出行为主体共同遵守的制度，来促使遵循类似行为准则的行为主体的集聚。这个形成过程初始可能是缓慢的，但是随着信息技术的日新月异和社交网络的蓬勃发展，丰富了各行为主体之间的交互模式，大大加速了行为主体之间的交互频率，会显著缩短这个筛选过程，从而加速集聚。形成阶段是一个不可逆的过程，物流集群服务生态系统只会经历一次。

6.4.2　成长阶段

在物流集群服务生态系统的成长阶段，初始制度已经完成了集聚行为主体的任务，现阶段已转化为物流集群服务生态系统中的共同制度，用以指导和约束系统内行为主体的行为。在成长阶段，共同制度的主要作用就是在其指导下的各行为主体进行价值共创，提高物流集群服务生态系统的价值产出，促进物流集群服务生态系统的蓬勃发展。

需要注意的是，成长阶段和形成阶段，并不一定是前后承接的，不是只有通过形成阶段才能到达成长阶段，通过变革或者更新同样也可以进入成长阶段。物流集群服务生态系统中的共同制度就是为了消弭和化解外部情境对其产生的冲突，使行为主体对某些分歧重新达成一致，进行价值共创[1]。当物流集群服务生态系统的行为主体都遵循共同制度时，服务生态系统会非常顺利地进行价值共创，为系统累计价值。一个稳定的、平衡的服务生态系统具有一定的倾向性，即沿着既定的路径前进，这使得稳定的服务生态系统的共同制度具有惯性，行为主体可以在共同制度的指导下进行价值共创[2]。但是，外部情境的冲击是不间断的，这就使得服务生态系统中的各行为主体的一致性不能持久，制度化工作（维

---

① Vargo S. L. , Wieland H. , Akaka M. A. Innovation Through Institutionalization：A Service Ecosystems Perspective ［J］. Industrial Marketing Management，2015，44（1）：63 – 72.

② Meynha Rdt T. , Chandler J. D. , Strathoff P. Systemic Principles of Value Co-creation：Synergetic of Value and Service Ecosystems ［J］. Journal of Business Research，2016，69（8）：2981 – 2989.

持、调整、重构）是持续的①，制度化工作的目的就是使行为主体就共同制度重新达成一致，因此制度化工作发生之后一般会导致服务生态系统重新回到成长阶段，这是一个循环往复的过程。

6.4.3　变迁阶段

在物流集群服务生态系统的变迁阶段，分歧和冲突在行为主体之间的交互行为中出现，这意味着不得不进行制度化工作。随着交互行为的持续进行，外部情境对生态系统内部的冲击不断，冲突和分歧已常态化，因此变迁阶段也同样具有反复性的特点。在这一阶段，支持物流集群服务生态系统的运作机制、解决物流集群服务生态系统参与者的冲突的机制以及保障物流集群服务生态系统运行的机制同时在发挥作用。

当外部情境对物流集群服务生态系统进行冲击时，部分行为主体会改变其认知和行为模式，当这些认知和行为模式与物流集群服务生态系统的共同制度发生冲突时，分歧就出现了。在分歧出现后，如果行为主体无法就指导其思想和行动的共同制度再次达成共识，就会出现行为主体之间的价值共毁行为，此时制度化工作发生。

规则、规范和认知（即制度）出现在交互活动中，并通过行为主体之间的互动得以保持和修正②。在既定的条件下，制度并非完全不可改变，但是这种制度的变迁往往是很难的，这是因为存在着一种正向反馈的路径依赖，即行为模式与制度保持一致就会得到正反馈，反之就会付出成本和代价，并且这种正向反馈会随着时间的增长而不断增强③。因此，在制度化工作中，制度的维持更容易发生，即使在系统内部存在着分歧者，但是分歧者也会因为共同制度的正反馈而妥协，此时共同制度

①　Chandler J. , Lusch R. F. Service Systems: A Broadened Framework and Research Agenda on Value Propositions, Engagement and Service Experience [J]. Journal of Service Research, 2015, 18 (1): 6 – 22.

②　Maglio P. P. , Spohrer J. Fundamentals of Service Science [J]. Journal of the Academy of Marketing Science, 2008, 36 (1): 18 – 20.

③　David P. A. Clio and the Economics of Qwerty [J]. American Economic Review, 1985, 75 (2): 332 – 337.

仍然维持不变，物流集群服务生态系统从变革阶段重回成长阶段，价值共创得以继续，生态系统价值总量增长。如果外部情境的冲击足够激烈，这种力量足以抵消共同制度带来的正反馈，共同制度已经无法维系各行为主体的行为规范的一致性，于是制度的调整和重构就会出现，物流集群服务生态系统就会进入升级或衰落阶段。

6.4.4 升级或衰落阶段

当现有的制度已经无法维持行为主体行为的一致性时，分歧就会在物流集群服务生态系统内部出现。分歧者在进行制度的调整和重构时面临着两大难题：如何让分歧者继续保持积极性及如何说服强大的维护者[①]。如果这两个问题都得到了妥善的处理，受到外部情境刺激的服务生态的共同制度就会发生改变[②]。在物流集群服务生态系统的升级或衰落阶段，主要发挥作用的是制度化工作机制中的调整和重构。

当外部情境刺激以较为温和的方式出现时，制度调整机制发挥主要作用，此时分歧者和维护者会进行协商，进行共同制度的调整。即使对共同制度进行了调整，但是原有的共同制度还是会发挥指导作用[③]，这种变革使共同制度得到了调整和更新，也使得价值共创出现了新形式，促进了服务创新的产生[④]。物流集群服务生态系统在制度调整过程中完成了自我升级，系统中的行为主体就共同制度重新达成一致，物流集群服务生态系统再次进入到成长阶段。

当外部情境刺激以非常激烈的方式出现时，分歧者占据优势，物流

---

① Fligstein N. Social Skill and Institutional Theory [J]. American Behavioral Scientist, 1997, 40 (4): 397–405.

② Michael K., Daniela C., Roberta S. The Role of Proto-institutions Within the Change of Service Ecosystems [J]. Journal of Service Theory and Practice, 2018, 28 (5): 609–635.

③ Koskela-Huotari K., Edvardsson B., Jonas J. M., et al. Innovation in Service Ecosystems-breaking, Making and Maintaining Institutionalized Rules of Rresource Integration [J]. Journal of Business Research, 2016, 19 (8): 2964–2971.

④ Vargo S. L., Wieland H., Akaka M. A. Innovation through Institutionalization: A Service Ecosystems Perspective [J]. Industrial Marketing Management, 2015, 44 (1): 63–72.

集群服务生态系统原有的共同制度会遭到彻底的破坏，进行重构。此时，原有共同制度的维护者与分歧者达成一致，将分歧者所持有的制度作为基础的制度，进行共同制度的重构，旧的物流集群服务生态系统由此衰落，新的物流集群服务生态系统得以产生。

第7章

研究结论及展望

7.1 研究结论

　　物流集群是不同类型物流企业及其相关机构和基础设施在一定空间范围内的集聚体。从微观层面来看，物流集群通过集群内部各个企业之间专业化分工与合作，可以实现经济的外部效应；通过信息和知识的交流和共享，可以促进集群的创新。从宏观层面来看，物流集群的发展是吸引国家交通基础设施建设投资和社会资本投资的热点，是扩大内需、促进区域协调发展、提升区域承接产业转移能力的重要产业基础。物流集群的形成和发展，不仅可以创造物流业增加值、优化区域产业结构，更重要的是能够通过提高物流业服务水平降低与之相关联产业的成本，提升相关产业和区域综合竞争力，区域物流产业集群之间的相互协同，又将使得物流活动在更大范围内实现低成本优势和服务效率的提高，加速区域经济一体化进程。因此，物流集群对于我国物流产业自身竞争力的提高、形成物流产业的合理布局、构建完善的区域物流网络、促进物流区域协同、加快区域经济一体化发展的步伐有着重要意义。

　　本书借助服务主导逻辑、服务生态系统及价值共创理论，构建了物流集群服务生态系统的基本架构，深入研究了物流集群服务生态系统的价值共创过程，演绎了物流集群服务生态系统的成长过程，总结了物流集群服务生态系统的演化机制，构建了物流集群服务生态系统的价值共创模式，并在此基础上进一步对物流集群服务生态系统制度的内容、作用路径及演化进行了研究。

1. 物流集群服务生态系统基本架构

借助 PARTS 模型构建物流集群服务生态系统价值共创的基本框架，进行战略层面的要素分析，并围绕物流集群服务生态系统的价值共创活动对各要素之间的关系和影响进行剖析。借助相关理论，将物流集群服务生态系统价值共创主体划分为物流集群企业群、科研创新群、用户需求群、中介机构群及政府群。从性质和层级的维度对物流集群价值共创系统的资源特征进行分析，将其分为组合型对象性资源、组合型操作性资源、互连型对象性资源、互连型操作性资源。从客户需求角度，将物流集群服务生态系统的服务形式分为分散式功能服务、集群式综合服务、内包主导服务和双赢外包服务；分析了物流集群服务生态系统价值共创过程中，"资源整合"与"关系互动"的关键战术；认为物流集群服务生态系统价值共创应该遵循流程标准化、优化合作层级、关系资产投入、信息知识共享、资源利益共享、主体行为规制、及时回顾评价的运行规则。

2. 物流集群服务生态系统价值共创过程

借助社会交换的基本假设、基本类型及交换关系的理论来对物流集群服务生态系统的价值共创行为进行逻辑分析。本书认为，在物流集群服务生态系统价值共创过程中，存在着两个基本假设：一是参与主体都是理性的，二是各主体通过交换增强彼此的依赖关系。物流集群服务生态系统价值共创过程中涉及经济交换和社会交换两种类型，各主体之间存在着协同关系和互利关系。基于物流集群价值共创的基本假设及对物流集群价值共创交换内容的剖析，以交换类型和交换关系为分析维度，将物流集群服务生态系统的价值共创划分为四种类型：经济协同型、社会协同型、社会互利型和经济互利型；分析了物流集群服务生态系统各主体的共创结果；根据物流集群价值共创的逻辑和结果，将物流集群服务生态系统的价值共创分为三个阶段，即驱动阶段、形成阶段和产出阶段。

3. 物流集群服务生态系统价值共创演化机制

将物流集群服务生态系统价值共创的发展演进划分为初始、拓展、提升阶段，对每一阶段的参与主体、价值创造、价值循环及价值产出进行分析；归纳其演进轨迹：物流集群服务生态系统架构的变化直接导致了物流集群服务生态系统价值共创形态的变化，由最开始聚焦集群内部的初始阶段，向聚焦物流服务链平台建设的价值共创拓展阶段推进，最终达到物流集群多主体网络化的价值共创深化阶段；其演进特征为：由"企业主导"向"客户参与"演变，由"功能性诉求"向"综合性诉求"演变，由"二元互动"向"多元互动"演变，由"价值线性传递"向"价值网络传递"演变；在上述基础上，推演出物流集群服务生态系统价值共创的机理：多方驱动、协同互动、资源整合、多面重构；将结构依赖和过程依赖两种不同的资源依赖方式结合点式、链式、网络三个互动层次，从二维的角度探讨物流集群服务生态系统价值共创的模式，将物流集群服务生态系统的价值共创模式分为：点式互动——结构依赖型、点式互动——过程依赖型、链式互动——结构依赖型、链式互动——过程依赖型、网络互动——结构依赖型、网络互动——过程依赖型这六种类型。

4. 物流集群服务生态系统价值共创制度

制度在物流集群服务生态系统的存在意义主要在于：促使行为主体的聚集，确保行为主体行动的有限理性，决定行为主体互动行为的结果，强化价值共创的效果，促使服务生态系统中的创新。从规则、规范和认知三个维度，对物流集群服务生态系统中制度进行划分，规则包括宏观规制、内部层级、利益分配、竞合机制、监督机制、惩罚监督；规范包括声誉、信任、协调；认知包括文化和愿景。在物流集群服务生态系统中制度作用路径如下：促进物流集群服务生态系统形成、支持物流集群服务生态系统的运作、解决物流集群服务生态系统参与者的冲突、保障物流集群服务生态系统运行。基于以上作用路径，本书归纳了制度在物流集群服务生态系统中的演化过程。

7.2　研究展望

本书受个人能力和研究条件的限制，仍然存在以下不足，这也正是物流集群在未来可进一步研究的地方。

（1）在对物流集群服务生态系统的研究中，基本架构、共创过程、演化机制及制度还停留在理论研究阶段，没有进行物流集群服务生态系统的定量和案例研究，缺乏有效的理论验证。

（2）在对物流集群服务生态系统基本架构的研究中，虽借助了 PAR-TS 模型，以及从战略层面的五个维度出发，但尚未考虑时间、空间等因素对物流集群服务生态系统的基本影响。

（3）在对物流集群服务生态系统价值共创模式的研究中，本书主要从资源依赖方式和互动结构这两个维度对物流产业集群的治理模式进行划分。在后续研究中，可进一步加入服务、市场、政策等维度，形成更多的共创模式组合。

（3）在对物流集群服务生态系统制度的相关问题进行研究时，本书重点关注物流集群服务生态系统制度的意义、内容和作用路径，对制度的有效性研究不足，后续还需进一步加强对物流集群服务生态系统制度的绩效评价研究。

参 考 文 献

[1] （德）阿尔弗雷德·韦伯. 工业区位论 [M]. 李刚剑，陈志人，张英保，译. 北京：商务印书馆，1997.

[2] （美）埃德加·M. 胡佛. 区域经济学导论 [M]. 王翼龙，译. 北京：商务印书馆，1990.

[3] （美）道格拉斯·诺思. 制度、制度变迁与经济绩效 [M]. 杭行，译. 上海：格致出版社，2008.

[4] （美）克鲁格曼，等. 空间经济学：城市、区域与国际贸易 [M]. 梁琦，译. 北京：中国人民大学出版社，2005.

[5] （美）迈克尔·波特. 竞争优势 [M]. 陈小悦，译. 北京：华夏出版社，2005.

[6] （美）迈克尔·波特. 国家竞争优势 [M]. 北京：华夏出版社，2002.

[7] （美）塔尔科特·帕森斯. 社会行动的结构 [M]. 张明德，等译. 南京：译林出版社，2003.

[8] （英）亚当·斯密. 国富论 [M]. 文熙，译. 武汉：武汉大学出版社，2010.

[9] （英）K. J. 巴顿. 城市经济学：理论和政策 [M]. 北京：商务印书馆，1984.

[10] （英）阿尔弗雷德·马歇尔. 经济学原理 [M]. 彭逸林，等译. 北京：人民日报出版社，2009.

[11] （英）亚当·斯密. 国富论：国民财富的性质和起因的研究 [M]. 谢祖钧，译. 长沙：中南大学出版社，2003.

[12] 包继平，等. 基于物流产业集群的区域经济发展策略 [J]. 现代管理科学，2008（11）：79−81.

[13] 曹洪军，王乙伊．国外产业集群的发展模式及其启示 [J]．宏观经济研究，2004（10）：38-40.

[14] 曾路．民营企业产业集群与相应的物流园区建设互动发展研究 [J]．中国流通经济，2007（12）：39-41.

[15] 查德·斯科特．制度与组织：思想观念与物质利益 [M]．3版．姚伟，王黎芳，译．北京：中国人民大学出版社，2010.

[16] 陈通，李钊军．基于产业集群的物流中心构建研究 [J]．综合运输，2003（10）：38-40.

[17] 陈悦，陈超美，等．引文空间分析原理与应用 [M]．北京：科学出版社，2014.

[18] 陈云，王浣尘，杨继红，戴晓波．产业集群中的信息共享与合作创新研究 [J]．系统工程理论与实践，2004，24（8）：54-57.

[19] 陈云萍．物流产业集群的竞争优势与形成模式 [J]．科技进步与对策，2010（21）：85-90.

[20] 丁俊发．改革开放40年中国物流业发展与展望 [J]．中国流通经济，2018（4）：3-17.

[21] 董千里．改革开放40年我国物流业高级化发展理论与实践 [J]．中国流通经济，2018（8）：3-14.

[22] 樊俊杰，等．物流产业集群演化及生态化发展研究综述 [J]．物流技术，2016（3）：1-4.

[23] 范敏，华光，孙东泉．基于模糊评价的物流园区规模需求分析 [J]．物流技术，2012（23）：196-198.

[24] 方威，等．集群环境下物流模式的选择 [J]．生产力研究，2009（6）：127-129.

[25] 冯小亮，牟宇鹏，丁刚．共享经济时代企业顾客协同价值创造模式研究 [J]．华东经济管理，2018，32（6）：148-156.

[26] 冯云廷．城市聚集经济 [M]．1版．辽宁：东北财经大学出版社，2000：45-46.

[27] 弗里曼，等．工业创新经济学 [M]．1版．华宏勋，等译．北京：北京大学出版社，2004：91.

［28］付丹．基于产业集群的区域创新系统的结构及要素分析［J］．科技进步与对策，2009（17）．

［29］高建伟，牛小凡．科斯《社会成本问题》新解：三个"一以贯之"［J］．天津商业大学学报，2021，41（6）：45－52，67．

［30］高亢．辽宁省产业集群现代物流平台的构建［J］．沈阳大学学报，2011（3）：53－56．

［31］龚双红．试论产业集群竞争力的培育［J］．求是，2007（3）．

［32］龚天平，李海英．论经济交换的伦理价值及其道德规则［J］．河海大学学报（哲学社会科学版），2015，17（1）：20－26．

［33］关于促进我国现代物流业发展的意见［EB/OL］．国家发改委网站，2004－08－24．

［34］郭湖斌．物流产业集群与区域竞争力的协同关系研究［J］．经济研究导刊，2009（6）：184－185．

［35］国务院副总理吴邦国同志在现代物流发展国际研讨会上的讲话［EB/OL］．国家发改委网站，2000－03－06．

［36］国务院关于加快发展服务业的若干意见［EB/OL］．中央政府门户网站，2007－03－27．

［37］国务院关于印发物流业调整和振兴规划的通知［EB/OL］．中央政府门户网站，2009－03－13．

［38］海峰，靳小平，贾兴洪．物流集群的内涵与特征辨析［J］．中国软科学，2016（8）：137－148．

［39］海峰．区域物流论［M］．北京：经济管理出版社，2006．

［40］何龙斌．省际边缘区接受省会城市经济辐射研究［J］．经济问题探索，2013（8）：74－78．

［41］和征，陈菊红，姚树俊．基于服务能力的产品服务化供应链协同本体建模研究［J］．小型微型计算机系统，2014，35（8）：1726－1731．

［42］胡碧琴，赵亚鹏．创新视域下港口物流产业集群与跨境电商联动发展研究［J］．商业经济研究，2016（8）：102－103．

［43］湖北省统计局．湖北省统计年鉴2008［M］．北京：中国统计出版社出版，2008．

[44] 黄静，刘萍，等.基于科学知识图谱的企业社会责任前沿研究[J].科技进步与对策，2015（3）：84－89.

[45] 黄李花.江苏省纺织产业集群实证研究[J].价值工程，2008（1）.

[46] 黄章树，周小梅，王蓉凤.试论海峡西岸经济区产业集群物流发展战略[J].福州大学学报（哲学社会科学版），2008（3）：16－21.

[47] 贾兴洪.物流园区企业集群系统的构成及演进[J].物流工程，2007：55－56.

[48] 简兆权，曾经莲.基于价值共创的"互联网＋制造"商业模式及其创新[J].企业经济，2018，37（8）：70－77.

[49] 简兆权，令狐克睿，李雷.价值共创研究的演进与展望——从"顾客体验"到"服务生态系统"视角[J].外国经济与管理，2016，38（9）：3－20.

[50] 江积海，李琴.平台型商业模式创新中连接属性影响价值共创的内在机理——Airbnb的案例研究[J].管理评论，2016，28（7）：252－260.

[51] 姜华.试论区域物流发展与区域产业集群竞争力[J].新疆大学学报，2006：39－41.

[52] 姜骞，刘强，唐震.物流集群共享性资源对物流企业动态能力的影响机理——价值共创的中介作用和齐美尔连接的调节作用[J].技术经济，2016（9）：50－58.

[53] 金丽红.产业集群政策的国际借鉴及对我国的启示[J].金融与经济，2008（7）.

[54] 克雷斯威尔.研究设计与写作指导：定性定量与混合研究的路径[M].重庆：重庆大学出版社，2007.

[55] 黎继子，刘春玲，蔡根女.集群式供应链与物流逆向化分析——以东莞IT产业为例[J].科研管理，2005（4）：86－92.

[56] 黎继子，刘春玲.集群内中小企业物流外包的五种模式[J].中国物流与采购，2005（20）：62－64.

[57] 黎继子，等.集群式供应链组织续衍与物流园区发展的耦合分

析——以苏州 IT 产业集群为例 [J]. 中国软科学, 2006 (1): 108 - 116.

[58] 李伯华, 等. 基于 CiteSpace 的中国传统村落研究知识图谱 [J]. 经济地理, 2017, 37 (9): 207 - 214, 232.

[59] 李朝辉. 虚拟品牌社区环境下顾客参与价值共创对品牌体验的影响 [J]. 财经论丛, 2014 (7): 75 - 81.

[60] 李靖华, 瞿庆云, 林莉, 等. 内外导向视角下的制造企业服务创新能力演进研究: 探索性案例研究 [J]. 科学学与科学技术管理, 2019, 40 (5): 87 - 104.

[61] 李兰冰. 基于生命周期的物流产业集群演进机制识别 [J]. 物流技术, 2007 (1): 6 - 10.

[62] 李兰冰. 物流产业集群的创新机制研究 [J]. 科学学与科学技术管理, 2007: 39 - 44.

[63] 李雷, 简兆权, 张鲁艳. 服务主导逻辑产生原因、核心观点探析与未来研究展望 [J]. 外国经济与管理, 2013 (4): 2 - 12.

[64] 李力, 唐登莉, 孙璐. 开放度对 OIAs 价值共创的影响研究——基于系统动力学的建模与仿真 [J]. 科技管理研究, 2015, 35 (24): 7 - 12.

[65] 李丽娟. 旅游体验价值共创研究 [D]. 北京: 北京林业大学, 2012.

[66] 李玲玉. 论产业生命周期理论 [J]. 中国市场, 2016 (50): 64 - 65.

[67] 李佩. 上海物流产业集群的实证研究 [J] 物流科技, 2007 (12).

[68] 李欣燃. 产业集群与区域经济系统耦合研究 [J]. 当代经济, 2010 (7).

[69] 理查德·斯科特. 制度与组织: 思想观念与物质利益 [M]. 3 版. 姚伟, 王黎芳, 译. 北京: 中国人民大学出版社, 2010.

[70] 连其陈. 创新生态系统价值共创主体: 构成、关系和治理框架 [J]. 太原理工大学学报 (社会科学版), 2018, 36 (6): 45 - 52, 76.

[71] 梁立明, 武夷山, 等. 科学计量学: 理论探索与案例研究 [M].

北京：科学出版社，2006.

[72] 林涛. 产业集群合作行动 [M]. 北京：科学出版社，2010：14-15.

[73] 刘畅，张晓燕. 物流集群协同的自组织特征和演化机理 [J]. 甘肃社会科学，2018 (3)：236-242.

[74] 刘国新. 评价产业集群竞争力的 GEMS 模型构建研究 [J]. 科技进步与对策，2010 (2).

[75] 刘恒江、陈继祥. 国外产业集群政策研究综述 [J] 外国经济与管理，2004 (11).

[76] 刘佳，彭鹏，黄雨微. 面向科技创新的科技信息服务生态链模型构建研究 [J]. 现代情报，2019，39 (6)：32-37.

[77] 刘林青. 范式可视化与共被引分析：以战略管理研究领域为例 [J]. 情报学报，2005，24 (1)：20-25.

[78] 刘慜. 物流产业集群与区域经济互动研究 [D]. 北京：北京交通大学，2009.

[79] 刘思婧，李国旗，金凤君. 中国物流集群的量化甄别与发育程度评价 [J]. 地理学报，2018 (8)：1540-1555.

[80] 刘友金. 论集群式创新的组织模式 [J]. 中国软科学，2002 (2).

[81] 六部委关于加快我国现代物流发展的若干意见 [EB/OL]. 中国港口，2001 (7).

[82] 卢俊义，王永贵. 顾客参与服务创新与创新绩效的关系研究——基于顾客知识转移视角的理论综述与模型构建 [J]. 管理学报，2011，8 (10)：1566-1574.

[83] 卢俊义. 供应商与顾客共同创造顾客价值的机理研究 [D]. 南京：南京大学，2011.

[84] 芦彩梅，徐天强. 国际产业集群研究知识图谱分析 [J]. 科技管理研究，2015 (18)：157-160.

[85] 罗伯特·K. 殷. 案例研究：设计与方法 [M]. 周海涛，等译. 重庆：重庆大学出版社，2010.

［86］罗伯特·K. 殷. 案例研究的方法的应用［M］. 周海涛，等译. 重庆：重庆大学出版社，2009.

［87］马桂兰. 产业集群竞争力评价方法综述［J］. 商业时代，2009（4）.

［88］马林. 基于区域一体化整合的现代物流产业集群研究［J］. 工业技术经济，2007（12）：144－146.

［89］马玮. 共生理论下港口物流集群产业发展研究［J］. 物流技术，2015（5）：89－90，183.

［90］毛基业，张霞，案例研究方法的规范性及其现状评估［J］. 管理世界，2008（4）：115－121

［91］梅亮，陈劲，刘洋. 创新生态系统：源起、知识演进和理论框架［J］. 科学学研究，2014，32（12）：1771－1780.

［92］梅述恩，聂鸣. 全球价值链与地方产业集群升级的国外研究述评［J］. 科技管理研究，2006（10）.

［93］慕静，毛金月. 基于系统动力学的物流企业集群创新系统运行机制研究［J］. 华东经济管理，2012（9）：50－54.

［94］慕静，汪俊华. 物流集群企业与群外环境的协同创新研究［J］. 科技创新导报，2012（3）：188－189.

［95］慕静，张书芬. 物流企业集群创新系统的序参量研究［J］. 统计与决策，2012（13）：174－177.

［96］慕静. 基于循环创新链的物流企业集群服务创新体系研究［J］. 商业经济与管理，2012（6）：5－12.

［97］聂鸣，刘锦英. 地方产业集群嵌入全球价值链的方式及升级前景研究述评［J］. 研究与发展研究，2006（12）.

［98］彭琼. 产业集群竞争力的形成机理［J］. 现代商业，2009（26）.

［99］彭永芳. 物流产业集群的优势与可持续发展分析［J］. 产业与科技论坛，2008（12）.

［100］彭永芳，等. 河北省物流产业集群的发展模式研究［J］. 物流工程与管理，2009（2）：20－22.

[101] 石兆. 长株潭城市群物流园区布局规划问题探讨 [J]. 中国物流与采购, 2012 (19) 68 – 69.

[102] 宋华. 服务供应链 [M]. 北京: 中国人民大学出版社, 2012.

[103] 宋则, 常东亮. 现代物流业的波及效应研究 [J]. 商业经济与管理, 2008.

[104] 孙国强, 李维安. 网络组织治理边界的界定及其功能分析 [J]. 现代管理科学, 2003 (3): 3 – 4.

[105] 孙国强. 关系、互动与协调: 网络组织的治理逻辑 [J]. 中国工业经济, 2003 (11): 14 – 20.

[106] 孙淑生, 海峰. 基于产业集群的区域物流系统与运作模式 [J]. 物流科技, 2006 (7): 20 – 23

[107] 孙淑生, 海峰. 经济全球化下区域物流业发展的特点与趋势 [J]. 物流技术, 2006 (4): 7 – 11.

[108] 唐丽艳, 刘旭华, 王国红, 等. 企业资源依赖性与合作创新行为的关系研究 [J]. 运筹与管理, 2017 (2): 165 – 172.

[109] 唐卫宁. 基于共生理论的物流产业集群发展机理及政策支持研究 [J]. 企业经济, 2009 (5): 152 – 155.

[110] 唐卫宁. 基于物流链整合的物流产业集群升级模式研究 [J]. 改革与战略, 2009 (6).

[111] 唐晓华, 王丹. 集群企业合作隐性契约的博弈分析 [J]. 中国工业经济, 2005 (9): 19 – 25.

[112] 田宇, 杨艳玲. 互动导向、新服务开发与服务创新绩效之实证研究 [J]. 中山大学学报 (社会科学版), 2014, 54 (6): 202 – 208.

[113] 万文海, 刘闲月. 消费互动、共创价值及其对顾客忠诚影响的路径研究——基于阐释方法的分析 [J]. 河南工程学院学报 (社会科学版), 2011, 26 (4): 18 – 25.

[114] 万文海, 王新新. 共创价值的两种范式及消费领域共创价值研究前沿述评 [J]. 经济管理, 2013 (1): 186 – 199.

[115] 万文海, 王新新. 顾客与企业共同创造价值的理论演化、研究范式及管理启示——兼谈消费创造价值观点对传统价值理论的挑战

［J］. 技术经济，2011，30（12）：101－110.

［116］万文海，王新新. 企业与顾客共创价值对员工组织承诺作用研究［J］. 华东经济管理，2016，30（1）：112－120.

［117］王发明. 产业集群的识别界定——集群度［J］. 经济地理，2008，1（8）.

［118］王刚. 物流产业集群与粤港区域竞争力的协同关系研究［J］. 国际经贸探索，2009：32－26.

［119］王缉慈，陈平，马铭波. 从创新集群的视角略论中国科技园的发展［J］. 北京大学学报（自然科学版），2010，46（1）：147－154.

［120］王缉慈. 超越集群——中国产业集群的理论探索［M］. 北京：科学出版社，2010.

［121］王圣云，王鑫磊，戴璐. 长江中游城市集群的物流——经济网络及其空间组织战略［J］. 江汉论坛，2012（10）：27－32.

［122］王松梅. 产业集群形成和发展中的主要影响因素［J］. 生产力研究，2009（23）.

［123］王微. 物流集群发展的内在机理及其对经济发展的影响——基于国际实践的分析［J］. 北京交通大学学报（社会科学版），2022，4（21）：26－34.

［124］王文举，何明珂. 改革开放以来中国物流业发展轨迹、阶段特征及未来展望［J］. 改革，2017（11）：23－34.

［125］王燕. 物流产业集群创新机制形成的影响因素分析［J］. 中国流通经济，2009，23（7）：35－38.

［126］王逸. 广西集群式物流产业发展战略研究［J］. 区域经济，2007（9）：76－77.

［127］王永贵，马双. 虚拟品牌社区顾客互动的驱动因素及对顾客满意影响的实证研究［J］. 管理学报，2013，10（9）：1375－1383.

［128］王永贵，赵春霞，赵宏文. 算计性依赖、关系性依赖和供应商创新能力的关系研究［J］. 南开管理评论，2017（3）：4－14.

［129］威廉姆森，等. 企业的性质——起源、演变和发展［M］. 北京：商务印书馆，2007：123－131.

［130］韦小兵，等．物流产业集群创新能力的模糊综合评价［J］．大庆石油学院学报，2009（4）：112－119．

［131］魏后凯．中国产业集聚与集群发展战略［M］．北京：经济管理出版社，2008．

［132］吴波．FDI 知识溢出与本土集群企业成长——基于嘉善木业产业集群的实证研究［J］．管理世界，2008（10）．

［133］吴成军．产业集群的经济效应及集群政策研究［J］．商业时代，2008（27）．

［134］吴结兵．企业网络与产业集群竞争优势［M］．北京：科学出版社，2013：17－33．

［135］吴利学，魏后凯．产业集群研究的最新进展及理论前沿［J］．上海行政学院学报，2004（3）：51－60

［136］吴绒，叶锐．企业社会创新：演进、机理及路径选择［J］．商业经济研究，2019（11）：111－115．

［137］吴瑶，肖静华，谢康，等．从价值提供到价值共创的营销转型——企业与消费者协同演化视角的双案例研究［J］．管理世界，2017（4）：138－157．

［138］武汉市统计局．武汉统计年鉴 2009［M］．北京：中国统计出版社出版，2009．

［139］武文珍，陈启杰．共同创造价值模式下顾客参与研究的未来发展［J］．现代管理科学，2012（4）：18－20．

［140］夏建忠．物流企业集群形成机理初探［J］．中国储运，2007（7）：97－98．

［141］谢洪明，章俨，刘洋，等．新兴经济体企业连续跨国并购中的价值创造：均胜集团的案例［J］．管理世界，2019，35（5）：161－178，200．

［142］熊彼特．经济发展理论［M］．北京：商务印书馆，1990．

［143］熊浩，等．物流产业集群的发展初探［J］．物流技术，2007（2）：18－20．

［144］胥珩．关于构建产业集群创新系统的思考［J］．商业时代，

2010（10）.

[145]徐康宁. 产业聚集形成的源泉 [M]. 北京：人民出版社，2006.

[146]徐姝. 企业业务外包绩效影响因素分析 [J]. 技术经济，2006（4）：2 - 4.

[147]许晖，邓伟升，冯永春，等. 品牌生态圈成长路径及其机理研究——云南白药1999～2015年纵向案例研究 [J]. 管理世界，2017（6）：122 - 140.

[148]许雪琦，等. 物流业与制造业集群的协同发展问题研究 [J]. 包装工程，2007：87 - 89.

[149]宣春霞，朱文涛. 基于产业集群的港口物流业竞争优势分析 [J]. 改革与战略，2007（1）：39 - 41.

[150]寻立祥. 长株潭物流产业集群与区域经济发展研究 [J]. 中国流通经济，2007（10）：15 - 18.

[151]闫俊周. 物流产业集群信任机制博弈分析 [J]. 商业经济与管理，2009：19 - 24.

[152]杨春河，张文杰，邱潇潇. 中国区域性物流集聚实证研究 [J]. 物流技术，2006（7）：1 - 4.

[153]杨玖玖. 网络环境下基于顾客参与的服务补救管理体系研究 [J]. 中国电子商务，2012（20）：2.

[154]杨卫丰，等. 集群式供应链柔性 - 信息共享和物流能力的实证分析 [J]. 物流技术，2009（8）：103 - 107.

[155]杨学成，李业勤. 区块链视角下供应链多主体数据共享意愿博弈研究 [J]. 科技管理研究，2021，41（23）：181 - 192.

[156]杨自辉，邓恩林，安源. 湖南物流产业集群系统发展研究 [J]. 经济地理，2010（3）：426 - 430.

[157]姚山季，刘德文. 众包模式下顾客参与、顾客互动和新产品价值 [J]. 财经论丛，2016（10）：85 - 95.

[158]殷辉，陈劲. 我国物流学科研究热点的共词可视化分析 [J]. 图书情报工作，2011（20）：129 - 133.

[159]尹国君，王耀中，彭建辉. 我国现代物流业集聚发展对策研

究［J］. 经济纵横, 2016（11）: 48-51.

［160］詹坤, 邵云飞, 唐小我. 联盟组合的形成与价值实现路径［J］. 科技管理研究, 2019, 39（7）: 206-214.

［161］张洁梅, 齐少静. 中国共享经济协同消费的影响因素及对策［J］. 区域经济评论, 2019（1）: 111-117.

［162］张锦, 焦志敏. 物流对经济圈产业布局和结构的影响［D］. 西安: 西南交通大学, 2003.

［163］张婧, 邓卉. 品牌价值共创的关键维度及其对顾客认知与品牌绩效的影响: 产业服务情境的实证研究［J］. 南开管理评论, 2013, 16（2）: 104-115, 160.

［164］张晓燕, 等. "物流集群" 研究的奠基者、范式和主题——基于 WOS 期刊文献的共被引分析［J］. 宁夏大学学报（人文社会科学版）, 2016（9）: 121-129.

［165］张智勇, 等. 物流产业集群服务创新研究——基于复杂系统涌现性机理［J］. 科技进步与对策, 2009: 75-77.

［166］章建新, 李锦谨. 我国物流企业集群形成机理初探［J］. 集团经济研究, 2005（2）: 128-129.

［167］章建新. 基于全球产业链的物流产业集群竞争力分析［J］. 经济问题, 2006（5）: 25-27.

［168］赵哲, 贾薇, 程鹏, 等. 垂直电商的服务创新与价值共创实现机制研究——基于服务主导逻辑的视角［J］. 大连理工大学学报（社会科学版）, 2017, 38（4）: 64-73.

［169］郑健壮. 产业集群政策理论综述及其对我国集群发展启示［J］. 管理观察, 2009（12）.

［170］支燕. 物流产业集聚的竞争优势研究［J］. 经济与管理研究, 2005（3）: 39-42.

［171］中国物流与采购联合会. 中国物流年鉴2009［M］. 北京: 中国物资出版社, 2009.

［172］中华人民共和国国民经济和社会发展第十一个五年规划纲要［EB/OL］. 新华网, 2006-03-16.

［173］周金元，张莎莎．国内微博舆情研究的计量文献分析［J］．图书情报研究，2014（2）：45－49．

［174］周文辉，曹裕，周依芳．共识、共生与共赢：价值共创的过程模型［J］．科研管理，2015，36（8）：129－135．

［175］周文祥．全球产业链的物流业集群竞争力分析［J］．经济纵横，2007：2－5．

［176］周叶，唐恩斌，游建忠．江西物流业融入"一带一路"发展战略研究［J］．物流技术，2016（7）：1－7．

［177］朱慧．国际航运中心与国际金融中心关联度研究［D］．上海：上海交通大学，2008．

［178］朱秀梅．高技术产业集群创新路径与机理实证研究［J］．中国工业经济，2008（2）．

［179］邹筱．基于竞合理论的物流产业集群成长模式研究［J］．中国商贸，2010：104－105．

［180］Aarikka-Stenroos L., Jaakkola E., Value Co-creation Inknowledge Intensive Business Services: A Dyadic Perspective on the Joint Problem Solving Process［J］. Industrial Marketing Management, 2012, 41（1）：15－26.

［181］Agarwal Rajshree. Gort, Michael. The Evolution of Markets and Entry, Exit and Survival of Firms［J］. Review of Economics and Statistics, 1996, 78（3）：489－498.

［182］Akaka M. A., Vargo S. L. Extending the Context of Service: From Encounters to Ecosystems［J］. Journal of Services Marketing, 2015, 29（6－7）：453－462.

［183］Akaka M. A., Vargo S. L., Lusch R. F. The Complexity of Context: A Service Ecosystems Approach for International Marketing［J］. Journal of International Marketing, 2013, 21（4）：1－20.

［184］Akaka M. A., Vargo S. L., Schau H. J. The Context of Experience［J］. Journal of Service Management, 2015, 26（2）：206－223.

［185］All K., Pietro L. D., Edvardsson B., et al. Innovation in Service Ecosystems: An Empirical Study of the Integration of Values, Brands, Service

Systems and Experience Rooms [J]. Journal of Service Management, 2016, 27 (4): 619 –651.

[186] Alvarez S. A., Young S. L., Woolley J. L. Opportunities and Institutions: A Co-Creation Story of the King Crab Industry [J]. Journal of Business Venturing, 2015, 30 (1): 95 –112.

[187] Anderson T., S. Schwaag-Serger, et al. The Cluster Policies Whitebook [R]. IKED, 2004.

[188] Autio E., Thomas LDW. Tilting the Playing Field: Towards an Endogenous Strategic Action Theory of Ecosystem Creation [J]. Academy of Management Proceedings, 2016 (1): 112 –164.

[189] Bair J. Gereffi G. Local Clusters in Global Chains: The Causes and Consequences of Expert Dynamism in Torero's Blue Jeans Industry [J]. World Development, 2001.

[190] Barney J. Firm Resources and Sustained Competitive Advantage [J]. Journal of Management, 1991, 17 (1): 99 –121.

[191] Beye R. J. M. Organizations: Rational, Matural, and Open Systems [J]. American Journal of Sociology, 1987, 29 (1): 399 –404.

[192] Binti, Rohanil. Bakar, Abul. Watada, Junzol. A DNA Computing Approach to Cluster-based Logistic Design [C]. Second International Conference on Innovative Computing, Information and Control, 2007.

[193] Blau P. M. Exchange and Power in Social Life [M]. New York: Wiley, 1964.

[194] Boldrin M., Levine D. Against Intellectual Monopoly [M]. Cambridge University Press, 2008.

[195] Braguinsky S., Gabdrakhmanov S., Ohyama A. A Theory of Competitive Industry Dynamics with Innovation and Limitation [J]. Review of Economic Dynamics, 2007 (10): 729 –760.

[196] Breidbach C. F., Brolie R., Hollebeek L. Beyond Virtuality: From Engagement Plaforms to Engagement Ecosystems [J]. Journal of Service Theory and Practice, 2014, 24 (6): 592 –611.

物流集群服务生态系统价值共创研究

[197] Brodie R. J., Hollebeek L. D., Juric B., et al. Customer Engagement: Conceplual Domain, Fundamental Propositions, and Implications for Research [J]. Journal of Service Research, 2011, 14 (3): 252 –271.

[198] Bruhn M., Schnebelen S., Schäfer D. Antecedents and Consequences of the Quality of E-customer-to-customer Interactions in B2B Brand Communities [J]. Industrial Marketing Management, 2014, 43 (1): 164 – 176.

[199] Böcker L., Meelen T. Sharing for People, Planet or Profit? Analysing Motivations for Intended Sharing Economy Participation [J]. Environmental Innovation & Societal Transitions, 2017.

[200] Carlsson I. Ramphal S. Alatas A. Dahlgren H. Our Global Neighborhood. The Report of the Commission on Global Government [M]. Oxford University Press, 1995.

[201] Casciaro T. and Piskorski M. J., Power Imbalance, Mutual Dependence and Constraint Absorption: A Closer Look at Resource Dependence Theory [J]. Administrative Science Quarterly, 2005, 50 (2): 167 –199.

[202] Chandler J. D., Vargo S. L. Contextualization and Value-in-context: How Context Frames Exchange [J]. Marketing Theory, 2011, 11 (1): 35 –49.

[203] Chandler J., Lusch R. F. Service Systems: A Broadened Framework and Research Agenda on Value Propositions, Engagement and Service Experience [J]. Journal of Service Research, 2015, 18 (1): 6 –22.

[204] Chen Chaomei. CiteSpaceII: Detecting and Visualizing Emerging Trends and Transaction Patterns in Scientific Literature [J]. Journal of the American Society for Information Science and Technology, 2006 (3): 359 – 377.

[205] Clarke G. Scheduling of Vehicles from a Central Depot to a Number of Delivery Points [J]. Operations Research, 1964. 12 (2): 568 –581.

[206] Clemons E. K., Hitt L. M. Strategic Sourcing for Services: Assessing the Balance between Outsourcing and Insourcing [R]. Operations and

参考文献

Information Management Working Paper, Wharton School of the University of Pennsylvania, 1997.

[207] Collis D. J. How Valuable are Organizational Capabilities [J]. Strategic Management Journal, 1994, 15 (S1): 143 – 152.

[208] Constantin J. A. , Lusch R F. Understanding Resource Management [M]. Oxford: Oxford Press, 1994.

[209] Cropanzano R. , Mitchell M. S. Social Exchange Theory: An Interdisciplinary Review [J]. Journal of Management, 2005, 31 (6): 874 – 900.

[210] Cusumano M. Kahl S. Suarez F. Product, Process and Service: A New Industry Lifecycle Model [M]. MIT Working Paper, 2006: 228.

[211] David P. A. Clio and the Economics of Qwerty [J]. American Economic Review, 1985, 75 (2): 332 – 337.

[212] Davis J. P. Group Dynamics of Interorganizational Relationships: Collaborating with Multiple Partners in Innovation Ecosystems [J]. Social Science Electronic Publishing, 2016, 61 (4): 621 – 661.

[213] Day G. S. The Capabilities of Market-driven Organizations [J]. Journal of Marketing, 1994, 58 (4): 37 – 52.

[214] De Luagen. Governance in Seaport Cluster [J]. Journal Maritime Economics and Logistics, 2004, 6: 141 – 156.

[215] De Witt T. , Giunipero L. C. , Melton H. L. Clusters and Supply Chain Management: the Amish Experience [J]. International Journal of Physical, 2006, 35 (4): 289 – 308.

[216] Desrosiers J. , Dumas Y. , Soumis F. The Multiple Vehicle Many-To-Many Routing Problem With Time Windows. Technical Report. Canada: Ecoles des Hautes Etudes Commerciales, 1986.

[217] Dicken P. Kelly P. Olds K. Yung H. W. Chains and Networks, Territories and Cales: Toward a Relational Framework for Analyzing the Global Economy [J]. Global Networks, 2007 (2): 89 – 112.

[218] Dimaggio P. J. , Powell W. W. The Iron Cage Revisited: Institutional Isomorphism and Collective Rationality in Organizational fields [J].

物流集群服务生态系统价值共创研究

American Sociological Review, 1983, 48 (2): 147 – 160.

[219] Doug L. Logistics Cluster Holds Great Promise for Fort Way [J]. Area Economy, 2004 (11): 52 – 59.

[220] Dubos R. Social Capital: Theory and Research [M]. Milton: Routledge, 2017.

[221] Dyer J. H. , Singh H. The Relational View: Cooperative Strategy and Sources of Inter Organizational Competitive Advantage [J]. Academy of Management Review, 1998, 23 (4): 660 – 679.

[222] Echeverri P. , Skalen P. Co-creation and Co-destruction: A Practice Theory Based Study of Interactive Value Formation [J]. Marketing Theory, 2011, 11 (3): 351 – 373.

[223] Edvardsson B. , Tronvoll B. , Gruber T. Expanding Understanding of Service Exchange and Value Co-creation: A Social Construction Approach [J]. Journal of the Academy of Marketing Science, 2011, 39 (2): 327 – 339.

[224] Eisenhardt K. M. Building Theories from Case Study Research [J]. Academy of Management Review, 1989, 14 (4): 532 – 550.

[225] Eken P. B. Social Exchange Theory: The Two Traditions [M]. Cambridge, Mass: Harvard University Press, 1974.

[226] Emerson R. M. Power-Dependence Relations [J]. American Sociological Review, 1962, 27 (1): 31 – 41.

[227] Enright M. Regional Cluster: What We Know and What We Should Know [J]. The University of Hong Kong, 2001.

[228] Fang E. Customer Participation and the Trade-off between New-product Innovativeness and Speed to Market [J]. Journal of Marketing, 2008, 72: 90 – 104.

[229] Feser E. J. Old and New Theories of Industry Clusters, in Steiner, M (Ed.) clusters and Regional Specialization [J]. On Geography, Technology and Networks, London, 1998 (26): 79 – 84.

[230] Fligstein N. Social Skill and Institutional Theory [J]. American Behavioral Scientist, 1997, 40 (4): 397 – 405.

参考文献

[231] Francesco Polese A. , Chandler J. , Chen S. Prosumer Motivations in Service Experiences [J]. Journal of Service Theory & Practice, 2015, 25 (2): 220 – 239.

[232] Gebauer H. , Johnson M. , Enquist B. Value Co-creation as A Determinant of Success Inpublic Transport Services: A Study of the Swiss Federal Railway Operator (SBB) [J]. Managing Service Quality, 2010, 20 (6): 511 – 530.

[233] Gjesing Hansen L. Transport and Logistics as Net-work Competencies in a Localised Industrial Cluster NECTAR [C]. Conference No. 6 European Strategies in Globalising Markets; Transport Innovations, Competitiveness and Sustainability in the Information Age, Espoo, Finland, 2001.

[234] Glaeser E. L. , Kallal H. D. , Scheinkman J. A. , and A. Schleifer. Growth in Cities [J]. Joural of Political Economy, 1992, 100: 1126 – 1152.

[235] Gort M, Klepper S. Time Paths in the Diffusion of Product Innovation [J]. The Economic Journal 1982, 92 (367): 630 – 653.

[236] Groznik, Ales. E-logistics: Slovenian Transport Logistics Cluster Creation Source: WSEAS Transactions on Information Science and Applications [M]. World Scientific and Engineering Academy and Society, 2008 (4): 375 – 380.

[237] Grönroos C. Service Logic Revisited: Who Creates Value? And who Co-creates?[J]. European Business Review, 2008, 20 (4): 298 – 314.

[238] Grönroos C. Value Co-creation in Service Logic: A Critical Analysis [J]. Marketing Theory, 2011, 11 (3): 279 – 301.

[239] Grönroos C. , Ravald A. Service as Business Logic: Implications for Value Creation and Marketing [J]. Journal of Service Management, 2011, 22 (1): 5 – 22.

[240] GuKnther ZaKpfel, Michael Wasner. Planning and Optimization of Huh-and-spoke Transportation Networks of Cooperative Third-party Logistics Providers [J]. International Journal of Production Economics, 2002, 79: 207 – 220.

[241] Gulati R. Network Location and Learning: The Influence of Network Resources and Firm Capabilities on Alliance Formation [J]. Strategy Management Journal, 1999, 20 (5): 397 –420.

[242] Gulati R., Gargiulo M. Where do Inter Organizational Networks Come From? [J]. American Journal of Sociology, 1999, 104 (5): 1398 – 1438.

[243] Gummerus J., Liljander V., Weman E., et al. Customer Engagement in a Facebook Brand Community [J]. Management Research Review, 2012, 35: 857 –877.

[244] Gummesson E. Broadening and Specifying Relationship Marketing [J]. Asia-Australia Marketing Journal, 1994, 2 (1): 31 –43.

[245] Gummesson E., Mele C. Marketing as Value Co-creation Through Network Interaction and Resource Integration [J]. Journal of Business Market Management, 2010, 4 (4): 181 –198.

[246] Hallett T., Ventresca M. J. Inhabited Institutions: Social Interactions and Organizational forms in Gouldner's Patterns of Industrial Bureaucracy [J]. Theory & Society, 2006, 35 (2): 213 –236.

[247] Hannan M. T., Freeman J. The Population Ecology of Organizations [J]. American Journal of Sociology, 1977, 82 (5): 929 –964.

[248] Hansen E. Structural Panel Industry Evolution: Implications for Innovation and New Product Development [J]. Forest Policy and Economics, 2006 (8): 774 –783.

[249] Hatch H. J., Schultz H. Toward a Theory of Brand Co-creation with Implications for Brand Governance [J]. Journal of Brand Management, 2010, 17 (8): 590 –604.

[250] Hayuth Y. Inland Container Terminal Function and Rationale [J]. Maritime Policy and Management, 1980. 7 (4): 283 –289.

[251] Hayuth Y. Intermodal Transportation and the Hinterland Concept [J]. Tijdschrift Voor Economische en Sociale Geografie, 1982. 73 (1): 13 – 21.

[252] Henderson, J., Dicken, P., Hess, M., Coe, N., Yeung, H. W. Global Production Networks and the Analysis of Economic Development [J]. Review of International Political Economy, 2002, 9 (3): 436 –464.

[253] Hendry Chris, Brown James. Regional Clustering of High Technology-based Firms: Opto-electronics in Three Countries [J]. Regional Studies, 2000 (4): 129 –145.

[254] Homans G. C. Social Behavior [M]. New York: Harcourt, Brace and World, 1961.

[255] Hoyer et al. Consumer Co-creation in New Product Development [J]. Journal of Service Research, 2010, 13 (3): 283 –296.

[256] Hwang H., Ree P. Routes Selection for The Cell Formation Problem With Alternative Part Process Plans [J]. Computers & Industrial Engineering, 1996, 30 (3): 423 –431.

[257] Igor Kabashkin. Logistics Centers in the Baltic Sea Region Case Study in Latvia [J]. Transport and Telecommunication, 2005, 5: 28 –38.

[258] Jennifer Bair and Gary Gereffi. Local Clusters in Global Chain: The Cause and Consequence of Export Dynamism in Torreon's Blue Jean Industry [J]. World Development, 2001, 11: 1185 –1903.

[259] Katz J. S., Martin B. R. What is Research Collaboration? [J]. Research Policy, 1997, 26 (1): 1 –18.

[260] Kenth Lumsden, Fabrizio Dallari, Remigio Ruggeri. Improving the efficiency of the hub and spoke system for the SKF European distribution network [J]. International Journal of Physical Distribution & Logistics Management, 1999, 1: 50 –64.

[261] Klepper Steven. Firm Survival and the Evolution of Oligopoly Carnegie [J] Mellon University, Working Paper 1999.

[262] Klepper S., Graddy E. The Evolution of New Industries and the Determinants of Market Structure [J]. Rand Journal of Economics, 1990, 21 (1): 27 –44.

[263] Knoke D., Powell W. W., Dimaggio P. J. The New Institutional-

ism in Organizational Analysis [J]. The American Political Science Review, 1993, 87 (2): 501 – 502.

[264] Koskela-Huotari K. , Edvardsson B. , Jonas J. M. , et al. Innovation in Service Ecosystems-breaking, Making and Maintaining Institutionalized Rules of Resource Integration [J]. Journal of Business Research, 2016, 19 (8): 2964 – 2971.

[265] Krugman P. Space: The Final Frontier [J]. The Journal of Economic Perspectives, 1998, 12 (2): 161 – 174.

[266] Lambe C. J. , Spekman R. E. and Hunt S. D. Alliance Competence, Resources and Alliance Success: Conceptualization, Measurement and Initial Test [J]. Journal of the Academy of Marketing Science, 2002, 2 (30): 141 – 158.

[267] Lambert D. M. , Enz M. G. Managing and Measuring Value Co-creation in Business-to-business Relationships [J]. Journal of Marketing Management, 2012, 28 (13 – 14): 1588 – 1625.

[268] Lanier C. , Hampton R. Consumer Participation and Experiential Marketing: Understanding the Relationship between Co-creation and the Fantasy Life Cycle [J]. Advances in Consumer Research, 2008, 35 (1): 44 – 48.

[269] Laporte G. , Louveaux F. , Hamme L. An Integer L-Shaped Algorithm for the Capacitated Vehicle Routing Problem with Stochastic Demands [J]. Operations Research, 2002, 50 (3): 415 – 423.

[270] Latour B. Reassembling the Social: An Introduction to Actor-network Theory [M]. Oxford: Oxford University Press, 2007.

[271] Lazzeretti L. , Silvia R. , Caloffi A. Founders and Disseminators of Cluster Research [J]. Journal of Economy Geography, 2014 (3): 21 – 43.

[272] Lengnick-Hall C. A. Customer Contributions to Quality: A Different View of the Customer-oriented Firm [J]. Academy of Management Review, 1996, 21 (3): 791 – 824.

[273] Liliana R. , Sheffi Y, Welsch R. Logistics Agglomeration In The US [J]. Transportation Research Part A, 2014, 59 (2): 222 – 238.

参考文献

[274] Lindsay G. , Kasadra J. Aerotropolis: The Way We Will Live Next? 1st ed. New York: Farrar, Straus and Giroux, 2011.

[275] Low J. , Lee B. Effects of Internal Resources on Airline Competitiveness [J]. Journal of Air Transport Management, 2014. 36 (3): 23 –32.

[276] Lusch & Nambisan Lusch R. F. , Nambisan S. Service Innovation: A Service-Dominant Logic Perspective [J]. Mis Quarterly, 2015, 1 (39): 155 –175.

[277] Madhavaram S. , Hunt S. D. The Service-dominant Logic and A Hierarchy of Operant Resources: Developing Masterful Operant Resources and Implications for Marketing Strategy [J]. Journal of the Academy of Marketing Science, 2008, 36 (1): 67 –82.

[278] Madhok A. Opportunism and Trust in Joint Venture Relationship: An Exploratory Study and Model [J]. Scandinavian Journal of Management, 1994, 11 (1): 57 –74.

[279] Madhok A. , Tallman S. B. Resources, Transactions and Rents: Managing Value through Inter Firm Collaborative Relationships [J]. Organization science, 1998, 9 (3): 326 –339.

[280] Maggioni M. , Uberti T. , Gambarotto F. Mapping the Evolution of "Clusters": A Meta-analysis. Fondazione Eni Enrico Mattei [M]. Working Paper 74, 2009.

[281] Maglio P. P. , Spohrer J. Fundamentals of Service Science [J]. Journal of the Academy of Marketing Science, 2008, 36 (1): 18 –20.

[282] Malthus Thomas, An Essay on the Principle of Population [M]. London: Printed for Johnson, 1789.

[283] Markus Hesse, Jean-Paul Rodrigue. The Transport Geography of Logistics and Freight Distribution [J]. Journal of Transport Geography, 2004: 171 –184.

[284] Marlow P. Evolution of Supply Chain Management Symbiosis of Adaptive Value Networks and ICT [J]. Maritime Economics and Logistics, 2004, 4: 368 –369.

物流集群服务生态系统价值共创研究

[285] Mattfel D. C. Kopfer H. Terminal Operations Management in Vehicle Transshipment [J]. Transportation Research Part A, 2003, 37: 435 – 452.

[286] Melendez O. , Maria Fernanda. The Logistics and Transportation Problems of Latin American Integration Efforts: The Andean Pact, a Case of Study [D]. The University of Tennessee, 2002.

[287] Meynha Rdt T. , Chandler J. D. , Strathoff P. Systemic Principles of Value Co-creation: Synergetic of Value and Service Ecosystems [J]. Journal of Business Research, 2016, 69 (8): 2981 – 2989.

[288] Michael J. Piore, Charles F. Sabel. The Second Industrial Divide: Possibilities for Prosperity [M]. Basic Book, 1984: 355.

[289] Michael K. , Daniela C. , Roberta S. The Role of Proto-institutions within the Change of Service Ecosystems [J]. Journal of Service Theory and Practice, 2018, 28 (5): 609 – 635.

[290] Michael S. , B. Town S. W. , Gallan A. S. Service-logic Innovations. How to Innovate Customers, Not Products [J]. California Management Review, 2008, 50 (3): 49 – 65.

[291] Miltra J. Building Entrepreneurial Cluster. Final Dissemination Workshop [D]. University of London, United Kingdom, 2003.

[292] Molm L. D. Theoretical comparisons of forms of exchange [J]. Sociological Theory, 2003, 21 (1): 1 – 17.

[293] Molm L. D. Theories of Social Exchange and Exchange Networks [M]. George Ritzer Barry Smart. Handbook of Social Theory. London: Sage Publisions Ltd, 2001.

[294] Moore J. F. Predators and Prey: A new Ecology of Competition [J]. Harvard Business Review, 1993, 71 (3): 75 – 83.

[295] Moore J. F. The Death of Competition: Leadership and Strategy in the Age of Business Ecosystems [M]. New York: Harper Business, 1996.

[296] Muniz A. M. & Schau H. J. Religiosity in the Abandoned Apple Newton Brand Community [J]. Journal of Consumer Research, 2005, 31

参考文献

(3): 737 – 747.

[297] Newman M. E. J. Coauthorship Networks and Patterns of Scientific Collaboration. Proceedings of The National Academy of Sciences, 2004, 101 (1): 5200 – 5205.

[298] Normann R. , Ramírez R. From Value Chain to Value Constellation: Designing Interactive Strategy. Harv Bus Rev, 1993, 71 (41): 65 – 77.

[299] Notteboom T. , Rodrigue J. P. Port Regionalization: Towards a New Phase in Port Development [J]. Maritime Policy Management, 2005, 32 (3): 297 – 313.

[300] O'Kelly M. E. A Quadratic Integer Program for the Location of Interacting Hub Facilities [J]. European Journal of Operational Research, 1987, 32: 393 – 404.

[301] O'Kelly M. E. Activity Levels at Hub Facilities in Interacting Networks [J]. Geographical Analysis, 1986, 18: 343 – 356.

[302] Olli Pekkarinen. Northwest Russian Transport Logistics Cluster: Finnish Perspective Lappeenranta University of Technology [J]. Northern Dimension Research Centre, 2005.

[303] Olomon M. R. , Surprenant C. , Gutman C. E. G. A Role Theory Perspective on Dyadic Interactions: The Service Encounter [J]. Journal of Marketing, 1985, 49 (1): 99 – 111.

[304] Parroux F. Note on the Concept of Growth Poles [J]. In Livingstone I. (ed) Economic Policy for Development: Selected Residings, 1971.

[305] Payan J. M. A Review and Delineation of Cooperation and Coordination in Marketing Channels [J]. European Business Review, 2007, 19 (3): 216 – 233.

[306] Payne A. F. , Storbacka K. , Frow P. Managing the Co-creation of Value [J]. Journal of the Academy of Marketing Science, 2008, 36 (1): 83 – 96.

[307] Payne A. , Storbacka K. , Frow P. , et al. Co-creating Brands: Diagnosing and Designing the Relationship Experience [J]. Journal of Busi-

ness Research, 2009, 62 (3): 379 – 389.

[308] Paystas J. R. Gradeck L. Anderews. Universities and the Development of Industry Cluster [D]. Paper Prepared for Economics Development Administration, U. S. Department of Commerce, 2004.

[309] Pearman A. D. , Button K. J. Regional Variations in Car Ownership [J]. Applied Economics, 1976, 8 (3): 231.

[310] Pelton L. E. , Strutton D. , Lumpkin J. R. Marketing Channel: A Relationship Management Approach [M]. NewYork: Irwin ╱ Mc Graw-Hill Companies, 2001.

[311] Penrose E. T. The Theory of the Growth of the Firm [M]. Wiley, New York, 1959.

[312] Pfeffer J. , Salancik G. R. The External Control of Organizations: A Resource Dependence Perspective [M]. Stanford University Press, 2003: 62.

[313] Pongsakornrungsilp S. , Schroeder J. E. Understanding Value Co-creation in a Co-consuming Brand Community [J]. Marketing Theory, 2011, 11 (3): 303 – 324.

[314] Popli M. , Ladkani R. M. , Gaur A. S. Business Group Affiliation and Post-acquisition Performance: An Extended Resource-based View [J]. Journal of Business Research, 2017, 81: 21 – 30.

[315] Porter M. Clusters and the New Economies of Competition [J]. Harvard Business Review, November-December, 1998: 77 – 90.

[316] Prahalad C. K. and Ramaswamy V. Co-creation Experiences: The Next Practice in Value Creation [J]. Journal of Interactive Marketing, 2004, 3 (1): 5 – 14.

[317] Prahalad C. K. and Ramaswamy V. Co-opting Customer Competence [J]. Harvard Business Review, 2000, 78 (1): 79 – 87.

[318] Prahalad C. K. Ramaswamy V. Co-creating Unique Value with Customers [J]. Strategy & Leadership, 2004, 3 (32): 4 – 9.

[319] Prahalad C. K. , Ramaswamy V. Co-creating Value with Your

Customers. Inform Global, 2004, 1 (3): 60 - 66.

[320] Proter M. E. Managing Valve: From Competitive Advantage for Corporate Strategy [J]. Harvard Business Review, 1987.

[321] Ramani G., Kumar Interaction Orientation and Journal of Marketing and Firm Performance [J]. 2008, 72 (1): 27 - 45.

[322] Ramaswamy V., Ozcan K. Brand Value Co-creation in a Digitalized World: Anintegrative Framework and Research Implications [J]. International Journal of Researching Marketing, 2016, 33 (1): 93 - 106.

[323] Ramirez R. Value Co-production: Intellectual Origins and Implications for Practice and Research [J]. Strategic Management Journal, 1999, 20 (1): 49 - 65.

[324] Rodrigue J. The Geography of Global Supply Chains: Evidence from Third-Party Logistics [J]. Journal of Supply Chain Management, 2012, 48 (3): 15 - 23.

[325] Ronald J. F, Michele P., Jasmin B. Contractual Governance Relational Governance, and the Performance of Interfirm Service Exchanges: The Influence of Boundary Spanner Closeness [J]. Journal of the Academy of Marketing Science, 2005, 33 (2): 217 - 234.

[326] Rosenthal B., Brito EPZ. How Virtual Brand Community Traces may Increase Fan Engagement in Brand Pages [J]. Business Horizons, 2017, 60 (3): 375 - 384.

[327] R. Rhodes. The New Governanee: Goveming without Govenullentolitical Studi [J]. XIIV, 1996.

[328] Saxenian A. Regional Networks: Industrial Adaptation in Silicon Valley and Route 128 [M]. Cambridge: Harvard University Press: 1994.

[329] Scheer L. K., Miao C. F. and Garrett J. The Effects of Supplier Capabilities on Industrial Customers' Loyalty: The Role of Dependence [J]. Journal of the Academy of Marketing Science, 2010, 1 (28): 90 - 104.

[330] Scheer L. K., Miao C. F. and Palmatier R. W. Dependence and Interdependence in Marketing Relationships: Meta-analytic Insights [J].

物流集群服务生态系统价值共创研究

Journal of the Academy of Marketing Science, 2015, 6 (43): 694 –712.

[331] Schneiberg M., King M., Smith T. Social Movements and Organizational Form: Cooperative Alternatives to Corporations in the American Insurance, Dairy and Grain Industries [J]. American Sociological Review, 2008, 73 (4): 635 –667.

[332] Scott A. High-Technology Industry and Regional Development in South California [M]. Berkeley: UC Press, 1993.

[333] Scott, Richard W. Organizations Rational, Natural and Open Systems [J]. American Journal Sociology, 1987, 29 (1): 399 –404.

[334] Sheffi Y. Logistics Cluster: Delivering Value and Driving Growth [M]. MIT Press, 2012.

[335] Sheffi. Logistics Intensive Cluster: Global Competitiveness and Regional Growth [R]. Handbook of Global Logistics: Transportation in Intensive Supply Chain, 2013: 463 –500.

[336] Sheffi. Logistics Intensive Clusters: Global Competitiveness and Regional Growth [G]. Handbook of Global Logistics: Transportation in International Supply Chains, 2013: 463 –500.

[337] Simon H. A. Administrative Behavior: A Study of Decision-making Processes in Administrative Organization [J]. Administrative Science Quarterly, 1959, 2 (2): 244 –248.

[338] Simon H. A. Rationality As Process and As Product of Thought [J]. American Economic Review, 1978, 68 (2): 1 –16.

[339] Singh J. Collaborative Networks as Determinants of Knowledge Diffusion Patterns [J]. Management Science, 2005, 51 (5): 756 –770.

[340] Small H. The Synthesis of Specialty Narratives from Co-citation Clusters [J]. Journal of the American Society for information Science, 1986 (37): 97 –110.

[341] Smith A. Power Relations, Industrial Clusters and Regional Transformations: Pan-European Integration and Outward Processing in the Slovak Clothing Industry [J]. Economic Geography, 2003, 79 (1): 17 –40.

参
考
文
献

［342］Solomon M. R. , Surprenant C. , Gutman C. E. G. A Role Theory Perspective on Dyadic Interactions: The Service Encounter ［J］. Journal of Marketing, 1985, 49 (1): 99 - 111.

［343］Spohrer J. , Maglio P. P. The Emergence of Service Science: Toward Systematic Service Innovations to Accelerate Co-creation of Value ［J］. Production and Operations Management, 2008, 17 (3): 238 - 246.

［344］Spohrer J. , Maglio P. P. , Bailey J. , et al. Steps Toward a Science of Service Systems ［J］. Computer, 2007, 40 (1): 71 - 77.

［345］Stolte J. F. and Emerson R. M. Structural Inequality: Position and Power in Exchange Structures, New Brunswick ［M］. Transaction Books, 1976.

［346］Sugden R. , Wei P. , Wilson J. R. Clusters, Governance and the Development of Local Economies: A Framework for Case Studies ［A］. Clusters & Globalisation, 2005.

［347］Sukoco B. M. , Wu W. Y. The Personal and Social Motivation of Customers' Participation in Brand Community ［J］. African Journal of Business Management, 2010, 4 (5): 614 - 622.

［348］Tambunan T. Promoting Small and Medium Enterprises with a Clustering Approach: A Policy Experience from Indonesia ［J］. Journal of Small Business Management, 2005, 43 (2): 138 - 154.

［349］Teece D. J. Explicating Dynamic Capabilities: The Nature and Micro-foundations of (Sustainable) Enterprise Performance ［J］. Strategic Management Journal, 2007, 28 (13): 1319 - 1350.

［350］Thompson J. D. Organizations in Action: Social Science Bases of Administrative Theory ［M］. New Brunswick, NJ: Transaction Publishers, 1967.

［351］Toth P. , Vigo D. An Exact Algorithm for The Capacitated Shortest Spanning Arborescence. Annals of Operations Research, 1995, 61 (10): 121 - 141.

［352］Tracey M. , Lim J. S. , Vonderembse M. A. The Impact of Supply-chain Management Capabilities on Business Performance ［J］. Supply

Chain Management: An International Journal, 2005, 10 (3): 179 –191.

[353] Trudgill S. Tansley A. G. 1935: The Use and Abuse of Vegeta-tional Concepts and Terms [J]. Ecology 16, 284 –307. Progress in Physical Geography, 2007, 31 (5): 517 –522.

[354] Utterback J. M. , Suarez F. F. Patterns of Industrial Evolution, Dominant Designs, and Firms Survival [R]. Massachu-setts Institute of Tech-nology (MIT). Working Paper, 1993.

[355] Utterback J. M. Abernathy W. J. A Dynamics Model of Products and Process innovation [J]. Omega, 1975, 3 (6): 639 –656.

[356] Utterback J. M. Abernathy W. J. Patterns of Innovation in Tech-nology [J]. Technology Review, 1978, 80 (7): 40 –47.

[357] Vargo S. L. and Lusch R. F. Evolving to a New Dominant Logic for Marketing [J]. Journal of Marketing, 2004, 68 (1): 1 –17.

[358] Vargo S. L. and Lusch R. F. Service-dominant Logic: Continuing the Evolution [J]. Journal of the Academy of Marketing Science, 2008, 36 (1): 1 –10.

[359] Vargo S. L. , Lusch R. F. Evolving to a New Dominant Logic for Marketing [J]. Journal of Marketing, 2004, 1 (68): 1 –17.

[360] Vargo S. L. , Lusch R. F. From Repeat Patronage to Value Cocre-ation in Service Ecosystems: A Transcending Conceptualization of Relationship [J]. Journal of Business Market Management, 2010, 4 (4): 169 –179.

[361] Vargo S. L. , Lusch R. F. Institutions and Axioms: An Extension and Update of Service-dominant Logic [J]. Journal of the Academy of Market-ing Science, 2016, 44 (1): 5 –23.

[362] Vargo S. L. , Lusch R. F. It's all B2B and Beyond: Toward a Systems Perspective of the Market [J]. Industrial Marketing Management, 2011, 40 (2): 181 –187.

[363] Vargo S. L. , Lusch R. F. Service-dominant Logic 2025 [J]. International Journal of Research in Marketing, 2017, 34 (1): 46 –67.

[364] Vargo S. L. , Lusch R. F. Service-dominant Logic: What it is,

参考文献

What is not, What it Might be [A]. Lusch R. F. , Vargo S. L. The Service-dominant Logic of Marketing: Dialog, Debate and Directions [M]. Armonk, NY: ME Sharpe, 2006: 43 – 56.

[365] Vargo S. L. , Lusch R. F. , Akaka M. A. Advancing Service Science with Service-Dominant Logic: Clarifications and Conceptual Development [A]. //Maglio P. P. , Kieliszewski C. A. , Spohrer J. C. Handbook of Service Science [M]. New York: Springer, 2010: 133 – 156.

[366] Vargo S. L. , Wieland H. , Akaka M. A. Innovation through Institutionalization: A Service Ecosystems Perspective [J]. Industrial Marketing Management, 2015, 44 (1): 63 – 72.

[367] Victor Gilsing, Cluster Governance [R]. The Druid PhD-conference, Copenhagen, 2000: 1.

[368] Vitasek K. , Ledyard M. Changing the Game: Going the Whole Nine Yards with Your Outsourcing Relationship [J]. Globalization Today, 2010, (8): 31 – 39.

[369] Vitasek K. , Ledyard M. Vested Outsourcing: A Better Way to Outsource [J]. Supply Chain Management Review, 2009, 13 (6): 20 – 27.

[370] Wakeman T. Marine Transportation of International Freight for the Northeast Corridor, in Anticipating 2025 in Northeast Corridor Transportation: Aerial, Highway, Marine, and Rail Technologies & Linkages, Institute of Public Administration [M]. Public Policy Forum, Newark: University of Delaware, 2008: 38 – 59.

[371] Wikström S. The Customer as Co-producer [J]. European Journal of Marketing, 1996a, 30 (4): 6 – 19.

[372] Wikström S. Value Creation by Company-consumer Interaction [J]. Journal of Marketing Management, 1996b, 12 (5): 359 – 374.

[373] William P. , Anderson and T. R. Lakshmanan. Center for Transportation Studies [C]. International Conference on Measurement and Management of Infrastructure, Jonkoping, Sweden, October 29 – 31, 2004.

[374] Williams J. , Aitken R. The Service-lominant Logic of Marketing

and Marketing Ethics [J]. Journal of Business Ethics, 2011, 102 (3): 439 – 454.

[375] Williamson O. E. Strategizing, Economizing and Economic Organization [J]. Strategic Management Journal, 1991 (12): 75 – 94.

[376] Williamson O. E. The Economics of Government [J]. American Economic Review, 2005, 95 (2): 1 – 18.

[377] Williamson O. E. The New Institutional Economics: Taking Stock, Looking Ahead [J]. Global Jurist, 2000, 38 (3): 595 – 613.

[378] Zaheer A., Gözubuyuk Remzi, Milanov H. It's the Connections: The Network Perspective in Interorganizational Research [J]. Academy of Management Perspectives, 2010, 24 (1): 62 – 77.

[379] Zhang H., Lu Y., Wang B., et al. The Impacts of Technological Environments and Co-creation Experiences on Customer Participation [J]. Information & Management, 2015, 52 (4): 468 – 482.

参考文献